《校园新闻实战手册（第二版）》编委会

主　　编：王卫明　闻晓彤　陶辉

副 主 编：汤晓芳　方振武　张兰　阮榕　倪洪江

编委会成员：

王卫明（南昌大学）　闻晓彤（沈阳城市学院）

陶　辉（江西应用科技学院）　汤晓芳（南昌大学）

方振武（南昌大学）　张　兰（南昌工程学院）

阮　榕（莆田学院）　倪洪江（杭州师范大学）

张　丽（南昌大学）　程慧萍（南昌大学）

王　珅（南昌大学）　郭　坦（山东大学）

黄暾伟（上海戏剧学院）　欧阳苗（江西中医药大学）

喻春龙（江西财经大学）　沙易卉（南昌大学共青学院）

詹建英（东华理工大学）　封雅婷（南昌大学）

龙小艳（南昌大学附属小学）　魏　莉（南昌市珠市学校教育集团）

陈明立（中国中铁建工集团）　邹璐璐（南昌大学）

罗正欢（中国传媒大学）　熊　颜（南昌大学）

胡浩翔（南昌大学科学技术学院）　邱钰淇（江西中医药大学）

王熙远（江西中医药大学）　李童菲（井冈山大学）

胡师瑾（南昌大学）　黄　蓉（电子科技大学）

邱艳红（南昌大学）　刘　畅（山东政法学院）

易以慕（哈尔滨工业大学）

南昌大学本科教材资助项目

校园新闻实战手册

CAMPUS NEWS REPORT HANDBOOK

第二版

王卫明
闻晓彤 ◎ 主编
陶　辉

中国传媒大学出版社
·北京·

序：很有诚意的书

这是我看到的第一本专门谈论校园新闻写作的书。

字里行间蕴含着一份浓重的诚意，这是本书与大多数讨论新闻业务的书籍最大的区别。说蕴含，其实并不十分准确。书中包含的诚意是掩抑不住的，几乎要喷薄而出了。这种诚意的基本内容，简言之，就是欲使学习者阅读以后，顷刻便能登堂入室，一览校园新闻采访与写作的奥秘。

讨论新闻采写技法的书籍大多呈现出典型的高头讲章的格局，不仅一二三四、甲乙丙丁，条目清晰，秩序井然，而且其文脉理路常行于所当行，常止于不可不止。但是，美中不足的是，它们似乎是在循规蹈矩，例行公事，往往缺乏足够的生动元素，甚或出现陈陈相因、亦步亦趋的状况。由王卫明教授主持编写的这本关于校园新闻写作的书则迥然不同，表现出的是另一派景象。

仅就写作技术而言，它的内容设计可能不太规整，有一些内容的安排缺乏必然的理由。行文也不甚统一，不同章节的起承转合与遣词造句存在着不难发现的参差与错落。简言之，这本书不仅没有达到严谨与老道的写作要求，反倒露出了一些生涩与稚嫩的成分。

正是因为没有进入老道境界，本书才洋溢着同类书籍中难得一见的虎虎生气与扑面热情。它不谙世故，也不显呆板。为了使初学者对新闻写作产生兴趣，并且尽快掌握校园新闻的采写要领，编写者另辟蹊径，一空依傍。因此，本书异乎寻常地谈到了采写新闻的乐趣与意义，不厌其烦地概括出校园新闻优秀稿件的13个特征、选题的20种找法、结构的24种类型、消息导语的20种写法。这种写法可以说是自出机杼，绝非辗转拼凑而成。

另外，书中收录了校园新闻作者的采写心得，他们至少在今天还远没有达到名贯天下的境地。如此的布局与设计是要冒很大风险的，也为老到的著述者所不取，因为这样处理不仅费时费力，还很容易给求全责备的评议者留下口实。不过，其好处也是显而易见的，即容易带给初学者以亲近感与可信度。

概言之，本书的作者为了给初学者提供更多的助益，不辞辛劳，付出了自己的全部热情。为了让这种浓烈而执着的热情得到淋漓酣畅的表达，他们甚至不惜放弃本书在形式上完全可以达到的纯粹与规范的状态，甘愿冒着被人指称烦琐与杂糅的风险。

本书所体现出的诚意，与本书的组织者王卫明教授直接相关。王老师与我是同一个教学单位的同事，他是一个具有典型教师气质的人。在我看来，所谓教师气质，就是教师身上所具有的能够吸引与聚拢学生的气息和秉性。王老师在天性上很乐意与学生接近，这一点看上去容易，做起来却很难，必须舍得付出，付出自己的时间、精力及诚意。只有这样才能在学生那里得到响应，形成如切如磋、如琢如磨的互动与应答。

现在，观念的更新迅疾得令人眼花缭乱，但有些东西是亘古不变的——至少我们希望它亘古不变。比如师生之间的关系，表面上看是学生付学费，学校提供教学服务，但是，这并不意味着老师的每一次付出都可以进行精细的量化估衡。我想说的是，一个具有教师气质的人，应该像他的前辈一样，当他明知自己并不能获得等额回报的时候，还一如既往地循循善诱，诲人不倦。王卫明教授对学生很有诚意，他组织编撰的书对学生也很有诚意，书如其人，这是我的这篇被称作序的文字中最想表达的意思。

大家现在看到的是本书的第二版。与第一版相比，本书调整了一些案例，增加了一些内容，对校园中的新媒体平台新闻采编业务有所涉及，对无人机航拍、可视化、人工智能等新技术也有专门论述。本文也是在第一版序言基础上稍作更替修补而成的。

南昌大学　陈信凌

2023 年 11 月

目录

CONTENTS

引 论

第一节 采写新闻的乐趣与意义

全面建设社会主义现代化国家，必须坚持中国特色社会主义文化发展道路，增强文化自信，围绕举旗帜、聚民心、育新人、兴文化、展形象建设社会主义文化强国，发展面向现代化、面向世界、面向未来的，民族的科学的大众的社会主义文化，激发全民族文化创新创造活力，增强实现中华民族伟大复兴的精神力量。

——习近平

新闻报道，是有乐趣、有意义的。

如果你是新闻报道者，往往可以认识很多原本难以认识的人，或与之谈话，或与之聊天，或与之深入探讨问题，既能学到知识，又能拓展人脉。

如果你是新闻报道者，往往可以去很多从未涉足的地方，或看民俗，或观风景，或探内幕，既开阔了自己的视野，又满足了自己的好奇心。

如果你是新闻报道者，往往可以享受“自己的文字变成媒体文章”的快感，既能获得稿费，还可能扬名天下——如果你能力足够强大的话。

…………

英国剧作家汤姆·斯托帕德曾经表示：“如果你的目标是改变这个世界，那么新闻工作是一件比较直接、能短期见效的武器。”

如果你是新闻报道者，就有可能通过自己的报道帮助弱势群体，监督权力，伸张正义，揭露社会黑暗面，捍卫国家、民族的合法权益，既实现自我价值，又推动社会发展。

不是只有文科生才可以当新闻报道者。

不是只有外向的人才可以当新闻报道者。

不是只有文笔好的人才可以当新闻报道者。

不是只有学新闻的人才可以当新闻报道者。

资深传媒人表示，采写新闻，其实是很简单的。

资深传媒人表示，成为杰出的新闻报道者，并非易如反掌。

资深传媒人表示，看似简单的新闻稿，其实是有很多规矩的。

资深传媒人表示，认真采写新闻的过程，是锻炼、积累、提升个人多方面能力的过程。

在校学生，既没有正式的记者身份，又缺乏社会经验，该采写哪方面的新闻呢？

采写校园新闻最合适不过——熟悉，便利，而且比较安全。更重要的是，校园是“新闻富矿”“新闻集中地”。

教育部网站公布的数据显示，截至2022年，中国共有各级各类学校51.85万所，学历教育在校生2.93亿人。高等教育毛入学率为59.6%，高等教育在学总规模达到4655万人；共有各级各类民办学校17.83万所，在校生5282.72万人。[①]有这么多学校、这么多学生，校园新闻无疑也是很多的。

会采写校园新闻，是进入校报、校刊、校园网、校电视台、校广播电台的“敲门砖”，是记者团、学生通讯社、社团所辖新闻部学生新闻报道者的必备技能。

采写并发表大量校园新闻，是报社、杂志社、网站、电台、电视台的实习生、新新闻报道者开展工作的便利选择。采写并发表本校新闻，是各类学校部分工作人员（特别是宣传部工作人员）的职责，对于宣传本校成绩、展示本人才华、改变自身命运，有着特别的意义。

例如，光明日报社广西记者站站长周仕兴读大学期间，在《人民日报》《光明日报》《中国青年报》等150多家报刊发表了400多篇文章，靠稿费完成了学业。2004年，自广西大学新闻系毕业后，他很快成为广西新闻界获奖记者里最年轻的

① 王鑫．教育部：全国共有各级各类学校51.85万所 在校生2.93亿人[EB/OL].(2023-03-23)[2023-10-31].http://www.moe.edu.cn/edoas/website18/level2.jsp?tablename=1261364094322579.

记者，独立采写的通讯作品4次获中国新闻奖，其中3篇获奖作品[①]是校园新闻。2008年，他被破格晋升副高职称，2009年被评为“全国优秀新闻工作者”，2010年被破格提拔为副处级干部，后来成为光明日报社广西记者站站长、光明网广西频道负责人、高级记者。

第二节　新闻报道者的素质与能力

什么样的人可以做新闻报道者？

我们先来看看新闻报道者需要具备哪些素质。

一、新闻报道者的素质与能力构成

根据对新闻界许多新闻报道者的了解，笔者发现，新闻报道者主要需具备以下素质与能力。

（一）和各色人等打交道的胆量

这种胆量，有些人从小就有，如果没有，可以通过多次锻炼逐渐获得。

在所有的职业中，唯独记者有“无冕之王”的雅号。

当采访别人时，无论这个采访对象是国家主席、总统、总理、省委书记、省长、教育厅厅长、教育局局长、大学校长，还是普通的工人、教师、学生、保洁员，新闻报道者都应该在心里默念：“这个人与我是平等的，我要不卑不亢、宠辱不惊地与之对话。”

在新闻报道者的身上，不但蕴含着他本人的力量，而且蕴含着所在新闻媒体及其受众[②]的力量。在大多数情况下，新闻报道者之所以需要采访，是因为他是代表新闻媒体、民众去了解有关情况的，以便实现民众的知情权、监督权。

因此，无论采访对象是谁，这个人在接受新闻报道者采访时，往往是心存敬畏

① 分别是《折翅亦做凌云雁——记优秀共产党员、凌云县下甲乡残疾教师阮文凭》（获第17届中国新闻奖）、《“热爱生命的，举起手来！”——全国残运会冠军、贫困大学生方宏川的人生轨迹》（获第17届中国新闻奖）、《一位异国友人的苗山涅槃》（获第19届中国新闻奖）。

② 受众是指信息传播的接收者，分为读者、听众、观众、网民等。

的。新闻报道者在执行采访任务时，大可在心里对自己说："不用怕，做好采访工作就可以了。"

（二）一定的文字功底

这里所说的"文字功底"，包括能清晰准确、有层次、有主次地表述事实，文字简洁，不出现低级的错别字和语法错误等。

与可以虚构情节的文学作品相比，新闻稿注重真实、客观，而形容词、副词体现的是主观的判断，因此很多新闻稿（消息稿）的写作，往往拒绝使用形容词、副词以及华丽的辞藻。

（三）强烈的求知欲

求知欲强的新闻报道者，不但很容易提出各种问题，而且会将新闻采访看作可以满足其求知欲的理想工作，并在新闻采访中获得很大的乐趣——不管新闻采访工作多苦、多累、多危险，强烈的求知欲都能大大提高新闻报道者观察细节的能力。

（四）正确看待事物、问题的逻辑思维能力

这指的是新闻报道者运用逻辑规则和推理能力来正确、合理地进行思考和判断的能力。它是批判性思维的核心，也是新闻报道者应具备的核心能力之一。在新闻稿件撰写中，正确看待事物、问题的逻辑思维能力发挥着重要作用。本小节将详细探讨新闻报道工作中逻辑思维能力的重要性，并提供有助于提升逻辑思维能力的方法和技巧，详见后文介绍。

（五）高度的责任心与良好的作风

责任心决定工作态度，进而影响工作、事业的成败，最终决定人生的高度。

一个有责任心的新闻报道者，往往会有极大的工作热情，愿意去钻研，愿意去学习，不断地克服自身的弱点，追求新闻稿件的完美，竭力避免采写过程中的失误。

更为重要的是，与日常言行相比，新闻报道对媒体、报道对象（有时是人，有时是一个组织）、社会、大众，甚至国家的影响更为巨大，如出现差错，危害很大，

有时甚至会造成无法挽回的重大损失。有责任心的新闻报道者，会设法避免出错以及由于个人工作失误造成的负面影响。

资深财经媒体人黄利明认为，“做任何工作，要做好，首先都需要有责任心，不论是在媒体行业还是从事其他行业。有责任心，应该都会做得不错。做媒体更需要有责任心，因为这个职业影响的是公众。其次才是工作的兴趣、激情和理想，这是进一步让你做得出色的基础，因为有这些，你会愿意比其他人投入更多，不管是时间、体力还是脑力，你会不计一时的成败”。

在作风方面，新闻报道者要真诚待人，认真工作，守信，守时。

（六）搜集、分析、利用资料和信息的能力

新闻采访开始前，新闻报道者需要对采访对象、报道主题有较好的了解；撰写新闻稿时，新闻报道者需要将一些资料作为背景资料或佐证材料，这些都需要新闻报道者具备搜集、分析、利用资料和信息的能力。

资料的搜集，除了可在互联网上进行搜索以外，还可以在书店、图书馆、档案馆、资料室及新闻现场进行搜集；除了临时搜集，还包括平时有意搜集。

网上的搜索，主要是指利用搜索引擎进行关键词搜索——有时是迂回搜索。当然，还可以直接进入有关机构的官方网页（包括博客、微博），搜索有关资料。

搜集资料时，新闻报道者要会用发散性思维和广泛的联想，猜测资料可能存在的地方，然后前往查找。

此外，新闻报道者还必须有极强的分析资料、利用信息的能力。

资深记者傅剑锋说：“一个记者面对陌生领域并不用太担忧。重要的是，在意识到陌生后，即在短时间内大量阅读相关资料与论文，学习并能迅速做出对有效信息的深度分析。唯此，才能有站到别人之上的判断，才能赢得被采访者的尊重，也才能在庞大的资料中发现你所需要的线索与秘密。”①

资深记者曾福斌说：“记者还应当是善于思考的，善于分析问题的，因为记者很多都是深入第一现场，深入前线，掌握了大量的第一手资料，而如何把这第

① 蔡军剑，张晋升 . 准记者培训教程：南方周末采编精英演讲录 [M]. 广州：南方日报出版社，2007.

一手资料转化为有用的第二手资料。这就要求记者不仅善于发现问题，还善于分析研究……当他们在分析第一手资料的基础上得出有用的二手分析资料，并能为国家解决相关问题提供切实可行的建议时，他们是宽慰的，这是他们的成果与伟大贡献。”

（七）快速学习新知识的能力

新闻报道者的工作决定了他常常要报道新问题、新现象、新事物、新技术、新专业、新成果，但他可能以往并不熟悉，甚至从未接触过。

为了向受众深入浅出地介绍新问题、新现象、新事物、新技术、新专业、新成果，首先新闻报道者自己就得明白，这就需要他们有较强的学习新知识的能力，而且必须是短时间内迅速学会新知识的能力。

（八）良好的沟通能力

沟通能力可以通过后天锻炼逐渐获得。在采访沟通中设定明确的目标，并制订相应的计划，可以帮助新闻报道者达到沟通效果，从而使整个采访质量得到进一步提高。在和采访对象沟通之前，新闻报道者首先需要清晰地了解自己的沟通目的，以及希望达到的效果。同时，还要了解采访对象的特点、背景、信息需求和个人偏好，这有助于选择最合适的沟通方式和时间。在采访时，要清晰、简明地表达自己的观点，避免使用模糊的语言，还要耐心听取对方的观点，理解对方的情感和需求，避免打断对方。另外，我们要在沟通中展现真诚，通过目光交流传达信息。当然，并非只有外向的人才适合做新闻报道者，有些优秀的新闻报道者就是内向性格者，他们更善于思考，思想深刻，因此，采写内容更有深度，往往能够直抵新闻核心。

（九）高超的全媒体报道能力，一定的外语能力和其他能力

熟练掌握图表绘制、手机摄影摄像、录音文字转换技术，善于操作大数据分析软件、网络视频及图片处理软件，这些都会使新闻报道者的采访水平与效率大大提高。

与外语水平不佳的新闻报道者相比，精通外语的新闻报道者有明显的获得信

息的优势。

这里所说的“精通”，不是指英语考试成绩有多傲人，而是指听说读写之娴熟，至少是可以快速地浏览外文资料，或者可以流利地用外语采访外籍人士。

这里所说的“其他能力”，包括骑自行车、电动车、摩托车以及开车等能力。

（十）掌握过硬的新闻采写技术

有些新闻报道者之所以不能如期交稿，或者难以完成规定的报道量，甚至在采写过程中造假，是因为他们在采写能力上还有所欠缺。

傅剑锋认为，“如果你比较好地遵循新闻专业精神，从法律到伦理都时时处处地坚持职业操守，那么哪怕是采访一件非常敏感的事，也可以把其中的政治风险、法律风险降到最低”。

综上所述，并不一定要文采飞扬才可以做新闻报道者，只会文字，不懂得其他操作技术与工具者难以成为一名好的新闻报道者；理科或工科出身的人完全可以做新闻报道者，他们在某些领域（如科技新闻）甚至有其独特优势。

二、优秀新闻报道者的品格特征

当今世界，各类新闻报道者数不胜数。优秀的新闻报道者有崇高的新闻理想，他们信奉“铁肩担道义，妙手著文章”（如图 1 所示），立志“执新闻之笔，添世界之美”，而且他们信念坚定，对新闻工作拥有极大的兴趣，执着地追求自己的社会理想、新闻理想。

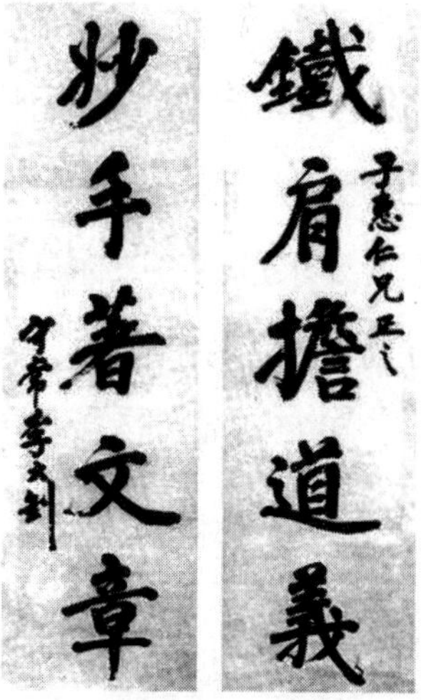

图 1 李大钊手书对联

新闻报道者并非过目不忘的天才，他们很自觉地勤学各类知识，潜心钻研新闻采写技能，善于在学习、工作、生活中领悟新闻采写的要义；他们积极向上，经常反思工作中的经验与教训，不断提升自己的业务水平和道德水准。

优秀的新闻工作者能够“出淤泥而不染”，洁身自好。他们坚守做人的底线，悲天悯人，懂得人文关怀；他们坚守新闻工作者的底线——不写假新闻，恪守职业道德。

在复旦大学叶春华教授看来，“挫折和困难，这是生活之常，更是磨炼和造就人才的不可缺少的客观条件”，“古往今来成就事业的人，没有一个不是主要靠自己披荆斩棘、踏出一条路来的”。优秀的新闻工作者，就是这样面对挫折和困难的。他们不怕苦，不怕累，不怕严寒和酷暑，不怕狂风和暴雨，哪里有新闻，他们就去往哪里。

一个国家、社会的健康发展，离不开新闻工作者的尽心尽责。美国新闻巨擘普利策说过：“倘若国家是一条航行在大海上的船，新闻记者就是船头上的瞭望者。他要在一望无际的海面上观察一切，审视海上的不测风云和暗礁险滩，及时发出警告。”①

优秀的新闻工作者，是现代社会的守护者，是人类福祉的追求者，是行业之精英、社会之良心、国家之栋梁。他们的工作和事业，是崇高的工作和事业；他们的人生，是多姿多彩、有滋有味、富有意义、极具价值的人生。

第三节　如何成为新闻采写高手

在新闻单位，有一个有趣的现象：新闻学专业出身的人，未必就比非新闻学专业出身的人更会做新闻。为什么会出现这种情况呢？因为前者未必比后者更能吃苦、更肯努力，前者也未必比后者对新闻采写更有兴趣、更有悟性。新闻报道者的优与劣，不取决于其学的是什么专业，而取决于其有什么样的主观意志和努力。“尽自己的努力，扬自己的长处，攀自己的高峰……人生都有局限，如天赋、基础、条件等，不要要求过高……你只要往自己的长处走，总会得到应有的回报，无论如何不会因好高骛远而一脚踏空，落到谷底。”复旦大学叶春华教授曾如此勉励自己的学生。

采写新闻应该成为一些在校生的特长，不论他们将来会不会成为新闻报道者。

①1912 年 4 月，泰坦尼克号的老板临时决定调来船员亨利·怀尔德担任二副。匆忙之中，原来的二副大卫·布莱尔把瞭望台的钥匙带下了船，这把钥匙锁着瞭望台唯一的双筒望远镜。没有望远镜，放哨的船员只好靠肉眼观测前方的障碍物，等到发现海上的冰山时已经来不及避开。1912 年 4 月 15 日，撞上冰山的泰坦尼克号沉没，1517 人遇难。

无疑，这项特长的形成需要巨大的付出、长期的积累和坚持不懈的努力，其中就包括学生在校期间大量的采写实践。

不是所有人都可以成为新闻报道者，不是所有新闻报道者都可以成为优秀新闻报道者。对刚刚步入新闻采写门槛的人来说，要想成为校园新闻采写高手，需要从以下几个方面着手。

一、博览群书，开阔视野

这里所说的“博览”，不等于“精读”，有些书需要精读，有些书则不必精读，快速翻阅即可。

新闻学的书，对于从事新闻采写的人来说，无疑是需要看的。新闻学专业的教材、优秀新闻作品集、优秀新闻评论作品集，都值得一看。对于这类书籍中的知识点，新闻报道者要烂熟于心，并且不时温习。此外，教育学、传播学、法学、管理学、文学、心理学、社会学、政治学、经济学、体育学、军事学、历史学、逻辑学等学科的书，也是需要看的。

新闻报道者的工作性质决定了他们需要与形形色色的人打交道，他们的采访写作可能涉及很多专业领域，因此，新闻报道者不得不成为“博学之士”“杂家”，这样他们才能在自己所报道的领域有所建树，至少不会在与采访对象的交谈过程中显得业余，进而影响新闻采写质量。

如果采访对象是理工科的学生、老师，采访写作的主题涉及理工科特定专业领域（如材料科学），新闻报道者往往需要提前阅读有关的专业书籍，否则会显得过于外行，无法展开深层次的对话或写作。

当然，阅读其他的杂书，如人物传记、武侠小说等，对新闻采访写作也是有益的。

二、经常阅读报纸和杂志

古人云：“熟读唐诗三百首，不会作诗也会吟。”若能坚持天天看报纸和杂志，就可以达到“水滴石穿”的效果。

一个经常看报纸、杂志的人，他对新闻价值的理解、对新闻选题的把握，会比很少看报纸的人得心应手一些。

经常看报纸和杂志，看似是一件十分简单的事情，很多人（包括新闻学专业的学生）却做不到。在这一点上，做到了与没做到，对新闻报道者采写新闻会造成很大的影响。新闻报道者之间的高下之分，有时就取决于这一点。有些新闻学专业的学生，采写新闻时的表现并不比非新闻学专业的某些学生强，其原因也在这里。

当然，这里所说的报纸、杂志，主要是指新闻类的报纸和杂志。

对校园新闻报道者来说，特别值得阅读的报纸有《人民日报》《光明日报》《中国教育报》《中国青年报》《参考消息》以及本地的日报、晚报、都市报。这些报纸，可以阅读其电子版，但最好阅读纸质版——读时更有感觉，更有利于领悟。如果条件允许，不妨与其他同学合订一份报纸。对新闻报道者而言，天天看报纸与偶尔看报纸的效果是有很大差别的。

杂志方面，可以多阅读《半月谈》《中国青年》《人民教育》《大学生》《南风窗》《三联生活周刊》《人物》《财经》等杂志，以及《中国记者》《新闻战线》《南方传媒研究》《教育传媒研究》《新传播》《新闻与写作》等学术刊物。

三、经常浏览一些网站和新媒体账号

以下网站或网页，值得校园新闻报道者经常浏览。

◎新华网、人民网、央视网、中国青年网、中青在线、观察者网等。

◎由校园新闻报道者所在高校自办的校园新闻网站首页，在这里可以发现很多校园新闻的选题。

◎其他高校新闻网站上的诸如《媒体聚焦》之类的栏目，在这里可以发现校园新闻的很多范文、佳作，如南昌大学新闻网的《媒体南大》栏目。

◎优质的校园媒体公众号，如“RUC（中国人民大学）新闻坊”“清华大学”等；一些知名媒体的公众号，如“澎湃新闻评论”“人物”“每日人物”“冰点周刊”“红辣椒评论”等；一些学者的个人账号，如“杜课”“吐槽青年博士”“弱传播邹振东”“谭天论道”“师者王卫明”等。

◎新华网、人民网的传媒频道，以及中国记协网。

◎“中国教育报”“人民教育”“微言教育”“江西省教育厅”“传媒茶话会”“深度训练营”等微信公众号，以及“央视新闻”“新闻联播”“江西教育电视台”“我们视频”“澎湃新闻”“微言教育”“湖北教育新闻”“中国教育新闻网”等微信视频号。

◎中国知网（www.cnki.net）、维普资讯网（www.cqvip.com）、万方数据知识服务平台（www.wanfangdata.com.cn）等知识类网站，以及百度（www.baidu.com）等搜索引擎，从前一类网站中我们可以搜索到很多学术论文（对了解有关学者的学术成果很有帮助），从后一类搜索引擎我们则可搜索到各类资料（包括文字、视频、图片等）。

四、观看新闻题材的电影、电视剧

新闻工作者究竟是如何工作的？新闻工作者应该遵循什么样的职业道德？通过观看新闻题材的影片或电视剧，我们可以对这两个问题的答案有更为直观的认识。

以下为本书推荐的几部新闻题材的影片和电视剧。

◎描述9岁女孩凯特给报纸写稿纠正人们偏见的影片—《凯特·基特里奇：一个美国女孩的秘史》。

◎描绘记者为真情弃卖公主独家照片的影片—《罗马假日》。

◎美国电视台记者爱德华反抗麦卡锡主义的影片—《晚安，好运》。

◎介绍中国顶尖记者真实事迹的影片—《记者甘远志》。

◎描述英国脱口秀主持人福斯特通过采访使美国前任总统尼克松为“水门事件”认错的影片—《对话尼克松》。

◎韩国电视剧—《爱上女主播》。

◎日本电视剧—《新闻女郎》。

◎国产电视剧—《新闻小姐》。

此外，还有一些非新闻题材的影片、电视剧、动画片，对从事新闻采写的人来说也是有启发作用的。

◎美国影片《永不妥协》。

◎国产系列数字影片《火线追踪》。

◎国产电视剧《少年包青天》。

◎中国香港电视剧《洗冤录》。

◎国产电视剧《神探狄仁杰》。

◎日本动画片《聪明的一休》。

◎日本动画片《名侦探柯南》。

通过观看以上的影视剧、动画片，我们能加深对新闻工作的认识，学到很多实用的采写技巧，从而增强从事新闻工作的信心。

有一个新闻学本科生在观看电影《凯特·基特里奇：一个美国女孩的秘史》后，在观后感作业中发出如下感慨。

影片以小主人公的小故事充分折射出新闻人的素质之重要，小故事给了我们深刻的教育，体现出大智慧。这部电影很让人触动。

看完这部电影后我很感慨，凯特给人的感动和启示太多了。

我从这部影片中不只看到了曲折的故事情节和鼓励人们振奋的精神，更重要的是，我从中学到了不少有关采访与写作的知识。

从这部影片中我还学到了很多有关采访、写作的技巧。比如，如何调查事件，怎样采取策略让主编通过稿子，等等。我相信这些对我以后的新闻事业一定会有很大的帮助！

我相信，一个敢于追求梦想的人，一定会是位优秀的人；一个拥有新闻敏感的新闻人，一定会是位成功的新闻人。只要他敢于坚持并追求。

小女孩对新闻的热爱很令我佩服。她对新闻独特的看法、近乎执拗的追求，让我感受到了新闻的魅力。

在影片《记者甘远志》中，记者甘远志因突发心脏病倒在了自己的工作岗位上，他用生命书写了新闻。在他为《海南日报》工作的1095天里，共见报1051篇稿子，他几乎每天都有报道刊登，而且大多数报道都是由他主动跑出来的。甘远志的敬业精神，可以给广大的新闻学子以震撼性的启示。

在电影《罗马假日》中，我们既可以看到喜剧性的爱情故事，又可以学习到暗访的各类技巧。同时，男主角（记者）为了保护女主角（某国公主）而放弃发布售价高昂的独家照片的行为，也可以让新闻学子体会到保护采访对象、真诚待人、珍惜真情的必要，从而自觉恪守不唯利是图的新闻职业道德。

在影片《永不妥协》中，主人公艾琳在调查太平洋瓦斯电力公司的案件时，曾遇到过采访对象拒绝采访、取证困难、律师放弃甚至被调查公司威胁等挫折，但是她都没有放弃，凭着强烈的社会责任感和永不言弃的精神，最终她为受害者赢得了上亿美元的赔偿金。

正是由于主人公艾琳对太平洋瓦斯电力公司的相关资料中附带医疗记录这一细节产生怀疑，才换来了发现重大案情，使受害者获得巨额赔偿的圆满结局。这个情节可以给新闻学子以启发：不要忽视细节和小的线索。

五、抄写大量的新闻佳作

我们都知道，学习美术的学生都要经过临摹的训练。其实，学习新闻写作也需要新闻初学者通过抄写新闻佳作来观摩前辈的笔法，领悟其写作技巧。

“好记性不如烂笔头”，就形成良好的笔头感觉而言，抄写范文比熟读报刊的效果要好些。

南昌大学新闻系教师曾在本系学生中大力提倡抄写新闻作品行为，连续抄写 3 个月知名媒体刊发的新闻稿，或连续抄写 100 篇已发表的新闻稿，能有效提升新闻初学者的新闻写作能力。

《道德经》云：“大巧若拙。”最笨拙的方法，有时也是最有效的方法。抄写大量范文，是一件看似无用且比较辛苦的事情，却是许多初学新闻写作者进入熟能生巧境界的必由之路。

需要注意的是，初学者刚开始抄写新闻作品时，应该完整抄写。也就是说，如果是抄写消息稿，则标题、电头、署名、导语等必须全部抄写下来。有些人不抄写电头，结果写稿时就不会写电头。

六、不断采写，不断投稿

前面所说的都是学习新闻采写的基础性工作。要想成为优秀的校园新闻报道者，还必须不断采写校园新闻，并且不断向校外的新闻媒体投稿，不要满足于在校园媒体发稿。这里的两个“不断”，很多学生都做不到，往往半途而废。

江西理工大学“十佳学生记者”沈林就做到了这两个“不断”：他每天不断地

写稿、投稿，稿子被退了，他就再写、再投。到大学毕业前，沈林已在新华社、《中国青年报》、《中国教育报》、《中国有色金属报》等媒体发表400余篇新闻稿。本科还没有毕业的他，就已经成为江西环境工程职业学院党委宣传部的一名成员。①

对校园新闻报道者来说，最好每周至少采写两篇新闻，数量多多益善，同时要大胆地对外"扩张"——向校外媒体投稿、在校外媒体发表稿件。

初学者可以模仿范文的采写技法。万事开头难，一旦发表了新闻作品，再往后就比较容易了。

当然，处女作往往是"难"产的，最难之处就在于不知从何下手。这个难题的破解，关键就在于对相关作品烂熟于心，对相关模板胸有成竹。

这里，有必要提醒大家：不要满足于在校园媒体发表稿件，因为其实难度很小，而且校园媒体对稿件的要求与校外大众媒体往往存在很大不同；校园媒体中的优秀报道者，并不一定是优秀的校园新闻报道者。

至于如何向校外大众媒体投稿，后文中有详细介绍。

七、见贤思齐，修身养德

"学问做到一定程度，就是人格的较量。"中国传媒大学王武录教授曾这样告诫自己的学生。

还有人说："三分做事，七分做人。"

做事，说到底就是做人。在多数情况下，要想把事做好，就得先学会做人。

学会做人，分为两种：一是学会与别人交往，二是学会修身养德。前者很好理解，后者则需要通过学习获得。

初为新闻报道者，有人向贤者看齐，对自己严格要求，有人则向品行低劣、行为不端者靠拢，对自己放松要求。

关于如何成为成功的新闻报道者，界面新闻记者曾福斌有如下观点。

第一，要想成为一名成功的新闻报道者，首先就应当喜欢这份工作。喜欢与人沟通，喜欢调查，喜欢研究，喜欢思考，善于分析，善于捕捉细节，胆大心细，并

---

① 详见第八章。沈林现为广州市黄埔区公务员。

富于新闻敏感。

第二，具有高度的社会责任感，并且乐在其中。

一个成功的新闻报道者应当具备的心理素质有以下几个。

首先，应当正确看待新闻报道这份工作，新闻报道者既不比别人高一等，也不比别人低一等，要以平等的身份处事。

其次，新闻报道者应当从内心认同这份工作，并喜欢这份工作，能融入这份工作。

再次，时刻保持平和、沉稳、冷静，不被功名利禄所收买，不因社会的复杂而混淆视听，时刻不忘自己的使命与社会责任。适应这个复杂的社会，同时保持内心的澄澈。

最后，敢于报道社会的黑暗面，要有同阻碍社会发展的黑恶势力作斗争的勇气和信心。只有揭露这些阴暗面，社会才能更加阳光明媚。

总之，若想成为优秀新闻报道者，就要多向前辈、贤者、杰出新闻人学习。

第一章 校园新闻的基础理论

第一节 校园新闻的特性与题材

新闻，按一般的说法，主要是对新近发生的事实的报道。这些事实有的刚刚过去；有的正在发生；有的虽然发生在遥远的过去，但刚刚被披露或发现；还有些事实，虽然尚未发生，但计划已定。

“新媒体时代，新闻业也发生了巨变，新闻不再是少数媒体的专利，普通人往往距离新闻更近，就校园而言，在校学生在接近校园信息这一方面就具有得天独厚的优势。如果要发挥这一优势，成为一名成功的校园新闻报道者，就不仅仅要学会传统的新闻报道技巧，更要提升自己筛选新闻信息的能力，成为信息海洋里的买手。而作为筛选标准的新闻定义也应与时俱进：新闻是正在发生、新近发现，搜索、推送与议论中产生的事实和观点的传播，或许还包括对新闻事实的分析和预测。”①

校园新闻，是指发生在校园里的新闻，以及发生在校园外、以校园人物为主角的新闻。

2023 年 4 月 14 日，《江西日报》发布的消息《南昌大学夺得中国大学生排球联赛南方赛区冠军》，报道的就是发生在校园内的新闻。

本报讯（全媒体记者李芳）记者从南昌大学获悉，4 月 9 日晚，在上饶结束的

① 谭天 . 互联网时代的新闻之变 [J]. 新闻论坛 ,2018(1)：1.

2022—2023 中国大学生排球联赛（高水平组）南方赛区（男子组）比赛中，南昌大学男子排球队夺得冠军。

此次比赛为期 11 天，共有 17 支队伍参加。在小组赛中，南昌大学先后战胜西南政法大学、复旦大学、湖南师范大学等老牌劲旅。在与中山大学的决赛中，南昌大学以 3∶2 险胜夺得冠军。根据赛制安排，南昌大学队将出征 2022—2023 中国大学生排球联赛男子组高水平组总决赛以及全国青运会（大学生组）等 4 个高水平系列赛事。

发生在校园内的新闻，新闻主角可能并非校园人物，而是潜入校园的“外人”。下面这篇新闻，就是一例。

男子校园内盗窃获刑七个月！！[①]

近日，利辛县人民法院刑事速裁团队依法宣判了一起盗窃案件，被告人葛某某犯盗窃罪，判处有期徒刑七个月。

经查，被告人葛某某多次伙同纪某某（另案处理）、闫某（另案处理）至利辛县某某中学校园教室内，盗窃多名学生人民币共计 1 万余元，涉案赃款已退还各被害人。

法院认为，被告人葛某某伙同他人多次盗窃公民财物，数额较大，其行为已构成盗窃罪。公诉机关指控成立。根据被告人犯罪的事实、性质、情节及对社会的危害程度，遂作出以上判决。

“发言是让别人记住你的最简单有效的方式之一……写文章可以极大地促进你的职业发展，让你在短时间里就能被人关注。”这是畅销书《别独自用餐》（*Never Eat Alone*）中提出的观点。一名新闻报道者，既要发言（提问），又要写文章。

通过采写校园新闻，我们可以锻炼自己的写作能力、交际能力等，同时可以更多了解校园动态信息，提高新闻敏感度，还可以提高就业时的竞争力，这都是采写校园新闻的益处。

优秀的校园新闻作品，可以让人们了解校园状况，增加有关学校的知名度和美誉度，鼓舞校内师生的士气，提高凝聚力，可以使受众得到一些启发，或者获得某种感动、愉悦感，起到促进教育发展和社会进步的作用。

---

① 莫力达瓦达斡尔族自治旗人民法院．男子校园内盗窃获刑七个月！！[EB/OL]. (2022-11-25)[2023-10-31].https://www.thepaper.cn/newsDetail_forward_20901893.

校园新闻从不同的角度划分，可以分为不同的类型。

根据体裁细分，校园新闻可以分为消息类、通讯类（包括人物通讯、工作通讯）、评论类等。

根据传播符号细分，校园新闻可以分为文字新闻、图片新闻（包括图表、漫画）、音频新闻、视频新闻、网络新闻等。

根据题材细分，校园新闻的种类很多，包括会议类、讲座（报告）类、趣事类、开学类、毕业类、节庆类、典礼类、争议纠纷类、突发事件类、丑闻类、荣誉类、招生类、就业类、科研类、社团类、社会实践类、课堂类、赛事活动类、音乐会类等。

第二节 新闻选择的“三把标尺”

除假期外，校园里每天都会发生很多事情，但是，并非每件事都值得报道。那么，如何确定某件事是否值得报道呢？

这就涉及新闻学中所讲的新闻选择了。新闻选择，就是在众多新闻素材（事实）中挑选出适合报道的素材（事实）展开采写，或者在众多新闻中挑选出需要重点报道的新闻进行采编。简言之，新闻选择就是对新闻素材或新闻的选择。

实际工作中，报道者对新闻的选择，往往是根据一定的标准或原则进行的。

究竟有哪些标准呢？一般而言，每一次新闻选择，都要拿“三把标尺”测量有关事实的价值（如图 1-1 所示）。

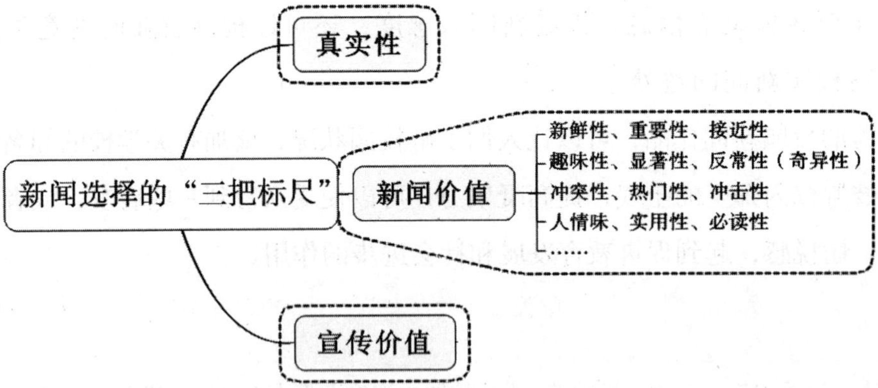

图 1-1 新闻选择的“三把标尺”

1. 用“真实性”这把“标尺”测量。

真实是新闻的生命。审视新闻素材，首先要看其是否真实，有关说法是否有足够的事实证据来支持。

2. 用“宣传价值”这把“标尺”测量。

宣传价值，主要是指帮助采访对象实现其目标的价值。有些事情，如果通过媒体报道，可以提升有关人士和机构的社会形象与美誉度，就有宣传价值了。

当然，有些事情（如励志故事、慈善活动）或有些观点经媒体报道后，可以推动社会进步，也有其宣传价值。

3. 用“新闻价值”这把“标尺”测量。

新闻价值是最重要的衡量标尺。所谓新闻价值，是指新闻或新闻素材值得报道的价值。简言之，新闻价值就是报道价值。

有些事实，有宣传价值，但无新闻价值：对有关人士和机构而言，值得报道和宣传；但对受众和媒体而言，毫无报道的必要。

有些事实，既有宣传价值，又有新闻价值：对被报道者而言，是一种正面宣传；对大众和媒体而言，也有报道的必要。这种事实，就值得新闻报道者关注和采写。

当然，有些事实有很大的新闻价值，却无明显的宣传价值，这类事实也是新闻报道者应该采写报道的。

如果我们对新闻价值的内涵有准确的把握，就可以发现新闻，就容易写出好新闻。

新闻价值是抽象的，但可以具体化为新鲜性、重要性、接近性、趣味性、显著性、反常性（奇异性）、冲突性、热门性、冲击性、人情味、实用性、必读性等特质。

（1）新鲜性

事实越是新鲜，越有时效性，就越有新闻价值。已经报道的事实、众所周知的事实，除非从新的角度加以审视，否则不会有太大的新闻价值。

（2）重要性

人物、事件本身越是重要，与受众关系越是密切，影响越是广大，就越有新闻价值。

校园里，有时会出现重要人物、名人，这时他们的言行很可能就是新闻。一些与升学、就业有关的活动、信息、政策，由于与学生关系紧密，也容易成为新闻。

（3）接近性

与受众的心理距离越近，与受众的利益关系越紧密，就越有新闻价值。

这里所说的接近，既包括地理上的接近，又包括心理上的接近。发生在受众身边的新闻，受众会更加关注；发生在受众亲友（或校友、同学、同胞）身上的新闻，受众自然也会更加关注。

在采写新闻时，要尽可能突出表现新闻事实中的有接近性特质的元素。比如报道 2024 年 7 月 6 日发生在广西岑溪的强降雨灾难性事件，应当把强降雨量、遇难者人数、受伤人数、紧急避险转移人数、造成的直接经济损失等信息在标题、导语中突出叙述。

（4）趣味性

几乎每个人都喜欢有趣的事，喜欢有趣的文字、图片、视频、音频。只要有趣，哪怕被报道者没有名气，事情对社会的影响不大，也是很值得报道的。

对于那些并不重要的校园新闻，寻找、报道其有趣的地方，是一个很好的选择。在新媒体时代，趣味性的地位越来越重要，新闻报道者在寻找选题时，应多留意一些符合受众心理和审美趣味的趣味性内容，写出的新闻才能吸引受众。

（5）显著性

显著性主要与采访对象的知名度有关：新闻事件中的人物、机构、物品的知名度越高，越有新闻价值。

显著性也与醒目程度有关：事件、人物越是醒目，越有新闻价值。例如，个人、机构的成就越是卓著，越有新闻价值。

（6）反常性（奇异性）

一个事实，如果发生的可能性很小，令人惊讶的程度很高，就有很大的报道价值。

俗话说："狗咬人不是新闻，人咬狗才是新闻。"这是因为狗咬人是常见的事情，不稀奇，而人咬狗是比较罕见的事。

所以，西方新闻界总结出如下新闻公式：

平常的人＋不平常的事＝新闻

不平常的人＋平常的事＝新闻

不平常的人＋不平常的事＝新闻

上述公式中的核心元素就是“不平常”，即事实的反常性。当然，不是所有反常的事实都值得报道。

（7）冲突性

打架、对骂、激辩、战争、灾难、污染、绝交、分歧、对抗、破坏、矛盾等，都是冲突的表现形式。

从中我们不难发现，个人、组织、国家之间或人类和环境之间的冲突，往往有一定的戏剧性，有时甚至具有很强的戏剧性，这样的新闻可读性很强，值得报道。

此外，冲突的发生、僵持和解决，有时还会影响到大众的利益、社会的运行，同样具有报道价值。

（8）热门性

只要大众（很多人）关心或有兴趣关注，哪怕事实不重要、不反常、没有名气，也是值得报道的。

（9）冲击性

新闻报道者采集到的画面、声音、事实，如果有视觉冲击力或听觉冲击力，对人们的思想可以造成较大的冲击，往往值得报道。

（10）人情味

有些事实，既不重要，也不有趣，但令人感动、同情、气愤，能激发受众的感情，同样值得报道。

（11）实用性

一个事实如果报道出来，对受众有用，或者对社会有用，就值得报道。

（12）必读性

一个事实如果受众有必要知道，就值得报道。例如，气象信息、预警性信息就是这样的事实。

有人说：“世界不是缺少美，而是缺少发现美的眼睛。”新闻采写也是如此。在资深新闻报道者眼中，处处都有新闻。一件看似普通的事情，放在不同的历史坐标上，就极有可能显示出不同的意义。

例如，杭州某开发区一家幼儿园开园。这本是一件小得不能再小的事情，新闻报道者去了，同出席开园仪式的开发区社会发展局负责人聊天，该负责人称，考虑到开发区常住人口大量增加，未来三年，将在开发区布局八家幼儿园。于是，新闻报道者以该幼儿园开园为由头，深入挖掘开发区的学前教育问题，这条新闻就有料了。

注意：千万不要妄言或轻信“那里没有新闻”这类断语！

第三节　新闻采写的“术”与“道”

“有时候我们觉得‘道’比‘术’更重要。因为经过几个月的实习或工作，采访方面的东西基本上没什么问题。”有两名学生对同一位新闻采写老师说过类似的话。

记者傅剑锋也说过：“技术只是‘术’层面上的东西。‘术’随‘道’生，招随事变。无招胜有招，就是因为把握了‘道’的精髓……‘道’层面上的东西，才值得我们永恒追求。”

新闻采写之“术”，就是新闻采写的技巧、技术。那么，新闻采写的“道”，包括哪些内容呢？

腾讯网图片编辑汪晓为的答案是，即使是杀人犯也要在他身上发现美的东西，或是眼泪。

新闻学子伊唯的答案是，道义，正义，公道，真实，真相。

《证券时报》记者胡飞军的答案是，真实，人文关怀，新闻正义，不断学习。

在我们看来，新闻之“道”是理念性、原则性、内在性、指导性的东西，它与新闻报道者的价值观、世界观、是非观有关，与世之常识、人之常情、事之公道、物之常理有关，更与新闻报道者的思维方式、逻辑能力、品德修养有关。

新闻之“道”的内容非常丰富，难以尽言，但至少应包括以下内容。

（1）对不幸人群有同情之心。

（2）对国家有建设之志。

（3）对争议各方无偏袒之意。

（4）对新闻败类无效仿之愿。

（5）捍卫世之常识，深知人之常情，追求事之公道，了解物之常理。

（6）懂得人文关怀，坚持社会正义。

（7）科学思维，逻辑严密，洁身自好。

（8）力争工作之完美。

（9）尊重采访对象，尊重法律法规。

（10）遵循规律，遵循礼仪。①

具体到新闻实践，在采写过程中，新闻报道者应该考虑以下 9 个因素（如图 1–2 所示）。

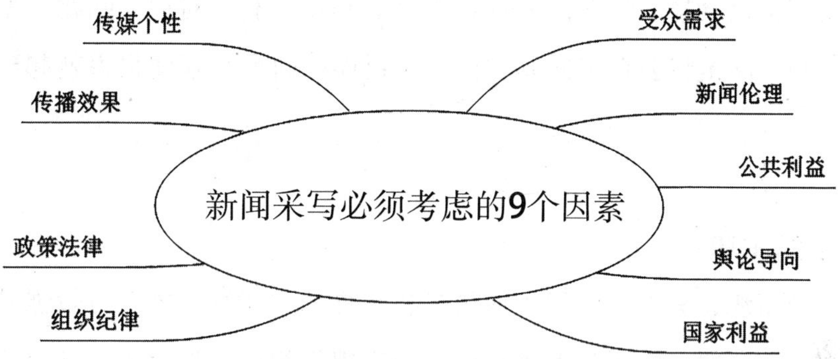

图 1–2　新闻采写必须考虑的 9 个因素

一、公共利益

新闻传播必须考虑公共利益，为人民大众服务，否则，读者、观众、听众、网民不会满意的。

国家利益是公共利益的一种。符合公共利益、捍卫公共利益的稿件，往往容易刊播。

二、国家利益

正如美国著名记者普利策所言，新闻报道者是国家这条“航船”上的“瞭望者”。因此，新闻报道者能否尽心尽责，关系到国家能否长治久安、长盛不衰，能否和谐发展、科学发展，能否民主进步、肌体健康。

具体到单篇报道，是会伤害国家利益（如泄露国防机密），还是会捍卫国家利益（如揭露敌国阴谋）？新闻工作者必须仔细考量，谨慎采写。

① 例如，多说敬语，多说“您”，少说“你”；多说“对不起”“谢谢”“请”。

三、舆论导向

习近平总书记指出："党的新闻舆论工作是党的一项重要工作，是治国理政、定国安邦的大事"，强调"做好党的新闻舆论工作，事关旗帜和道路，事关贯彻落实党的理论和路线方针政策，事关顺利推进党和国家各项事业，事关全党全国各族人民凝聚力和向心力，事关党和国家前途命运"①。

"舆论导向"则是指对于社会舆论加以引导，使之向着预期的方向发展。②

如果新闻报道刊播后，对国家利益等公共利益不利，对社会问题、争议争端的合理解决不利，甚至将公众引向非理性、犯错误的轨道，新闻报道就起到了不好的导向作用。

四、组织纪律

一个媒介组织，只有它的组织成员具备较强的纪律性，才会有较强的战斗力。因此，新闻报道者要自觉听从上级指挥，遵守组织纪律（如上班、开会不迟到），得令则行，被禁则止。

五、政策法律

新闻报道者需贯彻执行国家既定政策，如尊重少数民族风俗习惯，和平外交，等等。

新闻报道者应该遵守法律法规，否则，既不利于国家的稳定团结，也不利于依法治国的完全实现，还可能给报道者带来新闻官司——由于侵犯他人的名誉权、著作权、肖像权或其他机构的正当权益，而被起诉、惩罚。

傅剑锋认为，遵守法律，这是最低的底线了，一个新闻报道者只有完全使用合法的手段获取信息，才可以最好地保护他自己，用违法手段获取信息，最后可能反会害了自己。

当然，如果某些政策、法律法规确实过时了，或者有失公平，新闻报道者可以通过新闻报道或新闻评论提出对其进行修正或废止的建议。

---

① 本书编写组．习近平新闻思想讲义 [M]. 北京：人民出版社，2018：33-34.

② 中国记协网．什么是新闻舆论和舆论导向？ [EB/OL].（2020-04-08）[2023-10-12].www.zgjx.cn/2020-04/08/c_138957190.htm.

六、新闻伦理

傅剑锋认为，“要注意遵守职业伦理。用职业一点的话来说，我们要在获取信息和报道新闻中，时时警惕媒体暴力，尤其要警惕自己在不经意间成为一个施暴者……如果出现新闻需要与新闻伦理之间的冲突，以我的价值立场，我宁愿舍新闻而择伦理。因为，伦理的遵守乃是人之所以为人的前提”。

因此，对肥胖学生、贫困生、犯错犯罪的未成年学生、残障人士等，新闻报道者有必要对其进行匿名处理，不披露其隐私信息。

新闻报道者的采访与报道，如果方式不当（如过于冷血，急于完成任务，不顾对方感受，挤占救人时间，等等），可能给采访对象或被报道者造成不必要的损失、难以弥补的伤害。

这里举一个实例。某新闻报道者在采访孟祥斌烈士①遗孀时问道：“你现在感觉怎样？”新闻报道者问孟祥斌的女儿：“孩子，爸爸呢？”“爸爸在水里，爸爸在水里。”孩子回答。新闻报道者这样问，等于在采访对象的伤口上撒盐，实在过于残忍。

避免对采访对象或被报道者造成不应有的伤害，理应成为每个报道者心中的信条。

当然，“坚决反对和抵制各种有偿新闻和有偿不闻行为，不利用职业之便谋取不正当利益，不利用新闻报道发泄私愤，不以任何名义索取及接受采访、报道对象或利害关系人的财物或其他利益，不向采访、报道对象提出工作以外的要求”②，这也是新闻报道者应该遵循的新闻伦理。

七、传播效果

无论采写什么稿件，新闻报道者都必须时刻站在受众的立场，考虑所作报道的传播效果。如果预期效果不好，则应做补充采访或稿件修改。

---

① 2007 年 11 月 30 日，解放军驻浙江金华某部机要参谋、中尉孟祥斌，为救一名素不相识的轻生女子，毅然跳入冰冷的婺江。最终，落水女子获救，孟祥斌却献出了自己年仅 28 岁的生命，留下妻子和年仅 3 岁的女儿。

② 刘冬 . 中国新闻工作者职业道德准则 [EB/OL]. (2023-09-08)[2023-10-31].http://www.npc.gov.cn/npc/c30834/201912/bb8c002627b44c299e65db5e9577cf05.shtml.

写好稿件后，新闻报道者可以将稿件拿给别人看，了解其感受，如果对方无动于衷或者读后毫无收获，往往就表明稿件的传播效果不佳。

关注稿件的传播效果与受众的反馈情况，便于新闻报道者决定下一步是否跟进报道、补充报道或是修正报道。

八、受众需求

“新闻就是广大群众欲知、应知而未知的重要事实。”人民日报社原社长范长江的这句话表明，新闻报道者必须从“为民众服务、让民众受益”的角度采写新闻。

受众是指接受传播的群体，包括听众、观众、读者、网络媒体用户等。对新闻媒体而言，为受众服务，赢得受众的青睐，是新闻报道的恒定目标。在某种意义上，受众就是媒体的顾客，是媒体的衣食父母。没有受众的关注，新闻报道也就失去了其生存价值。

因此，虽然新闻报道者不能一味地、毫无原则地迎合受众，但是，对于受众那些正当的信息需要、需求，新闻报道者应当尽可能地去满足。

时时把受众装在心中，是一种可贵的受众意识，新闻报道者应该拥有这种意识。

九、传媒个性

“新闻是编辑说是就是的一切事物。”美国著名新闻学者威廉·梅茨认为，采写新闻必须考虑编辑的感受及其选稿标准。编辑人员在对稿件进行选择、加工时，一般都要考虑稿件与其所属媒体的风格、定位、个性的吻合程度，合则用，不合则弃。

传统校园媒体和校外的党报、都市报、晚报，在报道校园新闻时，语言正式、严谨，往往以传者需要为出发点，宣传价值大于新闻价值。

新媒体报道校园新闻，用语更为生动活泼、接地气，内容富于趣味性，讲究实用，注重可视化，青睐网言网语、表情包，突出与受众需求的连接，是典型的受众导向。

传统校园媒体以及校外的党报、晚报、都市报的写作手法往往出现以下一些类似的特征。

1. 传统校园媒体新闻稿的写作

（1）对出席活动、会议等的不同重要人物的身份、姓名进行一一展示。

（2）考虑宣传价值优先于考虑新闻价值。

（3）以传者需要为出发点。

（4）常用“我校”等第一人称语词。

（5）内容强调面面俱到，新闻价值不突出（有时会被埋没）。

2. 党报新闻稿的写作

（1）考虑宣传价值优先于考虑新闻价值。

（2）以传者需要为出发点。

（3）禁止使用“我校”之类的语词，而用“该校”之类的语词。

（4）不求面面俱到，力求符合党性原则。

3. 晚报和都市报新闻稿的写作

（1）注重事实本身新闻价值的排序。

（2）新闻价值优先，兼顾宣传价值。

（3）以受众需要为出发点。

（4）禁用“我校”之类的语词，而用“该校”之类的语词。

（5）不求面面俱到，但求标新立异。

第四节　新闻事件的解读路径

有些新闻报道者采访很顺利，但就是写不出新闻稿。原因何在？

也许是因为新闻报道者不知道如何解读新闻事件。

那么，新闻报道者应当从哪些方向解读新闻事件呢？

第一，新闻报道者可以初步界定这起新闻事件的总体性质：是对，还是错？是好事，还是坏事？是说不清楚的事，还是性质明确的事？是小事，还是大事？

第二，新闻报道者可以分析这起新闻事件发生的背景、原因（或动机），分析该事件可能涉及哪些关系，可能影响哪些利益方，可能会造成什么结果，是机遇还是威胁，以及未来发展趋势如何。

第三，新闻报道者可以分析这起新闻事件在发生的过程中，有何亮点（优势），有何污点（劣势），有何空白点（不足之处），有何疑点，有何难点，以及有关观点是否符合逻辑。

第四，如果这件事是个麻烦事，新闻报道者应该考虑如何解决或了结此事，应该采取什么措施或对策。

关于对策研究，新闻报道者要么自己成为该领域的专家，要么通过采访获取专家的智慧。不过，新闻报道者知道如何解读新闻事件，并不意味着就可以顺利地解读事件。因为，解读事件是一种有较高技术含量的工作，对解读者有较高的要求。

一名新闻报道者，如果学科知识积累不足、新闻资讯积累不足，或者观察的视野不够宽，观察的高度不够高，观察的目光不够高，是无法正确解读新闻事件的，甚至根本无法解读。这就要求新闻报道者博学、深学，长期关注时事，并习惯以开阔的视野，高瞻远瞩地解读新闻事件。

当然，新闻报道者的品德高下，对新闻解读也会有较大影响：小人见私，君子见公。

一般而言，解读新闻可以运用以下几种思维。

1. 分析、分解的思维

新闻报道者在解读新闻时把事物分解出多个部分、多个方面或多种特征。

2. 分类的思维

新闻报道者根据不同事物或现象的共同点和差异点，把它们分成不同种类，分别对待。

3. 比较的思维（包括求异思维、求同思维）

新闻报道者在头脑中把各种事物或现象加以对比，确定它们之间的相同点与不同点。

4. 发散性思维（辐射思维）

从一个事件（点）出发，新闻报道者沿着不同方向，对不同环节、不同部分、相关因素进行分析，或者提出多种设想，或者提出多种方案。

例如，对一起新闻事件，新闻报道者分别从事件背景、原因、结果、趋势、对策以及其牵涉的不同人物、不同利益等角度进行解读，这就是一种发散性思维。新闻报道者进行采访设计时，也常用发散性思维。

5. 聚合、抽象概括的思维（集中型思维）

新闻报道者结合不同的信息、现象、事物，透过现象看本质，由此得出结论，或找到答案。在谋篇布局时，新闻报道者经常用到这种思维。

6. 演绎、具体化的思维

新闻报道者把概括出来的一般概念、原理、理论，代入具体事物中展开分析，或将通行的规则（如法律法规），代入具体个案展开分析。

在解读新闻的过程中，思维是否科学、正确是很关键的。

如果思维不正确，可能带来灾难性的后果。比如，媒体有时可能会在报道个别社会问题或事件时，将其放大成普遍现象，给公众造成不准确的印象。这就是新闻报道者在解读新闻事件时存在的思维误区。

正确的思维，以思维主体了解情况（来龙去脉）为前提，强调以事实为依据，反对缺乏事实依据的凭空猜测、主观臆断，提倡多向思考、多角度观察，主张用发展的、全面的、辩证的眼光看问题（人、事、物）。

不正确的思维及其表现，包括以下几个方面。

（1）结论过于绝对，全面否定或全面肯定。

（2）点面混同，局部与全局混同，个别与整体混同，极少数与大多数混同。

（3）证据不足时，妄下结论，人云亦云，不加核实，轻信人言，偏听偏信。

（4）没有事实依据，主观臆测，随意猜想，随意联系。

（5）回避真相，回避矛盾，回避不利于自己的事实。

（6）情绪化，受个人恩怨、好恶的影响做出不客观的判断。

（7）上纲上线，夸大事件的严重性，歪曲事实。①

（8）求全责备，无视对方的亮点或优点。

（9）眼光狭隘，只看眼前和过去，不看将来。

（10）原本多因，只见一因，无视其他原因。

（11）无视现实世界的复杂性、多样性，以及有关事件的艰巨性。

---

① 例如，把一般问题、非原则性问题当作原则性问题看待；把局部问题夸大为全局问题；把认识上的问题夸大为立场问题；把发展战略问题夸大为路线问题；小题大做、吹毛求疵，夸大个别现象，无限制地从个别跳跃到一般，超越概念的固有外延，随意联系或联想，用僵化的、简单的条条框框去套复杂的社会现象；等等。

（12）无视对立方掌握的事实、证据。

（13）无视当事人的难处、苦衷、处境。

（14）盲目从众。

（15）单向思维。

（16）思维僵化，不懂变通，不懂“特殊情况特殊处理、特殊对待”。

第五节　新闻点的确定与凸显

在新闻采写实习过程中，南昌大学新闻系学生彭淑明逐渐认识到抓新闻点的重要性，他称：抓新闻点太重要了。这点把握好了，写好稿子并不是一件很难的事情。新闻点是新闻价值的体现。抓新闻点，可以更好地引导采访，更重要的是写出的稿子不会累赘，甚至与主题无关。

一、新闻点的内涵

新闻点，就是新闻报道者通过采访搜集到的众多新闻事实中具有较大新闻价值的新闻事实。

新闻点，或是受众最感兴趣之处，或是材料中最有报道价值之处，或是新闻事件中最特别之处，或是新闻报道者采访所得材料中最重要之处。

新闻点是新闻的亮点、卖点。

广西《南国早报》记者陆海华认为，新闻点即新闻角度。每一个事件牵涉的范围都很广，如何在众多的角度中突出新闻价值是新闻工作者关心的问题。

广西《南宁晚报》记者韦新娜认为，新闻点是判断新闻是否具有价值、是否吸引读者的重要依据，不同的新闻点会给新闻带来不同的影响。

广东《番禺日报》记者崔智颖认为，校园新闻的新闻点可以采用以下方法捕捉。

（1）可从学生的角度或者从领导的角度以及从新闻本身发展对学校的影响的角度捕捉新闻点。

（2）抓领导讲话。领导反复强调的同一句话、同一件事，可以把它拿出来做新闻点。

（3）抓活动主题，进行发散性采访。

崔智颖认为，用到以上 3 种方法有一个前提：新闻报道者要将自己抽离出这项活动或会议，不要将自己视为参与者，而是将自己想象为旁观者；新闻报道者要想“如果我是读者，我希望了解这个活动的哪些方面”，而不是想“我参与了哪些活动，我对哪个活动感受深刻”。

二、新闻点的表现形式

在新闻事件或者新闻人物身上，新闻报道者需要注意抓住以下新闻点。

（1）感人（甚至让人流泪）之处。

（2）奇特（不同寻常）之处。

（3）有趣之处。

（4）令人气愤（深感不平）之处。

（5）影响极大之处。

（6）特别之处，即有别于他者之处，比如这朵玫瑰花开得非常大。

（7）新颖（前所未有）之处，是指与众不同、独特之处。

（8）可以给人以启发（甚至值得推广普及）之处。

（9）显要（重要）之处。

（10）受众应知而未知之处。

（11）对受众有用之处。

（12）受众可能会很感兴趣（欲知）之处。

三、确定新闻点的基本要领

（1）站在受众、媒体、政府（或公共利益）的立场、角度判断新闻点。

（2）在采访所得材料中，寻找以上 12 个新闻点。

（3）突出新闻点，将其置于稿件显眼位置（如标题、导语）。

（4）对主要新闻点和次要新闻点分别详写、略写，同时放弃可有可无的材料。

四、抓准新闻点的前提条件

（1）新闻报道者对新闻事件能进行正确解读。

（2）新闻报道者有较好的专业眼光、知识基础（非新闻学领域的其他专业的知识）。

（3）新闻报道者几乎天天看新闻，知道新闻事件的来龙去脉。

（4）新闻报道者了解受众的信息需要、阅听习惯，以及政府的宣传重点、媒体对稿件的需求。

新闻点能挖掘多深，取决于新闻报道者的积累（资讯积累、知识积累和经验积累）有多扎实。

第六节　新闻采写的基本流程

一篇优质新闻稿的诞生，要经过以下 6 个步骤。

一、报道者的前期准备

第一，专业领域知识的长期积累或临时学习。

这里所说的知识，既包括新闻学知识（关于采访、写作的知识），又包括教育学、经济学、社会学、心理学、管理学等其他学科的知识。其中，新闻学知识必须烂熟于心。

第二，大量阅读或抄写新闻佳作，熟悉相关新闻作品。

新闻报道者要坚持每天阅读优秀的新闻作品，关注一些高质量的媒体公众号，对其中的“10W+”优质作品进行学习，最好是抄写 100 篇不同类型的新闻佳作。这种准备，既可使新闻报道者熟悉相关报道的模板，又可使新闻报道者在资讯方面有相当的积累，遗憾的是，其重要性往往会被新闻报道新手忽视。

第三，具备分析能力，养成良好习惯和作风（准时、纪律性等），具备爱心、同理心、责任心、公心、向上心、新闻理想、建设性理念等。

第四，深入地了解报道对象。这是最重要的前期准备。

二、新闻选题的寻找

这一步的操作要领，本书第一章第九节中有详细介绍。

三、采访提纲和问题的设计

这一步的操作要领，本书第二章第三节中有详细介绍。

四、采访活动的顺利展开（信息的搜集）

这一步主要包括三方面内容：①对采访对象和新闻现场的细致观察；②对采访对象的成功说服；③与采访对象之间比较到位的问答。

执行到这一步骤时，新闻报道者可能会陷入如下困境：①对方拒绝接受采访；②对方所给信息不符合要求；③稿子因被阻挠发表不了；④有关领导提出不合理要求；⑤其他困境。

在合法合规的前提下，新闻报道者可以采取如下对策。

（1）隐藏新闻报道者身份（藏起采访设备），隐藏采访目的。

（2）伪装成内部员工或师生。

（3）不单刀赴会，与其他新闻报道者搭伴而行。

（4）采访不直奔主题，先以闲聊暖场，开口不说“我是 ×× 记者，您能接受采访吗”。

（5）事先开好采访介绍信，带好证件。如果不是正式记者，就带上刊登有本人作品的样报作为证明。

（6）采访时尽可能让对方感受到自己的真诚，打消对方的疑虑，说服对方。

（7）必要时及时打断受访者的谈话，通过引导（如“您能谈谈……吗？”）转变其回答方向。

如果是新闻事件的采写，可以从以下 8 个方面展开（如图 1–3 所示）。

（1）事件发生的时间（过去如何，现状如何，未来趋势如何）。

（2）事件发生的地点（现场情况）。

（3）人物（当事人、周围人群、局外人、专家、利益相关者等）。

（4）事件发生的原因、动机、背景。

（5）事件发生的过程（通过目击者、当事人介绍）。

（6）类似事件。

（7）相关法律法规、政策、制度。

（8）事件中的亮点、污点、空白点、疑点、难点。

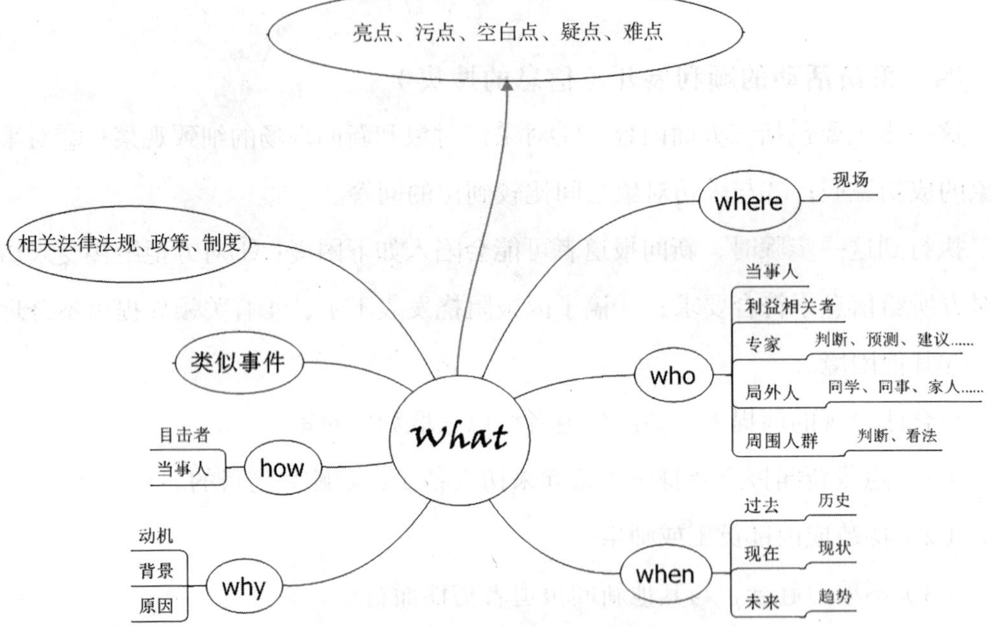

图1-3 新闻采写路线“八爪图”

五、稿件写作的成功进行

这一步，主要内容有以下几点。

1. 以受众、传媒的视角确定新闻点，并对多个新闻点的重要性合理排序

有关操作要领，详见本书第一章第五节内容。

2. 规划与搭建文章结构

有关操作要领，详见本书第三章第一节内容。

3. 行文走笔

如何进行新闻稿的写作呢？

首先，新闻报道者需要分析所采集的信息，分析其中什么是受众最感兴趣的，什么是最有报道价值的，看清楚新闻人物或事件的最特别之处、最重要之处。

其次，将“受众最感兴趣的”“最有报道价值的”“最特别之处”“最重要之处”这四“最”内容作为稿件重点内容进行撰写。

值得注意的是，标题要突出新闻点，有较强的吸引力。如果信息或话题本身的显著性、接近性较高，可以直接在标题中点出。如果信息本身的新闻价值相对较小，则可以在标题上做一些设计。例如，设置悬念，运用“热梗”，等等。在撰写新闻时，要安排好节奏，消息、短讯可按照倒金字塔结构安排，在文章开头集中点明关键信息。长篇的通讯、特稿可以以华尔街日报体的形式，以引人入胜的细节、行为、故事导入，并保持增量信息的输出频率，优化受众的阅读体验。

六、完美化的修改

如果新闻报道者是新手，新闻采写尚不熟练，完美化的修改就很重要。这一步主要有以下几点内容。

1. 必要时调整稿件的重心

由于初稿已经完成，但与起初预想的不太一样，这时需要调整稿件的重点，补上遗漏的重要信息（或是重要的新闻点，或是通过补充采访获得的信息），删除冗余的文字。

2. 校对文字和图片

校对文稿时，新闻报道者要特别注意修改稿件中的硬伤。

校对文稿，可以采用“唱校”的方法（逐字轻声朗读全文），也可以请别人帮忙校对，往往可以发现一些文字错误，如“截至”“截止”的混淆。

图片的校对，新闻报道者也不可大意。2005 年 6 月 18 日，某晚报在头版以导读的形式刊登了《深圳罗湖区女公安局长受贿被判 15 年》一文，但配发的图片不是受贿的那名局长，而是全国公安系统一位一级英雄模范，结果酿成了一场工作事故。这就提醒新闻报道者：如果不是受访者本人提供的照片，一定要找人核实，以确保图片无误。

3. 文字润色

文字润色主要是对文稿做简洁化、生动化处理。

如果是通讯，在这一步可以将干瘪的文字换成较为形象的文字。如果是消息稿，则可以对标题精雕细琢。

需要提醒大家的是，撰写初稿时，新闻报道者不必苛求完美，也不必反复修改；修改稿件时，不必完全按计划、按提纲来改，必要时可以弃写那些不好写、写不好的部分。

第七节　优秀稿件的特征

为何你的新闻稿写得没有别人优秀？原因可能有以下几点。

（1）你的采写经验（成功或失败的经历）没有别人丰富。

（2）你的采访问题不如别人深刻。

（3）你掌握的新闻写作技巧没有别人的多。

（4）你的积累不如别人深厚全面。

新闻报道者要想写出优秀的新闻稿，最好知道优秀的新闻稿件有哪些特征。

一篇优秀的新闻稿，往往有如下特征。

一、基本特征

（1）符合新闻定义的要求——真实、新鲜、客观。

（2）符合法律法规、政策、道德的要求。

（3）有新闻价值，或者有宣传价值。

（4）文字正确，文脉通顺。

二、采访技法方面的特征

（1）采访内容比较深入，采访人数较多、时间较长。

（2）采访笔记比较详细。

三、写作技法方面的特征

（1）标题吸引受众眼球。

（2）导语能够吸引人继续往下读。

（3）有新闻亮点，新闻点做了突出处理，或被详写，或被置于显眼位置。

（4）采用较多的细节描述，用直接引语表达观点。

细节是新闻具有真实性、可读性的保证，采访时必须特别注重搜集细节性事实，写作时也要多写细节。

2008年8月26日，江西省原省长吴新雄来到设在中国移动江西公司客户服务呼叫中心的“省长手机”“省长信箱”工作平台，并接听百姓电话，阅读群众来信。中国江西网记者沈德森前去采访，最后写成纪实稿件《江西省长吴新雄接听省长手机办理省长信箱侧记》[①]。

在当天的活动中，有不少记者参与采访，其中大部分记者都随着省长移动，而沈德森更关注的是一些细节。

“11点03分，‘省长手机’工作平台8台电话铃音此起彼伏，接线员刘嘉欣打开客户服务系统：‘您好，欢迎拨打省长手机，请问您有什么需要帮助？’这时，吴新雄来到刘嘉欣身边，刘嘉欣高兴地请省长亲自接听这个电话。”

吴新雄省长接完电话后，沈德森没有立即跟着省长走，而是记录了来电者的电话号码，到办公室后对打电话者进行补充采访，进而获得了其和省长的谈话内容以及此人的身份、姓名、打电话的动机等信息。

在吴新雄处理“省长信箱”内容时，沈德森捕捉到了以下细节。

“慢慢地滚动鼠标滚轮，双眼紧盯着电脑屏幕，表情十分严肃。”“在随后打印出来的来信处理表单上，他写下这么几个字：‘请九江市王萍派专人核实，提出处理意见，并报省政府。吴新雄，2008.08.26’。”

来信者的身份、姓名及来信内容，同样可能被记者忽略。沈德森却把来信内容抄了一遍，记录下了来信者的联系方式以便做补充采访，然后在新闻中“曝光”了来信的部分内容。

给“省长信箱”来信的这位乡村教师叫彭芝芬，是九江市修水县黄龙乡沙段小学支教教师。她在信中介绍了学校办学条件的艰苦，并感慨城乡学生学习环境的差异。她在信中深情地写道：“我来这是支教的，这就是我要工作的地方，这里有需

① 沈德森，邓小勇．江西省长吴新雄接听省长手机办理省长信箱侧记[EB/OL].（2008-08-26）[2023-10-31].https://news.sina.com.cn/c/2008-08-26/185414359098s.shtml.

要我的孩子们，学校就是我的家。说到家，请问，哪个不希望自己的家越来越好？我也一样，看到同是祖国的花朵，这里的孩子跟外面的孩子有这么大的差别，我心里好难过，他们就因为生在乡下，享受不到先进的教学设备，下大雨的时候教室到处漏雨，学生上课不安心，老师在讲台上教学也不顺畅，到了冬天更不得了，冷得要命，像去年，有的学生就冻坏了，低年级的学生还有的冻哭了……就是在这样的学校里他们日复一日地学习、游戏……”

当需要采访对象说明一个问题时，新闻报道者一般会要求举例，对方常会以“有一次、那天、一年夏天”等开头，这时，沈德森一般会打断采访对象：“能不能回忆一下具体的时间？在哪里？和谁？”

为了获得较多的细节，有时记者必须不辞辛苦地深入新闻现场采访。

2007年教师节前夕，沈德森来到江西省永新县采访乡村教师尹继澜，当地工作人员说：“还是不要去他家吧，太远了，可以把尹老师叫到县城来。”因为，从县城到尹老师家，先要坐1个小时的车到镇上，再走4个小时的山路。但沈德森没有答应，他说：“不去现场，无法亲身感受其生活环境，哪怕他能说，甚至说得很具体，也远不如我亲眼看见的。如果我不去那个山村，就无法用合适的文字描写山村的真实现状。”

正是由于沈德森的坚持，其根据实地采访所写的报道《尹继澜：红烛点燃大山希望》改变了一个乡村教师、一个村庄的命运：因为这篇报道，尹继澜被评为优秀教师，成为人们学习的典范；尹老师所在的龙门镇铁镜村，原来不通电、不通路，当地县委专门开会讨论并解决了这个问题。

重视细节的搜集和呈现，也是西方新闻界的共识。

美国联合通讯社著名撰稿人卡蓬强调：“好的作品，依赖于对细节内容的运用。只有记者才能提供这些细节，而编辑是无法办到的。”

细节是指一切有形的东西，如房屋、耕牛等。卡蓬认为，记者应把自己想象为电视纪录片的制作人。试想，摄像镜头全景拍摄了异国情调的豪华住宅后又定格在一间茅草屋上。无须任何文字，制作人通过镜头所展示的已表达了一切。记者也可以通过对细节的灵巧运用来达到同样的效果。前提条件是，他的笔记本里必须记录了这些内容。

四、传播效果方面的特征

（1）全文有较强的可读性。

（2）受众读后有一定收获。

（3）发表后社会反响较好。

第八节　采写校园新闻的误区与硬伤

采写校园新闻，最忌讳出现可读性不强、信息量小的问题。除此之外，还应该注意避免以下误区和硬伤。

一、选题与抓新闻点方面的误区

（一）领导就是新闻

“我们的活动，书记和校长都参加了，怎么不是新闻？”

“市领导考察我们学校了，应该可以上市里的报纸头版吧？”

……

很多负责校园新闻的宣传员都有这种疑问与困惑。导致的结果是，一条校园会议新闻，有一半的篇幅在介绍有哪些领导出席，领导都讲了什么话。

在校园网上，甚至校报上，针对学校主要领导做了什么事、开了什么会，发一条会议新闻是常事。因为主要领导的活动、讲话，往往能体现出学校下一步发展的方向，全校师生都会关注。这样的报道，笔者认为，在一定场合、一定时间发布是有必要的。但如果所有宣传员都按此套路报道各个层次的会议新闻、活动新闻，恐怕就会陷入“领导就是新闻”的套路了。

那么，校园时政新闻到底应该如何报道？如何出亮点呢？

关键还是抓会议活动透露的信息与亮点。例如，某校公共事务管理处向该校新闻中心发来一篇稿件，报道学校召开节能减排专题会议。其标题与导语是这样写的。

学校召开节能减排措施创建节约型校园专题会议

建设节约型、可持续发展校园是全球环境和资源问题对大学发展提出的必然要求。3月30日下午，学校召开了专题会议，就如何加大节能减排力度、建设节约型校园进行研究，谢某某副校长主持会议并发表讲话，公共事务管理处、后勤服务集团等主要职能部门负责人参加研讨。

经该校新闻中心工作人员调整，出现在校园网上的稿件的标题与导语是下面这样的。

我校去年水电费总支出负增长 图书馆、体育馆水电管理成效明显

建设节约型、可持续发展校园是全球环境和资源问题对大学发展提出的必然要求。3月30日下午，我校召开了专题会议，就如何加大节能减排力度、建设节约型校园进行研究。会议透露，2009年全校水电费总支出同比实现了负增长，生均比2008年有所下降。在在校学生人数不断增加的情况下，水电费实际净支出总额同比减少0.03%。其中2009年我校图书馆、体育馆实行水电定额管理成效明显，学校分别给予奖励1万元、1.8万元。①

经过调整的会议新闻，会议的有用信息被凸显出来，新闻性、可读性一下子就增强了。

（二）什么都重要

某学院一位宣传员很激动地告诉该校新闻报道者，他们学院最近承办了一项全国性某专业的年会，会议非常重要，原因如下：①有来自全国相关领域的权威专家参加本次会议；②有很多省市领导来参加本次会议；③校领导也高度重视，亲自主持了本次会议；④会场上搞了一场书籍捐赠活动；⑤某位专家做了一场精彩的报告；⑥会议现场互动很精彩……

宣传员一口气讲了多个重点，该校新闻报道者都快记不过来了，就问："你准备让我把这些都写进新闻稿里吗？"

"当然，这些东西都重要，而且都要重点描写。"

---

① 芳草.我校去年水电费总支出负增长 图书馆、体育馆水电管理成效明显[EB/OL].（2010-03-31）[2023-10-31].https://www.hznu.edu.cn/c/2010-03-31/322714.shtml.

“那么，这个标题怎么做比较合适呢？”

宣传员一下子呆住了，想了想说：“就写某某年会在我院召开。你看如何？”

这是当前校园里很多活动、会议相关新闻报道存在的通病。

新闻报道者觉得什么都重要，但新闻稿写出来后，读者常常看不出什么是最重要的。

2009年11月，第三届中国范仲淹国际学术论坛在杭州师范大学开幕，当地报刊《钱江晚报》对此予以报道。标题、导语是这样设置的。

960年前，范仲淹当过杭州市长

专家考证他干的事：解米荒、疏浚西湖，反对西湖边造别墅

杭州人都知道苏东坡、白居易曾经是杭州的父母官，却很少有人晓得960年前，北宋著名政治家、文学家，《岳阳楼记》的作者范仲淹也曾在杭州任职。昨天，来自中国、新加坡、日本等地的专家、学者汇集在杭州师范大学，参加第三届范仲淹国际学术论坛，范仲淹这位960年前的杭州“老市长”的故事被重新发掘展现在杭州市民面前。①

这个学术会议并没有只研究范仲淹在杭州的故事，但标题为什么要对“范仲淹当过杭州市长”这点突出强调呢？这是因为这样既找准了能够激起受众阅读兴趣的新闻点，还可以突出该条新闻“地理、心理上接近受众”的新闻价值。

二、新闻写作上的误区

（一）“我把自己感动得都哭了，编辑还说这不是新闻”

很多校园新闻报道者在刚开始写稿时，会碰到这种情况：用了大量华丽辞藻，把新闻人物、新闻故事写得很煽情，但投稿后，吃闭门羹的居多。他们常疑惑：“我都写得让人感动得要哭了，编辑老师莫非是铁石心肠？”

这里面有两个误区。

一是故事本身并不感人，起码感动不了新闻报道者自己。

二是故事的确让新闻报道者感动，但可惜，新闻报道者没能把感动人的东西

---

① 盛久远，袁春宇.960年前，范仲淹当过杭州市长[N].钱江晚报，2009-11-29（13）.

写好。

这是校园新闻常有的弊病：可读性不强、信息量缺乏。

要感动别人，首先还是要“三贴近”（贴近实际，贴近生活，贴近群众），获得更多信息，收集更多的新闻素材。只有这样，新闻报道者才有感动别人的底气。

（二）新闻没有故事化

写故事需要用文学手法，新闻是如实地记载发生的事实，两者应不应该划清界限？这是令不少校园新闻报道者感到困惑的地方。

凭空编造出来的故事，在新闻写作时理应抛弃。但故事化的新闻写作方法，可以增强新闻的可读性，是值得提倡的。

如何让新闻写作故事化？对此，《玉林晚报》的记者陈瑜有自己的见解。①

1. 巧妙运用细节

细节只有新闻报道者在采访中才能获得，而编辑是无法提供的。细节是指一切有形的东西，如人物的一句话、一个笑脸、一个动作、一个眼神等，它往往能折射出时代特色，展示人的内心活动，并能展现新闻事件的背景，有细节的新闻读起来形象生动，有强烈的现场感。

2. 用场景“说话”

新闻报道者在报道新闻时再现关键场景是非常必要的。逼真地再现场景，才能够使新闻报道有神、有形。

（三）写作时笔法存在瑕疵

1. 句子太长，段落太少

针对这一点，新闻报道者可以多分段，少用长句，可用逗号将已写好的长句分解成短句，否则，受众读起来十分费力，容易影响新闻稿的易读性。

2. 形容词、副词太多

为了展现创作者的文采，有些稿件中有大量的形容词、副词，这与新闻追求客

① 陈瑜 . 新闻写作故事化的误区与技巧 [J]. 中国记者，2009(4):91.

观性的要求相违背。

20世纪初，曾两次出任法国总理的乔治·克里孟梭，在担任巴黎《震旦报》主编时表示："记者们别忘了一个句子是由主语、谓语和宾语构成的。想要使用形容词的记者，到我办公室来谈谈；如果使用副词的话，干脆给我走人。"

3. 新闻报道者"挺身而出"发表评论

稿件中要尽可能地多些平民化的叙述，新闻报道者不要妄加评论，寓观点于报道之中，观众自有分晓。

4. 对采访对象的原话断章取义或扭曲原意

这也是许多名人不愿意接受采访的原因，这种错误可能会给采访对象造成不该有的伤害。

三、文稿细节规范些，硬伤少些，再少些

在校园新闻报道者的稿件中，我们发现下列硬伤经常出现。

1. 把"五六人"写成"5、6人"

2. 把"XXXX级学生"写成"XXXX届学生"（前者根据入学年份确定，后者根据毕业年份确定）

3. 写"23年"之类的话（应完整地写"2023年"）

4. 把"20世纪90年代"写成"90年代"

5. "的""地""得"混用[①]

6. 把"作出"写成"做出"

一般认为，"做"表示具体的动作，"作"表示抽象的动作。比如，"作出决定""做出一副鬼脸""做出一道难题"。另外，"作"有"装"的意思，如"作出一副半死不活的样子"。顺便提一下，"做客"是指到别人家里去这一行为；"作客"是指离开家乡，如"作客他乡"。

7. 把"说道"写成"说到"，把"截至"写成"截止"，把"不止"[②]写成

① "的"前面是形容词且后面跟名词或名词性短语，如"勇敢的大学生"；"地"前面是副词且后面是动词，如"勇敢地回击"；"得"前面是动词且后面跟副词，如"打得勇敢顽强"。

② "不止"表示超出一定数量或范围，常与数字连用，如"这个问题他提过不止一回了"。

“不只”①

下面这个例子就是误用。

“我要感谢大家对青海玉树的关心、照顾和支持！”其中一位来自玉树灾区的新生真诚地说到。

8. 主标题冗长

一般而言，主标题最好不超过 10 个字，至多 15 个字。

9. 没有统一用阿拉伯数字

新闻传播是一种非常规范的传播，要求严格遵循语言文字规范。除标题外，正文一般全部用阿拉伯数字。例如，“23 年五月十六号”应为“2023 年 5 月 16 日”。

10. 用“学长”“我们”“老师”之类的字词，出现“我校”之类的语句

大众媒体的读者是大众，与稿件中的教师不存在“师生关系”，一般也不是稿中学校的学生，因此不能这样写。正确的写法是站在第三方的角度，用第三人称写新闻（某些特殊的稿件，可以用第一人称“我”）。

11. 过早使用缩略语

为使标题高度简洁，标题中是可以使用简称的。但是，正文中第一次出现某校名称时，应当使用全称（如“南昌大学”），如果后文拟用简称，最好加上“（后文简称南大）”之类的文字，再次出现时则可使用简称。

12. 把新闻稿写成作文、日记

作文、日记的写作都是私人化的写作，其目标读者一般不是大众，而是作者自己及其家人、老师、朋友，一般使用第一人称；而新闻稿是写给大众看的，用第三人称是常态，用第一人称是例外。

新闻首先必须满足成为新闻的条件，第一，它是对新近发生的事实的报道，第二，所报道的内容要有新闻价值。另外，真实是新闻的生命，在新闻写作中绝对不容忽视；而作文不必强求真实，甚至可以虚构，更不必强求时效性。

---

① “不只”表示除所说的意思之外，还有更进一步的意思，通常与“而且”或“并且”搭配使用，如“水库不只要修，而且一定要修好”。

四、消息写作中的十大硬伤

在校园新闻报道者的消息稿中，下列硬伤经常出现。

1. 没有标题

2. 没有电头，电头不规范，或不符合投稿媒体的电头格式要求

消息的电头位于标题之后、导语之前，负责介绍“进行报道的媒体名称、发稿地点 、发稿时间、采写人姓名”，其中包括以下形式。

本报讯 （记者 ××）

本报讯 （通讯员 ××）

本报讯 （记者 ×× 通讯员 ××）

×× 报讯（通讯员 ×× 记者 ××）

×× 报讯（记者 ××）

×× 社北京 × 月 × 日电 （记者 ××）

本报 ××（如南昌）× 月 × 日电 （记者 ××）

本报 ××（如联合国）× 月 × 日电 （记者 ××、××）

本网讯（通讯员 ××）

×× 网 /×× 新闻客户端讯（通讯员 ××）

3. 作者没有署名

4. 导语中没有写明新闻发生的时间

5. 主标题、副标题位置出现破折号（——）

一般而言，消息的标题很少使用标点符号（但常常使用引号）。消息的引题有时可以使用破折号，主标题和副标题不能使用破折号，特别是副标题不能使用破折号。通讯则不同，副标题常常使用破折号。

6. 把主标题写成名词或名词性短语

消息的主标题一般要有主语、谓语，不能写成名词或名词性短语；而通讯一般可以写成名词或名词性短语。

7. 主要信息（如具体数据）缺失，或主要信息被作为次要信息处理

8. 把消息写成招聘公告或广告

9. 基本信息（如时间）失实

10. 篇幅太长，如新闻价值不大，则不必写很多字

五、通讯写作中的五大硬伤

在校园新闻报道者的通讯类稿件中，下列硬伤经常出现。

1. 误用消息电头（如“本报讯”）

通讯一般无电头，而是在标题下面、正文前面署上媒体名称和新闻报道者姓名，如“本报记者 ××”或“新华社记者 ××”。

2. 字数太少，篇幅太单薄

通讯的字数一般在 500 字以上，少于此数则不像通讯，有关报道不够详细、生动、充分。

3. 全文没有注明新闻发生时间，以致读者不知道新闻发生于何时

4. 全文无引语

没有引语（尤其是直接引语），通讯的可读性、可信度都会大打折扣。

5. 对新闻的叙述存在明显的主观想象

这种表述被称为“灌水”，实际上是新闻报道者对新闻事件细节、过程的不合理想象，这不符合新闻真实性的要求。

六、不能容忍的硬伤——抄袭、造假

新闻人必须零容忍的一个硬伤，是抄袭。新闻写作是一种原创性活动，不得抄袭他人文字，否则就构成对他人著作权的侵犯。当然，如果注明来源或出处，引用也是可以的。

另一个必须零容忍的硬伤，是故意造假。捏造事实或引语，都是违背新闻真实性原则的，冲撞的是新闻的底线。

七、忽视人身安全和稿件安全

为了得到独家新闻或优质图片，新闻报道者可能到一些危险的角落采摄新闻，如果麻痹大意，可能会遭遇车祸、坠楼，新闻报道者在摄影取景时，最好在确认周

边环境安全的前提下站稳脚，不要移动，万一脚下一滑或者一辆车从后面疾驰而过就出事了。

如果是可能得罪人、触犯他人既得利益的新闻，或者新闻现场情况复杂，新闻报道者最好与职能部门共同前往。特别情况，需要新闻报道者前期独立调查的，也应尽可能地邀伴同行，最好不要“单刀赴会”，采访期间要时刻与领导保持联络。

稿件的安全，不但包括法律安全，也包括政治安全。如果稿件有瑕疵，可能会使新闻报道者遭遇新闻官司，甚至是遭遇天价索赔。

黄利明说：“做批评性报道，最好的保护自己的方式是陈述事实，不掺杂利益关联，尽力准确、客观地说明事实，不落井下石，不恶意去把人想坏进行恶意攻击，不过多地延展。如果做到这些，报道应该会获得报道对象的尊重。”

第九节 新闻选题的若干种找法

在新闻报道领域，选题主要有以下 3 种类型。

（1）值得报道的新闻（新闻报道者采写开始之前）。

（2）计划采写的新闻（新闻报道者向部门主任报选题时）。

（3）正在采写的新闻（部门主任在编前会报选题时）。

我们可以总结出这样的公式：

寻找选题 = 找新闻

筛选选题 = 选出特别值得做的新闻，放弃暂时不值得做的新闻

一、寻找新闻选题的方法

与采写相比，找选题更难一些。

很多新闻报道者都不擅长找选题，但找选题是新闻报道者必须掌握的本领之一。

需要提醒大家的是，在没有到达新闻现场前，新闻报道者不要贸然断定“那里没有新闻”或者“那里绝对有新闻”，因为新闻的出现与消失存在一定的偶然性，有时就是出乎意料的。

具体来说，找选题的方法有以下几种。

（一）上级指定或安排选题

这种选题，一般是重大新闻选题，而且一般由优秀新闻报道者负责采写，但普通报道者和通讯员可以作为助手参与其中。

（二）向新闻单位的同事要选题

1. 向编辑要选题

在一些新闻单位，编辑要负责新闻策划，组织重大新闻选题，甚至提醒、指挥新闻报道者采写有关新闻，他们手里往往会有好的选题。

即使没有重大新闻选题，也没有进行特殊的新闻策划，见多识广的编辑往往也能在工作过程中和工作之余发现新闻，但由于采、编分离，他们并不参与采写。因此，新闻报道者可从他们那里得到有关选题。

2. 向新闻热线接听员、新闻报料平台要选题

很多新闻单位都设有新闻热线电话，专门接收民众提供的新闻线索。例如，省级都市报的新闻热线就能接收到许多新闻线索，如果新闻报道者充当热线接听员，或者向热心接听员索要，有很大概率能得到新闻选题。另外，各级政府的与民互动、互动办事平台也是找选题的地方。

3. 向资深新闻报道者要多余的选题

资深新闻报道者的人脉广泛，又善于发现新闻，所以案边往往有多个选题，但又没有时间或兴趣一一采写。这时，新新闻报道者就可以与资深新闻报道者合作采写，或者从资深新闻报道者那里拿到选题独立采写。

（三）靠自己寻找选题

1. 通过“扫大街”用眼睛发现选题，通过聊天用耳朵听到选题

为了找到合适的校园新闻选题，新闻报道者应该经常逛校园，走进学生寝室、学校办公室、教室、实验室、会议室、报告厅、音乐厅、体育场馆、图书馆、食堂、校园广场，驻足观看校内的布告栏，浏览校园网站，多与人聊天，多问人，多想问题，

在闲谈中捕捉信息。

耳朵有时比眼睛更能发现新闻。2005 年 11 月 13 日中午，《今日早报》记者劳国强在与朋友聊天时，获知浙江林学院一学生背母上学一事。当日 13 时，记者驱车赶往临安，通过诚挚的交谈很快了解了该学生背母上学的详细经过，并于当晚 21 时出稿。后来此稿（《大一男生，背起母亲上大学》）获得第 16 届中国新闻奖二等奖。

第 19 届中国新闻奖通讯类二等奖获奖作品《一个灾区农村中学校长的避险意识》①的新闻线索，也是新华社记者在与四川省桑枣中学的教师闲聊时偶然发现的。极具新闻敏感的记者立即抓住“全校没有一名师生伤亡”这条线索，展开调查采访，连夜写出稿件并于次日（2008 年 5 月 24 日）播发（详见图 1–4 所示二维码对应链接网页）。

图 1–4　链接《一个灾区农村中学校长的避险意识》报道网页的二维码

2. 从自己经历的事中找选题，但不要写成作文，须以第三方立场采写

新闻报道者在工作时的身份是一名新闻工作者，而在平时，新闻报道者和普通受众一样，也会遇上趣事、难事，这些平时遇上的有新闻价值的事也能做成新闻，加以报道。但是，这种新闻报道者亲身经历的事，在写作时不能写成作文，而应站在旁观者的角度，用第三人称进行写作。

南昌大学新闻网在 2023 年 4 月 11 日刊登了一篇题为《南昌大学第二届兰花展览顺利举办》的校园新闻（详见图 1–5 所示二维码对应链接网页）。这篇稿件就是新闻报道者亲身经历的事，新闻报道者前往兰花展参观，欣赏了多种兰科植物，体验了现场的活动，还采访了观展的师生。

① 朱玉，万一，刘红灿 . 一个灾区农村中学校长的避险意识 [N]. 常州日报，2008–05–25（A3）.

图 1-5 链接《南昌大学第二届兰花展览顺利举办》报道网页的二维码

3. 从同学、亲友、老师等人群中得到选题

新闻是对新近发生的事实的报道，这个“近”不仅可以理解为时间上的近期，还可以理解为距离上的近，新闻线索同样能从身边的同学、亲朋好友中获得，毕竟校园新闻的主角就是在学校里工作、生活的人们。在和同学的聊天过程中，有些同学不经意间说出的一些话往往能够成为一篇新闻的线索。

南昌大学新闻网在 2007 年 5 月 29 日刊登的《“中航·安全和谐杯”篮球赛落幕 文明纠察队夺冠》一文，学生新闻报道者就是从身边的同学中获得的选题。2007 年 5 月 26 日上午，采写这篇新闻的学生新闻报道者在与一名学长聊天时得知，当天下午将在学校操场举行篮球赛决赛，参加决赛的两支队伍分别是本校的理学院代表队和文明纠察队代表队。在该篇新闻中，学生新闻报道者对决赛交战的双方进行了简单描写，突出展示了师生们丰富的校园生活。

4. 培养线人，让其提供选题

新闻报道者应该广泛接触社会上的人（各个单位、各个行业），广交朋友，以发展相当数量的新闻线人。

2010 年 1 月 25 日《赣东都市报》刊登了一篇题为《在省第四届中小学生艺术节上〈飞翔！飞翔！〉获一等奖》的新闻，这则新闻讲的是鹰潭某学校的小学生在舞蹈培训机构老师的指导下，最终以一曲《飞翔！飞翔！》夺得江西省第四届中小学生艺术节一等奖的事件。

采写这一新闻的记者是从哪里获得这一信息的呢？是一位舞蹈学校的老师告诉记者的，记者平时经常和这位舞蹈老师接触，彼此间有着密切的联系，因此，当发生这样的新闻时，这位舞蹈老师非常乐于告诉记者。

5. 从即将发生的事件中找选题

新闻是对新近发生的事实的报道，这是否就意味着将来的新闻就无法报道？并非如此，很多新闻的发生，新闻报道者是可以预见的。比如，一些重大的节庆日子、具有纪念意义的日子（如汶川大地震两周年等），为了庆祝或是纪念即将到来的特殊日子，市民和政府会有所行动，这时，新闻报道者只要留心观察，注意搜索，就能找到具有新闻价值的选题。

例如，《江西日报》2021 年 4 月 13 日第 2 版，就以《南昌大学将举办高峰论坛助推江西产业高质量发展》为题报道了南昌大学即将举办的高峰论坛。2021 年 4 月 12 日，记者从南昌大学举办的新闻发布会上获悉，该校将以庆祝办学 100 周年为契机，举办办学 100 周年发展大会暨科技自立自强助推江西产业高质量发展高峰论坛，届时将邀请 30 余位南昌大学校友院士、江西籍院士及相关学科院士为江西产业经济、技术发展“把脉问诊”。

6. 从第一次出现或者发生的事情中找选题

第一次出现或第一次发生的事情，往往有较大的新闻价值。

在“第一”这个词上，新闻报道者往往能够大做文章，写出的文章有时候在某种程度上能够成为媒体的独家报道。这个“第一”是体现在多方面的，如第一次出现的事情、第一天开学、某某比赛的第一名等。

例如，2022 年 6 月 16 日，人民网教育频道着眼于兰州大学新增设的两个专业，做了题为《兰州大学动物科学、资源勘查工程专业今年首次招生》的报道。

再如，《深圳特区报》在 2010 年 5 月 19 日刊登的《百名学生秀街舞四分钟后齐“闪人”》这则新闻，报道的就是在深圳大学第一次出现的快闪运动。新闻报道者在采访过程中了解到，街头快闪运动在深圳大学属首次出现，表演街舞的同学还被请到中国（深圳）国际文化产业博览交易会作为表演嘉宾，当天的开幕式上这群同学也是唯一表演节目的嘉宾。因此，这则新闻中包含了两个“第一”。

7. 将最近报道过的新闻变换报道角度

是不是以前报道过的新闻，现在就不能拿来报道了？事实上并不是这样的。很多突发新闻，新闻报道者为了抢时间、发独家，很多时候会忽略一些值得报道的细节。为了将新闻报道做得全面、有深度，一些媒体喜欢做后续报道，或是策划“新闻背后的故事”一类的新闻栏目、专题，将之前报道过的新闻换一个角度展开深入报道。

8. 从季节性事件中找选题

所谓季节性新闻，是指那些去年报道过，今年、明年也会报道的新闻，有关的新闻事实会像季节变换一样定期发生。

例如，2022 年 3 月 26 日 20:30 — 21:30 是一年一度的“地球熄灯一小时”活动时间。华北电力大学的学生从当天下午便开始开展垃圾分类、低碳骑行、节能宣传等活动，并在熄灯的 1 个小时内举行了一场健康舞活动。2022 年 3 月 28 日，人民网以《“地球一小时”大学生用行动创未来》① 为题对这一事件进行了报道。

为了便于寻找季节性新闻选题，新闻报道者有必要制作一张特殊的日历表（详见本书附录三），其中需记载每年的重大节日、纪念日、节气变化等信息，将此作为寻找选题的参考资料。

9. 从互联网中寻找新闻选题

在新媒体时代，互联网是新闻报道者寻找新闻选题的关键途径，无论是 QQ、微信这类社交媒体，还是抖音、快手、微博、豆瓣、知乎、小红书、B 站（哔哩哔哩）这些平台型媒体，抑或人民网以及地区性的党报、日报等传统媒体的门户网站，都能成为新闻选题的来源。

新闻报道者在使用网络媒介时，要多留意有价值的新闻点，多参考一些优质的校园媒体（如 RUC 新闻坊），思考这些媒体选择新闻选题的依据与方法，为自己找选题积累经验和灵感。

例如，《百名学生秀街舞四分钟后齐“闪人”》的新闻素材就来源于优酷网上的一段视频。

2010 年 5 月 16 日，记者从优酷网上看到这段视频，并得知主办方和承办方分别是深圳大学管理学院学生会和深圳大学管理学院学生会舞蹈队。根据这一线索，记者联系上了深圳大学团委老师，然后找到管理学院团委的负责人，通过该负责人联系到了管理学院学生会舞蹈队的队长，由此进行了采访。

2010 年 5 月 19 日，以《百名学生秀街舞四分钟后齐“闪人”》为题的新闻发表，引起了市民的热烈反响，该标题还被评为“报社当日好标题”。当天下午四点左右，

① 李东煌 .“地球一小时”大学生用行动创未来 [EB/OL].(2022-03-29)[2023-10-31]. http://education.news.cn/20220328/077241eb6269499687c58489b987ea7b/c.html.

深圳市电视台娱乐频道的记者打来电话询问这群学生的联系方式，并表示将对他们进行电视采访。

再如，2010 年 8 月 26 日，《深圳商报》刊登了一篇题为《深圳大学生：收集百个祝福庆祝深圳生日》的报道。当天是深圳经济特区成立 30 周年的日子，深圳报业集团为此策划了一系列报道，作为报业集团内的报纸，《深圳商报》肯定要为当天的报道寻找素材。

从 2010 年 8 月 19 日起，一篇题为《我是深大学生，我为深圳收集 100 个生日祝福》的帖子出现在深圳新闻网深圳论坛上，吸引了一群网友的注意。发帖人是一位名叫“小火柴”的深圳大学学生，她提到在深圳大学 25 岁生日时，学生们都写下了对深圳大学的祝福，她觉得特别有意义，于是决定效仿，请市民在小白板上写下对深圳的祝福，然后为深圳市民和他们写下的祝福拍摄一张照片。根据网帖的内容，记者联系上发帖的学生，并对她进行了采访，将她为特区庆生的想法和做法报道出来，该报道 2010 年 8 月 26 日当天见报。

10. 从各种成功案例中找选题

重大科研课题的成功立项、在校学生的成功夺冠、杰出毕业生的成功经历、学校的成功入选、考研考公考证成功的案例等，都是值得报道的新闻。

例如，大专生曹晓洁成为本科生云集的服务外包人才实训基地的学员俱乐部副主席，还没拿到自考本科毕业证，就被三家跨国软件公司相中，被称为“史上最牛大专生”。这个成功案例被采写成新闻《三家跨国公司争“抢”一位大专生》，被发表于《南昌晚报》2009 年 1 月 4 日 A9 版。

再如，2019 年，49 岁的上海交通大学宿舍管理员阿姨原梦园和儿子同时考研，儿子考上了复旦大学，她考上了广西大学。《青年报》等媒体对此事进行了报道（如图 1–6 所示）。

焦点|A03

巾帼不让须眉，妻子不逊丈夫，母亲不输儿子

49岁交大宿管阿姨考上研究生

一米六出头的身高，笑起来脸上透着一股子的憨厚，49岁的上海交通大学宿管阿姨原梦圆如果在人群中，实在称不上起眼。可正如她那个有些文艺的名字一般，最近几天，“原梦圆”这三个字突然出现了梦幻般的“改变”，成了励志的代名词——她今年竟然与自己的儿子同时考上研究生。从宿管阿姨到研究生，从一名相夫教子的妻子、母亲成为一名“网红”，这个美丽又充满意外的考研故事，也许你愿意听听。

青年报记者 蔡创

[关于动机]

从学渣到学霸

49岁的原梦圆此前只是上海交通大学普通的一名宿管阿姨。因为考上研究生，最近几天，网上关于她的讨论层出不穷，学霸、女神、中国最励志考研生等“光环”纷至沓来。可是，也许很少有人知道，从小到大，她根本就不是那个“别人家的孩子”。用她自己的话说，“小的时候，我其实挺爱玩的，在学习上也不是很上心，用现在的话来说，自己当时就是一个学渣。”30年前，原梦圆或许怎么也想不到如今的自己能够花上一天的时间在家自学英语，一周三次花费近四

自己对于学习的兴趣也慢慢培养起来了。”

这一培养不得了。在入职交大前三年，她就经常在交大的图书馆里看书，并参加学校的各种公开课和讲座。2016年，原梦圆参加了成人高考，考取了复旦大学汉语言文学本科。2018年因为偶然在交大看到宿管的招聘，决定来应聘，“因为是做一休一的工作性质，不会太忙，一周有4天的时间可以用来看书。”为了更好地学习，原梦圆在分配宿舍的时候还特意请求能不能分到文

▲49岁的原梦圆此前只是上海交通大学普通的一名宿管阿姨。

◀原梦圆的学习笔记。

受访者供图

图 1-6《青年报》对宿舍管理员阿姨考上研究生的新闻报道

11. 从各种“变化”或“不变”中找选题

有些“变化”是异常的，有些“不变”是不正常的。

有时，“变化”就是新闻；有时，“不变”也是新闻。

“变化”是新闻的例子有很多。例如，2023 年 5 月 19 日，澎湃新闻报道的《哈工大为学生开通“520”“521”领结婚证绿色通道，校方：已有 15 对学生报名》①，这种以往没有的新政策、新做法就是一种“变化”。

“不变”是新闻的例子也不少。2023 年 5 月 14 日，《山西日报》以《十几年如一日！一位特教学校里的陪读妈妈》②为题，报道了一名母亲为照顾发育迟缓的女儿，十几年如一日在学校陪读的故事，这种坚守就是一种“不变”。还比如，《坚守 36 年跪教撑起一生乡村教育梦》③、《悬崖凿出上学路 天边的小学坚守 26 年》④之类的新闻。这种“不变”，蕴含着特别的意义。

① 罗珊珊，陈丽婕 . 哈工大为学生开通“520”“521”领结婚证绿色通道，校方：已有 15 对学生报名 [EB/OL].(2023-05-19）[2023-10-31].https://www.thepaper.cn/newsDetail_forward_23158823.

② 卫波 . 十几年如一日！一位特教学校里的陪读妈妈 [EB/OL].（2023-05-14）[2023-10-31].https://www.sohu.com/a/675636258_121475763.

③ 李彦龙 . 坚守 36 年跪教撑起一生乡村教育梦 [EB/OL]. (2014-03-31)[2023-10-31].http://xibu.youth.cn/jyjl/gxlz/zl_213/201607/t20160713_8277003.htm.

④ 舒张惠 . 悬崖凿出上学路 天边的小学坚守 26 年 [N]. 华西都市报，2008-10-27（3）.

12. 从各种“问题”中找选题

与教育发展、校园人物有关的社会热点问题，棘手的“老大难”问题，民众存疑的问题，往往可以成为好的新闻选题。

例如，大学行政化、毕业论文“掺水”抄袭、海归教师学历造假、中小学生天价择校、学生找人代考、大学生遭遇就业歧视（包括学历歧视）等问题，都值得报道。

13. 从多年以前的报道中寻找选题，可以故地重游或故人重访

某个事件、某个人物、某个校园，原先接受过新闻媒体的采访，由此制作的报道文章甚至引起了很大轰动，多年以后，是否发生了变化？发生了什么变化？这个疑问，若通过回访，可获得颇具新闻价值的解答。

例如，2021 年 11 月，中国留学生郑少雄在芝加哥遇难，许多新闻媒体对此进行了报道。在 2022 年 11 月，也就是郑少雄遇难一年后，澎湃新闻记者又对郑少雄的母亲进行了采访，刊登了《芝加哥枪击声响后，一个母亲的余生》[①]，引起了很大反响。

（四）通过看新闻从同行那里获得选题

经常看报纸新闻，看电视新闻，听广播新闻，最容易形成新闻敏感——类似新闻原先发表过，就可以作为新闻选题。

1. 从异地媒体报道过的异地新闻中寻找“孪生”选题

外地发生的事情，本地也可能发生，而且同样值得报道。

“走别人走过的路”，有时很容易成功。例如，西北大学生命科学学院 2020 级本科、11-307 宿舍的女孩们 3 年来成绩始终在班级名列前茅，获奖无数，在前行的道路上，她们并肩作战，她们的事迹被学校官网以《全员保研！连续三年获评优秀宿舍，NWU11-307 的她们闪闪发光！》[②] 为题进行了报道。重庆大学官媒也对微电子与通信工程学院虎溪校区松园 253 寝室，作了《253 寝室集体保研！她们“研”

① 朱莹 . 芝加哥枪击声响后，一个母亲的余生 [EB/OL].(2022-11-24)[2023-10-31].https://www.thepaper.cn/newsDetail_forward_20858397.

② 西北大学生命科学学院 . 全员保研！连续三年获评优秀宿舍，NWU11-307 的她们闪闪发光 ![EB/OL].(2023-10-23)[2024-03-23].https://biology.nwu.edu.cn/info/1520/8218.htm.

值拉满，在互助中成长》的报道[①]。

2. 从最近报道的新闻中寻找“第二落点”选题

新闻报道者应当经常在网上浏览一些新闻信息，从一些消息中找新闻线索，仔细采访，深入挖掘。

例如，2023 年 1 月 7 日，澎湃新闻刊发了《民间送药人，在紧急缺药的寒冬奔走》这篇新闻，记者在某社交平台上看到了有关市民免费送药的帖子，然后他开始全网联系有代表性的送药人，最终写成了这篇报道。

3. 寻找外地新闻以及全国性、全球性新闻的“落地”选题

这里所说的“落地”，其实就是使外地新闻以及全国性、全球性新闻本地化，是对新闻价值中贴近性这一要素的实现，更是对外地新闻以及全国性、全球性新闻的本地化处理。

例如，2021 年 6 月 17 日，江西网络广播电视台刊载了一则题为《江西女婿聂海胜三探苍穹！原来“神舟十二号”上有这么多“江西造”……》[②]的新闻，详细阐述了“神舟十二号”起飞这一全国性新闻中的江西元素，记者将新闻本地化，使其更能接近江西受众的心理。

二、如何确定选题

找到选题后，新闻报道者要确定是否展开采写。这时，新闻报道者必须考虑以下问题。

（1）新闻价值大不大?

（2）采写成本（预期投入）多少?

（3）有何回报?

（4）具有可操作性吗?

（5）采写后能否发表?

---

① 重庆大学 .253 寝室集体保研！她们“研”值拉满，在互助中成长 [EB/OL].(2024-03-13)[2024-03-23].https://baijiahao.baidu.com/s?id=1793352933343603003&wfr=spider&for=pc.

② 江西网络广播电视台 . 江西女婿聂海胜三探苍穹！原来“神舟十二号”上有这么多“江西造”……[EB/OL].(2021-06-17)[2023-10-31].pc.yun.jxntv.cn/xinwen/p/439192.html.

（6）传播效果预期如何？受众会给予关注吗？

如果采写成本过高，而回报过少，可放弃该选题。

如果采写出来的稿件与所在媒体风格不合，不能发表，也可考虑放弃该选题。

如果新闻价值较大，预计传播效果较好，受众将给予关注，则该选题值得报道。

另外，在确定新闻选题和角度时，常常需要站在全局（全国、全省、全市等）的角度进行报道设计，突出有关新闻事实的普遍性和代表性，这样，选题的新闻价值更大；反之，若就事论事进行报道，则新闻价值不大。

操作选题之前，新闻报道者有必要多与编辑沟通，获得支持后再进行采访。

三、校园内什么地方容易找到新闻选题

在校园新闻的采写实践中，我们发现，以下这些地方经常有校园新闻“出没”。

（1）会议室、办公室、寝室、教室、实验室、校园超市。

（2）报告厅、音乐厅、餐厅。

（3）布告栏 、校园网、微信朋友圈。

（4）操场、广场（如南昌大学的修贤广场）。

（5）体育馆、图书馆。

我们可以把这些记成6室、3厅、3阳台、两场、两馆。其中，校园网、微信朋友圈、布告栏、会议室、办公室、报告厅、广场的新闻选题最多。

最后要提醒大家的是，校园新闻的选题不仅可以在本校寻找，还可以到其他学校寻找。

第二章　校园新闻的采访

新闻采访，是新闻报道者出于报道的目的，通过访问采集新闻素材或有关信息的活动。

这里所说的访问，不仅包含语言打听，还包括体验生活、观察事物、倾听他人谈话等方式。

很多时候，采访需要新闻报道者综合运用口、耳、眼、鼻、手、脚等多个器官搜集信息。只不过，很多新手往往会忽视鼻闻、手摸、脚踩，甚至连问也懒得问，只是看看而已。实际上，如果善于综合运用这些器官，获得的信息往往比眼睛看到的要多得多。

另外，对新手新闻报道者而言，不妨给自己立下这样的规矩：每次采访至少采访 5 个人，而且这 5 个人最好分别代表一种人。

第一节　新闻采访的不同方式

首先，根据使用的器官不同，采访可以分为口访、眼访及体验式采访等方式。

1. 口访，即对话式采访

口访，即对话式采访，新闻报道者直接面对采访对象采访，通过口头提问了解情况，搜集新闻素材。

2. 眼访，即观察式采访

眼访，即观察式采访，新闻报道者不提问，只用眼睛观察人、事、物，以此采集信息。

通过对话式采访新闻报道者可以获得大量信息，其重要性远远超过眼访。有些初学采访的学生，由于怯于与采访对象对话，只看、听、闻，而不问，导致采访所得的材料十分单薄。

3. 体验式采访

体验式采访，即新闻报道者亲自参与采访对象的生产实践和日常生活，在体验中采访，口、眼、鼻、耳和触觉器官（手、脚等）都参与信息的搜集。

其次，根据依托的媒介不同，采访可分为以下几种类型。

1. 面谈采访

新闻报道者与采访对象面对面，通过与受访对象对话，当面搜集信息。

2. 电话采访

电话采访是指新闻报道者通过电子设备与采访对象交谈，了解情况，采集素材。

3. 书面采访

书面采访是指新闻报道者通过书面提问的形式对采访对象进行采访，以获得信息，一般通过书信、传真、电子邮件进行。

4. 网络音视频采访

网络音视频采访是指新闻报道者通过网络视频或网络音频与采访对象进行交流以采集信息的采访方式。

再次，根据采访中使用的语言来分，采访可以分为母语采访、外语采访。

毫无疑问，外语采访的难度要远远大于母语采访，能够使用外语展开采访的新闻报道者数量较少。新闻报道者一旦掌握外语采访技巧，就很容易在新闻报道者群体中脱颖而出。

由于外籍教师、外籍专家、外籍嘉宾经常出现在校园里，且新闻报道者有时需要通过互联网远程采访外籍人士，因此，在校园新闻的采写过程中，新闻报道者必须采用外语采访这种方式。

如果新闻报道者本人外语能力欠佳，可以邀请精通外语的师生作为翻译，帮助自己完成对外籍人士、外国机构的采访，以及对外文资料信息的搜集整理。

此外，给电脑安装外语翻译软件（如“金山词霸”），或使用在线翻译，也可在一定程度上解决外语采访难题。

关于英语采访，本书作者搜集整理了大量常用语句与句型（详见第九章内容），若新闻报道者熟读掌握，对英语采访极有帮助。

最后，根据是否公开新闻报道者身份、明示采访行为来分，采访可以分为以下几种类型。

1. 公开采访（显性采访）

公开采访，公开新闻报道者身份，公开采访意图。

这是最常见的采访方式，有时能得到采访对象的配合，但有时会遇到采访对象说谎的情形。

2. 隐性采访（暗访）

隐性采访，不公开新闻报道者身份，或公开新闻报道者身份但不道出采访意图。[①]

一开口就说明自己的新闻报道者身份、采访意图，可能会遭到采访对象拒绝。其实在很多情况下，新闻报道者可以隐藏自己的身份、采访意图，以随意聊天的方式，以普通公民（如学生、教师、家长等）的身份，与采访对象交流。

在特殊情况下，如果合法运用隐性采访，能够达到显性采访不能达到的效果，收集到显性采访搜集不到的第一手材料和较有价值的新闻素材，其真实性往往比显性采访更强。

3. 卧底采访

卧底采访是隐性采访的一种，但与常规的隐性采访不同，卧底采访是新闻报道者长期伪装成另外一种身份的人来获得采访对象的认可以获得相关信息的一种采访方式。

在比较长的一段时间里，新闻报道者在采访对象不知情的情况下，通过扮演角色、掩饰身份等方式成为采访对象的“自己人”，以体验的方式参与采访对象的生活，不公开搜集已发生或正在发生又未被披露的新闻素材。

2001年，普利策新闻奖得主爱德华·休姆斯曾“卧底”美国惠尼中学（Whitney High School），亲身体验学生和教师的每日校园生活。在长达一年的时间里，他在

① 冯健．中国新闻实用大辞典[M]．北京：新华出版社，1996.

这所北美顶尖高中和学生一起听课、参与活动，甚至还同场考试，最终他写成了《美国最好的中学是怎样的：惠尼中学成长纪实》①一书。

新闻报道者在进行卧底采访时，不仅要注意人身安全，更要遵守法律和道德的尺度，不要为得到信息而泯灭良知，或置法律于不顾。

第二节 新闻采访的准备工作

“凡事预则立，不预则废。”采访准备是每次采访必不可少的一个步骤，准备工作是新闻报道者初步认识采访对象的工作。采访准备有利于提高采访效率。

采访准备包括平时准备和临时准备。

平时准备是指新闻报道者平时的经常性积累，包括学习理论政策，认清当前形势，增长知识，了解全面情况，掌握社会动向，广泛积累资料以及常年工作下来的经验积累。平时准备对于采访来说十分必要，是新闻报道者采访成功的前提。

临时准备是指新闻报道者在确定选题后，为了熟悉情况，提高采访效率而进行的动态准备。

临时准备是在平时准备的基础上进行的，主要包括了解相关的政策法规，了解采访对象，熟悉采访领域知识，收集和分析相关的报道材料，拟定采访计划，准备采访证件、工具，预约采访对象等，以下我们详细阐述。

一、了解相关的政策法规

新闻报道者在接受一个采访任务后，就要了解清楚有哪些相关的政策法规，是公开报道还是写成内参，或者是从哪个角度来报道。对于校园新闻，新闻报道者应该对教育方面的法律法规进行学习，了解学校的一些规章制度。比如，因考试抄袭被开除的研究生状告母校，对于这样的新闻，新闻报道者就必须搞清楚，考试抄袭是否应该被开除，在什么情况下可被开除。这些问题可以从各校的研究生管理规定和教育法规中找到答案。

---

① 休姆斯．美国最好的中学是怎样的：惠尼中学成长纪实 [M] 王正林，王权，译．北京：中国青年出版社，2009.

二、了解采访对象

新闻报道者需要了解的采访对象的相关信息，主要包括采访对象的年龄、籍贯、经历、性格、爱好、兴趣、成就等。这种了解有利于新闻报道者快速找到与采访对象沟通的话题，拉近彼此间的心理距离。特别是对高校专家、学者的采访，新闻报道者对专家、学者主攻的专业方向、主要的学术成果，甚至他们的个人爱好都应该有所了解；如果采访的是某地时，就应该先了解该地的政治经济状况、自然地理情况、风土人情等；如果采访的是某个研究所，或者一所有特点的学校，如聋哑学校、职业学校，那新闻报道者就应该先对这个研究所、这所学校的沿革史、主要亮点等进行了解。

三、熟悉采访领域的知识

新闻报道者的知识总是有限的，而在实际采访中，他们面对的采访对象来自各个领域，尤其是当新闻报道者面对的是某个领域的专家、学者时，新闻报道者就要对该领域的知识有一定的了解，否则就不知道从何问起了。

四、收集和分析相关的报道材料

在采访之前，新闻报道者最好通过多种渠道查找是否有媒体已经报道了此人或此事，是从哪些角度报道的，还存在哪些不足，做到心中有数，这样就能写出有新意的稿件，而不是“炒冷饭”。收集材料还有一个好处就是，了解后新闻报道者就避免了问重复的问题、同一个角度的问题，让采访对象产生新鲜感。

五、拟定采访计划（提纲）

采访提纲需包括采访的目的和重点、选择哪些采访对象、采取哪种采访方式、问什么问题等内容。

采访提纲中要采访的内容，新闻报道者最好牢记在心，不要在采访过程中慌乱地翻采访本，寻找要提的问题，这样会显得很不专业。

六、准备采访证件、工具

采访证件和工具包括记者证和身份证、笔、采访记录本、手机、录音笔、照相机或者摄像机等。

七、预约采访对象

采访对象一般都要预约，否则，很可能白跑一趟，或被拒绝。

第三节　采访提纲与问题设计

一、采访提纲

采访提纲有三种含义：①新闻报道者对采访过程的事前设计，带有计划性质；②新闻报道者要采访的所有主要问题，带有罗列性质；③新闻报道者根据所掌握的采访对象的现有资料，事先拟定采访问题，从而列出采访“路线图”。

采访提纲，只是采访用的大体框架，并不是写好了就一成不变的。

在实际采访中，新闻报道者可能需要抓住对方说话的一个点，改变问话方向或方式，这时提纲就需要临时更改。

在采访时，千万不要局限于新闻采访提纲，新闻报道者应随机应变，善于捕捉新闻点。

有时，需要提前给采访对象审阅采访提纲。

除非是顶尖高手、采访熟手，一般都需要准备采访提纲。

如何写好新闻采访提纲呢？

（1）寻找相关线索，尽可能多地收集资料。

（2）将脑海中的构思大致分成几大部分，从而有针对性地提出问题，写成采访提纲。

（3）根据采访活动的内容写采访提纲，是写新闻采访提纲的基本方法。

（4）根据采访目的决定未来行文的方向，并以此列出采访提纲，是写好采访提纲的另一种方法。

采访提纲的主要内容包括：采访谁，何时采访，在哪里采访，提什么问题，需要观察什么，需要搜集哪些资料，人员如何分工，采访所需的设备、道具及注意事项等（如图 2–1 所示）。

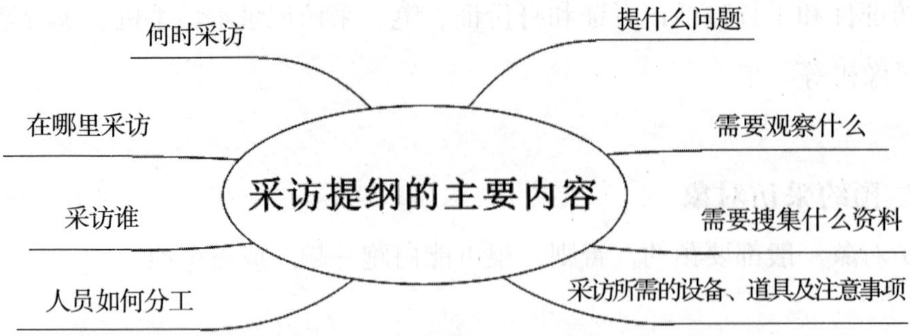

图 2–1 采访提纲的主要内容

1. 列明采访对象，明确采访谁

采访对象就是说你要采访哪些人。例如，你要报道某位人物的事迹，这位人物就是你的主要采访对象。他周围的同学、亲友、领导，往往也应当是你的辅助性采访对象。采访对象确定错了或有疏漏，都会影响采访效果。

校园新闻，通常要采访什么人？

（1）所有的利益相关者。

（2）利益无关者（第三方）。

（3）目击者、旁观者。

（4）相关领域的专家、学者，权威机构。

（5）同事，包括上级同事、下级同事、同级同事等。

（6）服务对象。

（7）老师、同学、学生或家长。

如果采访对象较多，采访提纲上应该预先确定采访他们的先后顺序。

例如，你去采访一位优秀学生，但这位优秀学生不善言谈，那么，你就应当先去访问对他比较了解的老师、同学、家长等人士，再去访问他本人，以便用已经采访到的材料去启发和引导他谈话。

遇到特殊情况，应尽量缩短采访时间。像校领导、科学家、著名学者、政要、巨商之类的人物，一般是比较忙的，采访他的人也很多。如果要从他那里获取新闻素材，最好先采访与他相关的人，然后再访问他。

2. 列明具体的采访内容，即明确提什么问题，需要观察什么，需要搜集哪些资料

根据报道意图和已经掌握的新闻线索，新闻报道者需事先拟出所要采访的具体内容，即要提的问题、需要观察的内容、需要索取的材料。

预先准备的问题应尽可能多些。有些问题不一定能如愿得到对方的回答，但仍应列入采访提纲。

如果需要进行现场观察，新闻报道者还得在采访提纲中列入观察的具体内容，如采访正在发生的一场校园火灾，新闻报道者采访的问题就要涉及：起火地点周围环境如何？火苗蹿起来多高？哪些人在救火？抢救出来的财物有多少？损伤情况如何？

3. 列明采访的时间、地点（场所）

这里有个先后顺序的问题：先去哪里采访，后去哪里采访。同时，时间上也应该规划好：前一个小时做什么，后一个小时做什么。

4. 如果参与采访的人不止一个的话，需列明采访人员的分工

例如，一人负责提问，另一人负责录音、记录；或者轮流提问；或者一人负责提问，另一人负责拍摄；等等。

5. 列明采访所需的设备、道具及注意事项

二、采访前的问题设计

一般而言，新闻采访中必须了解清楚的问题是新闻的六要素“5W+1H”，即是谁（Who）？在哪里（Where）？什么时候（When）？做了什么（What）？为什么做（Why）？经过是怎样的（How）？

除此之外，新闻报道者还需要问其他问题。例如，你们曾经……你们将来打算……你们要实现的目标是什么？你们遇到过什么难题吗？目前的阻力是什么？你们是怎样对付这些难题的？是否有解决难题的计划？这一设想是什么时候开始的？是根据谁的意见提出的？什么背景？什么关系？触及哪些利益？可能引起什么冲突？

关于采访过程中的提问，著名记者艾丰认为，新闻报道者不要提太大的问题，不要提过多的外行问题，不要提暗示性的问题，不要提过于轻率的问题，不要提太

“硬”的问题，不要提审问式的问题。

此外，也有人认为，新闻报道者提问要简洁、自然，要具体，要挖细节，语气要委婉，要看对象，对陌生领域的问题要敢于提问。

新闻报道者如何能提出好问题？

第一，问题要具体。新闻都是用事实说话的，对于新闻报道者而言，提问的过程就是寻找和再现事实的过程，只有问题具体才能得到具体的答案，才能写出生动的内容。过于抽象的问题，采访对象可能无法作答。

第二，问题要特殊。这是指新闻报道者所提的问题只有特定的采访对象回答才合适。

第三，问题要有新意。针对同一新闻事件或者同一采访对象，新闻报道者的提问要有新角度，问出新的观点和材料，不要提别的人已经提过很多次的问题。

第四，问到关键点。这里所说的关键点，既指新闻主题所需的最具有典型意义的内容，又指读者最想知道、最感兴趣的内容。新闻报道者提问时要层层追问，直到得到想要的内容。

如果新手新闻报道者实在不知道如何提问，不妨提一些万能问题。

（1）你对自己过去的一年满意吗？

（2）去年做过最后悔的事情是什么？

（3）对新的一年有哪些期待呢？

（4）你做过最愚蠢的一件事是什么？

（5）你最不能容忍的事情是什么？

（6）你觉得人这一辈子什么最重要、最该珍惜？

（7）如果你有足够的时间和足够的钱，最想去哪儿？

（8）现阶段你所能认识到的幸福是什么样的？

（9）你最喜欢的作家是谁？

（10）让你感触最深的话是什么话？

（11）一个人时，你喜欢做哪些事？

（12）你有没有打心眼里佩服的人？

（13）你认为自己最大的优点是什么？

（14）最受不了自己的哪个缺点？

（15）收到什么礼物时最开心？

（16）最让你感到骄傲的一件事是什么？

（17）你觉得世界上最爱你的人除了父母以外还有谁？

（18）重要的东西离你而去了，你会怎么办？

（19）你最想要的东西是什么？

（20）你最近一次的发自内心地笑，是什么时候？

（21）如果给你一个机会去世界上任何一个地方旅行，你会去哪里？

（22）如果时间能倒流，你希望回到哪一天？

（23）你喜欢的人或是你爱的人在你心里是什么样子的？要描述得详细些。

（24）你是否曾经有一种被抛弃的感觉？那是在什么时候、什么情况之下产生的？

（25）你会原谅那些曾经背叛你的人吗？

采访中，新闻报道者可以灵活采用如下提问技巧。

（1）先不亮明身份和采访性质，通过闲谈暖场。

（2）从轻松、容易回答、不敏感的话题切入。

（3）及时调整问题的先后顺序。

（4）有时需迂回提问，间接将话题引向自己想要了解的环节。

（5）尽量形成融洽的谈话氛围，与对方形成良性互动。

（6）以出其不意的提问方式打动对方。

例如，2009 年 10 月 16 日，中国电影金鸡奖评委在南昌大学留学生楼二楼会议室与该校师生举行了见面会。在互动环节中，该校师生向各位电影大师提问。南昌大学学生王朦朦拿出一张《建国大业》的电影票，提出了“中国电影票票价居高不下，何时电影才能实现平民化”的问题。

在招待会上，新闻报道者如何得到提问机会？

（1）长时间举手。

（2）坐在或站在最前面。

（3）采取其他引人注目的方式。

2009 年 3 月 4 日，在全国两会的一次记者招待会上，《中国会计报》的年轻女记者一直举着手，持续了长达一个小时时间。主持人李连宁把最后一个提问机会给了她。

新闻报道者提问的方式，可以分为以下 3 种。

1. 正问法

正问法又被称为“开门见山法”，即新闻报道者直接向采访对象正面提出问题，以提高采访效率。新闻报道者采访时大多是采用这种方式。

2. 迂回法

迂回法，即新闻报道者提问时不直接提出问题，而是从侧面入手，最后再回到所问的主题上。当话题比较敏感，采访对象不善言谈，且心中有所顾虑时，特别适合采取这种提问方法。

这种方法，在采访对象不配合时，同样适用。

3. 激将法

激将法也被称为“反问法”或者“故意错问法”，是指新闻报道者从相反的方面提出问题，或有意误解对方的意思，以刺激对方，激化其情绪，使其不吐不快。

采用激将法，态度首先要诚恳，让采访对象打开“话匣子”，最好避免指明反话和错话的来源是新闻报道者或具体的第三方，以免采访对象迁怒于新闻报道者本人或第三方，可以这样说：“听说……”“有外界传言……”

第四节　采访的 4 种记录方法

采访是为了得到新闻素材。但是，新闻素材并不都是随手拿来，或是自动送上门来的。

在大多数情况下，新闻素材的获得，除了需要进行现场提问、观察、体验以外，记录采访所得也是非常关键的。

稿子写不好或写不出来，或许就是因为采访记录过于简略，甚至没有记录。“巧妇难为无米之炊”，如果没有很到位的采访记录，凭临时回忆在大多数情况下是靠不住的。

记录采访内容的主要方式有 4 种，分别是“心”记、“笔”记、“画”记、“录”记。

一、“心”记

“心”记即在现场采访时，新闻报道者将所见、所闻的真人真事的材料强记于心中。

以下情况，最宜“心记”。

（1）采访普通群众，即闲聊。

（2）遇到的事实稍纵即逝。

（3）受客观条件限制，不便用笔和纸做记录。

（4）（隐性采访）采访对象不愿接受采访或不允许做文字记录。

“心”记有什么好处？

（1）不容易影响采访对象的情绪。

（2）不容易分散新闻报道者观察和思考的注意力。

（3）有些场合，“心”记是唯一的选择。

“心”记的缺点有以下几个。

（1）易忘，要求新闻报道者的记忆力要好。

（2）方法不易掌握。

（3）别人不好接手工作（如写稿）。

（4）要记忆的内容太多，材料可能流失。

二、“笔”记

“笔”记即新闻报道者采访时，将所见、所闻、所感的真人真事的材料，通过手中的笔记录在采访本上。

“笔”记，主要有以下 3 种形式。

（1）详记。有闻必录。

（2）简记。有针对性地在采访本上记一些重点，有意义、主要的事实和内容，或一些易忘的材料。

（3）缩记。可使用一些自己创造的简便符号代替繁杂的词句。比如“校园歌手大赛坚持公开、公正、公平”可简记为“校园歌手大赛坚持公开、~正、~平”。

“笔”记，记什么呢？

（1）记录眼睛所见的有特色的事物（看到的）。

①人：外貌特征、衣着服饰、神情举止。

②物：形状、颜色、特点。

③景：采访现场的环境、布置、陈设的特点。

④天：气候特点对新闻事件的影响。

⑤地：现场的地理条件对新闻事件的影响。

（2）记录采访对象陈述的语言（听到的）。

①重点材料：事件发展过程中的重点、关键点。

②人物的见解。

③生动的、有个性的人物语言。

④全部重要讲话，如领导人讲话。

⑤易忘点：数字、人名、地名、物名。

⑥背景材料。

（3）记下新闻报道者本人的所思所想（想到的）。

①新闻报道者在现场时产生的疑问。

②新闻报道者在现场想到的新问题。

三、“画”记

“画”记，主要包括拍摄照片、画示意图。

新闻报道者执行采写任务时，最好随身携带单反相机、摄像机、手机等工具。能够拍摄记录的，就不要光用笔记录，如能直接拍摄下来，瞬间即可搞定记录，比“笔”记要快得多。有些资料，拍摄下来，回到办公室或住处后，就可以打开这些照片，看照片写稿子。

至于画示意图，主要用于记录难以用文字表述的信息，特别适用于没带相机的情况。例如，与会者的座席安排，谁是左数第一个，谁是居中坐，等等。

当然，采访时的画示意图，有其特殊要求。

（1）快速完成（因为还要记录其他信息）。

（2）一目了然，一看便能还原现场情形。

四、“录”记

“录”记主要包括录音记录、录像记录，需要新闻报道者用手机录音软件、录音机、录音笔、摄像机等做好采访记录。采访一些重要事件和人物，特别是人物专访常用录音记录。

“录”记的优势有以下几个。

（1）记录真实、准确，录下的内容可以作为资料和证据。

（2）便于新闻报道者腾出时间倾听、观察和思考。

（3）便于隐性采访。

“录”记的不足有以下几处。

（1）采访对象不一定适应。

（2）后期整理比较费时。

（3）录音效果不一定好。

（4）设备本身需要准备充分。

五、采访记录的其他要领

（1）及时复核记录材料（采访结束时与采访对象、有关领导、知情人复核，要设法记下对方的联系方式，以便在必要时打电话核实数字等细节）。

（2）抓住细节。

（3）采访本切忌都记满，一定要预留一定的空间以补记一些材料，以及方便采访过程中记录新闻报道者本人的思考、疑问等。

（4）有的内容要当场问清楚，如人名和地名不仅要问读音而且要问字，避免写成同音字。

（5）有些数字，对方口头谈了，还要反复核对确认。

（6）对有关事情经过也要尽可能记具体些，特别是对一些重要的事实，千万不要只记个概况、印象，否则文章发表后容易出问题。

（7）要边记边思考，不能只顾记录，不开动脑筋。

（8）新闻报道者在采访时，一般就要开始考虑写作的问题：哪些材料要深挖？哪些细节要多问？哪些数字要核实？哪些观点要反复论证？

（9）采访笔记要及时整理（尽快撰稿），有些当场漏记的，新闻报道者要及时通过回忆补充完整。

（10）制作标签：采访时间、地点、人物、事件。

第五节　校园新闻的摄影摄像

“一图胜千言。”图片新闻冲击力强，在校园新闻报道中往往能够产生意想不到的效果。

有些事件，新闻价值并不大，如采用文字报道的形式，很可能发表不了，但若制成图片新闻，则很可能发表。尤其是中小学的校园新闻，因其新闻价值大多偏小，若采用图片新闻的形式，更容易发表。

在手机摄像水平飞速进步，摄影设备操作难度大幅降低，图片、视频成为人们碎片化阅读的主要方式的背景下，校园图片新闻、视频新闻的重要性和影响力不言而喻。

校园新闻的摄影摄像，一方面更加大众化、智能化；另一方面，对新闻报道者的专业性和事实的新闻性也提出了更高要求。

一、新闻媒体喜欢采用什么样的校园图片、视频

一般报道会议、活动的校园新闻，媒体都不喜欢，因为一是画面比较单一，不好看；二是全国高校开展的活动基本上都差不多。如今的新闻，更加侧重民生新闻、有趣味性新闻。因此，校园新闻要想在图片、视频方面出彩，新闻报道者一定要在这些方面多思考，跳出常规。

（一）从常规事件中发现不同之处

例如，某个学院的毕业典礼录像拍好后被送到电视台，电视台一般都不会采用，但是，如果是某位知名的毕业生回到母校杭州师范大学，到阿里巴巴商学院参加毕业典礼，那就不一样了。再如，2009 年，杭州师范大学后勤服务集团召开年终晚会，电视台居然跑来拍新闻并播发了该新闻，为什么？因为年终晚会上所

有节目都是由公司的外来务工人员包办的，包括“食堂模特队”“后勤四大才子”，全场都是“普通人”演出，非常有特色，这场晚会的视频还被上传到网上，点击率极高。

这启发我们，同样的活动，增加了不一样的属性，就有了新闻人物；传统年终晚会有了趣味性，把这些不一样的东西放大，传统项目就变得鲜活了。

再如，每年高校都要搞军训，这样的活动几乎“千校一面”，有没有办法出好新闻呢？2023 年 3 月 11 日，澎湃新闻刊载了一则《高校军训用高压水枪，学生在泥地匍匐前行》[①] 的新闻，报道了广西工业职业技术学院军训中的特殊项目，从常规的军训中发现了不同之处。

即使是常规事件，如果能发现其特色，且有足够的吸引力，就能做出好新闻。

（二）一定要有一个鲜明的主题，而且最好只有一个

图片新闻注定图片是主体，文字只是起到说明作用，因此，图片新闻的立意一定要鲜明，而且最好只有一个，不要既想表达这个，又想表现那个，最终只会什么都说不清楚。

视频新闻同样如此，讲究的是冲击力，因此不能面面俱到。这一点，对于采写新闻的人来说，就涉及取舍问题了，要敢于发现最值得报道的亮点，将之放大，其他的一笔带过，必要时可以舍弃。

例如，2010 年 7 月，杭州师范大学制订了人文社会科学振兴计划，推出了 13 项举措。这一事件，如果是平面媒体报道，可以对 13 项举措一条条展开叙述，但电视媒体肯定不行。当时，杭州师范大学新闻中心把 13 项举措研究了一番，并通过对学校主管此项目的校长助理进行采访，发现了其中一项重要内容，就是学校拟制定出台人文社会科学学术评价体系。该体系的核心是“有数字论，不唯数字论”，对高端人才，打破按年考核的常规学术评价和考核制度，根据其累积和持续的学术影响，实行学术代表作评价制度和知名同行评议制度；对学术贡献突出的青年教师，则采取更为灵活的考核办法。这个考核办法是以往国内高校中比较少见的，正好触

① 陈鑫露．高校军训用高压水枪，学生在泥地匍匐前行 [EB/OL].(2023-03-11)[2023-10-31]. https://www.thepaper.cn/newsDetail_forward_22197987.

及当前全国高校对人文社会科学的评估过于量化的弊端。

由于从 13 项举措中找出一点来集中报道，新闻点很快就凸显出来，杭州师范大学在人文社会科学学术评价体系方面的革新也受到了全国媒体的关注，新华社、《人民日报》、《光明日报》、《中国教育报》、《中国青年报》、《新京报》等媒体，均对此进行了报道。十余家媒体就此展开讨论或发表评论。中央电视台新闻频道先后两次采访该校校长，也是围绕人文社会科学学术评价体系这一焦点做报道。

（三）从点切入，以小见大

图片新闻、视频新闻要尽可能地用细节讲故事，用直观的方法来讲道理。当然，要想写好有表现力的细节故事，需要花一番精力去准备。

例如，在反映 2010 年烟台大学考研学生纷纷到图书馆占座的图片新闻中，媒体选择了百人通宵排队这个细节，直观明了地反映了这所高校考研学生占座情况之激烈。①

二、工作前的必修课：硬件、软件“两手都要抓，两手都要硬”

（一）你准备好拍什么了吗？你知道今天拍什么最重要吗

在打开相机、摄像机之前，如果这两个问题还没有解决，那么，你拍出一条好的校园新闻的概率要降为零了。

实践一而再，再而三地证明，除了突发性新闻，大多数校园新闻都是可以通过提前演练，抓拍到想拍的东西的。

一般的活动、会议新闻，拍摄流程在你的脑海里一定要先过一遍。如果有活动方案，要提前把方案拿到手，到了现场，找到会务人员把流程再确认一遍。因为很多活动、会议在召开之前发生变化是常有的事，因而需要新闻报道者现场确认。

其他类型的新闻，一般通过线索提供者，新闻报道者就可以知晓大概的情况。

---

① 陈蕾 . 烟台大学数百考研学生通宵排队占座（组图）[EB/OL].（2010-08-23)[2023-10-31].http://edu.sina.com.cn/kaoyan/2010-08-23/0949264168.shtml.

在细读过一遍流程后，根据以往经验，新闻报道者就会清楚，哪些是拍摄的重点。更关键的是，根据流程，新闻报道者会提前占据拍摄的最佳位置，抢拍到最好的画面，同时还能节约录播带，省去后期烦琐的场记。

文字记录者与摄影、摄像者的提前沟通很重要，今天要拍什么？采访主题要如何表现？当然，如果是一人包办，此环节可略去。

（二）出门采访前的检查

新闻报道者在出门采访前，需做好以下准备工作。

（1）电源是否充足？是否需要带充电宝、电池等备用电源？实际上，在接到采访任务后，新闻报道者就应该开始给充电宝、手机充电了。

（2）镜头是否干净？口袋里应装上几张镜头清洗纸。

（3）话筒是否能正常工作？机头话筒与采访话筒缺一不可。

（4）当天是否需要带灯光、三角架？是否会下雨，是否需要带雨罩？

（5）存储卡、硬盘是否需要携带？

另外，出发采访前，照下镜子，看看你的打扮是否适合这次采访活动并检查是否带了必要的服饰、特殊道具。

三、学会用画面思维写新闻

（一）一定要搞清观众是谁

发在院报、班报上的新闻，你的观众就在学院里。

发在学校里的新闻，你的观众是全校师生。

发在媒体上的校园新闻，你的观众就是社会大众。

有些新闻，在这批观众面前一张图片就够了，而在另一批观众面前，你需要准备多张图片。

在学校电视台播出一条新闻，你需要使用一位教师、一位学生、一位校领导的同期声，再加一段解说词；但在所在城市的电视台，只需用一位老师的同期声，再加两段解说词即可。

在新媒体发表的新闻稿件，网民是受众，作品采制要有互联网思维。

讲给不同人的新闻，叙述模式与结构也不一样。

（二）想方设法让观众理解新闻内容

新闻报道者要明白，讲好一个新闻事件，最为直观的方式是用图片，其次才是用文字。

在很短的时间里，要以 1 ～ 2 张图片，完成事件的叙述，事件一定要讲得精彩，图片要有视觉冲击力。

比如，校园里一片小草东倒西歪的镜头就可以说明，这里经常有人践踏。

有人需要用 3 张图片来表达一个意思，有人只需要 1 张就够了，当然，构图很重要，图片里突出的是什么也很重要。

（三）新闻要有趣味性

当通过图片、视频形成一条校园新闻后，如果连你自己看了都觉得没意思，那就说明你没抓到新闻点。

校园新闻需要有“扣”，也就是悬念。

新闻中一定要有主角，要尽可能通过核心人物来完成对新闻事件的描述。

四、对图片新闻的 6 个基本要求

1. 真

新闻中，图片要与事件吻合，不可以将其他图片用于这条新闻，除非特别需要。

2. 新

图片包含的景象在时间上必须新鲜，色彩鲜明、整体清晰。

3. 活

图片要能更为直观地传达新闻事件的现场气氛，更富有感染力。

4. 情

图片能够抓住新闻主体的表情特征，借以展现新闻主体的情感。好的图片，往往能够最大限度地调动最多人的共同情感。

5. 意

新闻图片必须对新闻报道的侧重点有所体现。

6. 严

对日期、人物、事件等要素的表述必须精确严谨，最大限度地保证新闻的真实性和客观性。

五、图片的拍摄技巧

总的来说，摄影者应该善于捕捉象征性的瞬间、幽默的瞬间、新颖独特的瞬间，或是信息含量大的瞬间。图片含有的信息应能体现这则新闻的主题、交代新闻的背景及时间等。

拍摄优质图片的基本原则，主要有以下 4 个。

（1）每张图片都要有一个明确的主题。

（2）要有一个能吸引观众注意力的主体。图片应具有强烈的视觉冲击力，能使受众将注意力汇聚到新闻中的主体上。

（3）要有简洁的画面。图片应该简洁明快，没有杂乱无章的信息。

（4）没有文字说明，画面也能说明事实。

美国纽约摄影学院的摄影教材中总结出以下图片突出重点的 8 种方法。

（1）通过布局突出重点——通常将主体放在画面中心偏左或偏右的位置，但也有例外。

（2）通过“某个画面元素的重复展现”突出重点，如倒影形成的重复。

（3）通过“突出动作”突出重点，如使用很慢的快门速度追拍人物动作。

（4）通过“线条汇聚指向主体”突出重点。

（5）通过“精确聚焦主体”突出重点。

（6）通过“光线的明暗对比”突出重点。

（7）通过“物体大小的比例关系”突出重点，方法之一是让被摄主体的尺寸看起来比周围其他事物大些。

（8）通过“将主体置于某种画框之中”的方法突出重点，这是最容易学会且最好操作的一种方法。这里所说的“画框”，往往不是真的画框，而是通过铁柱、栅栏条、人物剪影、近处物体等临时组成的。

另外，拍摄时应该尽量避免“截去手掌”“截去脚趾头”“头顶树干”之类的构图。拍摄前，新闻报道者可以适当提醒采访对象整理妆容，帮助采访对象规避不雅形象。

六、造假是拍摄新闻图片的大忌

真实是新闻的生命，不真实则“新闻没命”，新闻摄影也是如此。摆拍、过度PS(用图片编辑软件对图片进行修改)，都是造假，新闻报道者可能会为此付出代价。

需要提醒大家的是，在对原始图片进行后期处理时，要注意等比例缩放，避免造成图片变形，也不要复制图片局部使之发生像素移动。

可能影响真实性的摆拍图片一般会令受众感觉十分不自然、不真实；而通过抢拍得到的图片，看上去极其自然。实际上，在稍纵即逝的新闻现场，图片质量已居其次，新闻报道者的拍摄器材如果没带，手机也可派上用场，因为拍到真实的现场图片就足够了。

七、电视类校园新闻的采制

当前，众多高校都拥有自己的校园电视台，它们依据电视台的硬件条件和人员规模进行不同类型的电视节目制作，而校园电视台长期开设的固定节目之一就是校园新闻节目。下面简要介绍电视类校园新闻的制作过程。

（一）采访准备

古语云“凡事预则立，不预则废”（《礼记·中庸》），新闻采访和做其他事情一样，预先要有所准备，尤其是电视新闻采访，需要进行视频的录制和声音的采集，除了准备材料性内容之外，更需要提前准备相关采访设备，才能保证采访的顺利进行和拍摄内容的有效性。

1. 材料性内容准备

校园新闻中鲜少有突发新闻，新闻内容多是会议、活动、师生人物专题等，在采访准备工作中，新闻报道者要熟悉采访对象，了解采访人物的性别、年龄、籍贯、学历、经历、职务、学术成果等，了解采访事件的背景、发展阶段、意义等，挖掘新闻价值，准备采访问题，撰写采访提纲，做好充足的材料准备工作。此部分内容在之前章节中有所介绍，在此不再赘述。

2. 采访设备准备

电视新闻的采编需要用到特定的设备，在采访准备工作中尤其要重视设备的准备。根据电视台的要求，画面采集会使用专业的摄像机或者专业单反设备，采访前首先要确保机器能够正常运转，且电量充足，为了应对采访过程中的突发状况，新闻报道者要准备多块电量充足的备用电池，同时带好电池充电器。

除了主要拍摄设备之外，还需依据情况准备三脚架或稳定器等设备，以确保拍摄画面的稳定性；携带长焦、广角等多个焦段镜头，以适应不同场景的拍摄需要；准备麦克风（配备防风套）等收音设备，保障声音采集清晰，同时可以在采访过程中用录音笔进行录音备份；准备耳机，可以在采访现场进行声音监听审核；准备便携照明灯，视频拍摄通常选择常亮灯进行拍摄补光；准备传输数据线，在采访现场进行素材的传输和审核；准备电脑（安装了视频编辑软件），紧急情况下，新闻报道者在采访现场就可以进行素材编辑制作。

相比于文字新闻稿件的采写，电视新闻采编更多依赖于设备，这就需要校园新闻报道者做好充足的设备检查、准备工作，同时尽可能准备多套设备，有备无患，确保采访顺利进行。

（二）现场采访拍摄

校园电视新闻采访的前提是获得采访允许，能够进入新闻现场进行视频拍摄。电视新闻以视频素材为主，仍然需要校园新闻报道者在现场勤看、勤听、多记、多思。

勤看，就是需要四处走动，找到最合适的拍摄场地。视频素材的采集，既不能影响新闻现场的秩序，又要尽可能拍摄到最佳角度，这就需要校园新闻报道者在新闻现场多走动，在不同的位置尝试拍摄，以确定最佳的拍摄地点。

勤听，就是要尽可能地捕捉到所有有用的信息，跟进新闻现场的进展。如果是校园会议新闻，因为现场的机位有限，涉及不同的人物发言，画面会有所变化，更需要认真倾听与会者的发言内容，紧跟会议议程，对不同人物的发言都要拍摄记录，以备后期制作有充足的视频素材。

多记，就是要把从新闻现场得到的信息尽可能多地记录下来。所谓“好记性不如烂笔头”，校园新闻报道者除了要记录视频新闻稿件的文字信息之外，还要对现场拍摄的视频素材进行文字标注，以提高后期制作环节的素材整理效率。

多思，就是不但要拍摄新闻素材，还要对新闻素材进行分析思考。新闻报道者在拍摄时就要对新闻稿件内容进行构思，同时考虑文字稿件播报时是否有相匹配的画面素材，以便在新闻现场及时补拍，谨防出现后期制作无视频素材可用的问题。

电视新闻的构成要素以声音、文字、画面为主，而画面除了包括拍摄的内容之外，还包括镜头语言，不同的镜头语言具有不同的表意功能。校园电视新闻作为新闻的一个类型，应该具备新闻的基本属性——客观。因此，在拍摄过程中，校园新闻报道者还需注意以下几个问题。

1. 寻找合适的拍摄角度

电视新闻画面通常以平拍和正面拍摄为主，景别则多选择全景、中景和近景。以校园会议拍摄为例，会议全貌通常以平拍、全景展现（如图 2-2 所示）。

图 2-2 河南新闻联播《全省教育系统春季开学工作暨校园安全培训会议召开》

2. 注意画面构图

构图是指通过经营位置，对画面进行结构和布局，把各种视觉元素有效地组织为一个整体，以最佳的形式表现主题内容。对于校园新闻的拍摄，要选择能够充分传达新闻信息的构图形式，而不能只把构图作为造型技巧来对待。电视新闻中常用的构图方法有居中构图法、对称构图法、黄金分割构图法、框架构图法等。新闻报道者在构图过程中，要尽量保证画面简洁，有明确的主体。

3. 光线和色彩的运用

光线和色彩的运用会让画面富于表现力。相较于其他节目类型，新闻节目更贴近现实，其新闻属性决定了光线和色彩的纪实特征。但如果是在室内光线不足的情况下进行校园人物访谈，可以进行补光，以保证适当的画面亮度，使画面符合观众的视觉习惯。

4. 视频素材监看

在新闻现场，新闻报道者在采访结束之后一定要对拍摄素材回看审核，保证视频素材正常可用。一旦发现素材存在问题，应马上考虑采取补救措施，尽可能保证节目能顺利播出。

（三）新闻后期制作

目前，校园电视新闻的后期制作主要使用非线性编辑软件、各类线上视频剪辑软件。在开始编辑之前，新闻报道者要对素材进行整理，浏览全部视频素材，并进行标记、编号、命名；创建新闻素材库，将每次拍摄的新闻素材纳入新闻素材库，为以后的新闻节目制作提供可用素材。

1. 素材剪辑

新闻报道者运用非线性编辑软件，根据新闻稿件内容对视频素材进行取舍，通过镜头组合，完成粗编环节，再添加新闻播报音频，根据音频素材对画面进行精编，对新闻作品的整体节奏、镜头编排与声画组合进行修改和完善，形成较为完整的新闻报道视频。

2. 合成与包装

镜头组接完成后，有时还需要进行特技制作、字幕合成、配解说词和音乐，以及片头和片尾的包装等，最终形成播出的作品。这一工作也是编辑工作中比较重要的一环，视频新闻的诸多优势也往往体现在这一环节中。这里要注意，新闻类节目以纪实为主，较少使用过于复杂和人工痕迹过重的特技效果，同时要重视新闻标题的制作。

3. 检查阶段

完成视频以后，检查工作是必不可少的，新闻报道者通过检查发现问题并解决问题，保证新闻内容清晰、准确，视听流畅，节奏和谐。

第六节　采访后续工作

新闻报道者采访完毕后，一般要做以下 4 项工作。

（1）补充采访，根据采访对象留下的联系电话，对于不清楚的问题，新闻报道者要打电话进一步核实，或对漏掉的新闻点进行补充采访。

（2）最好在写完初稿后发一份给采访对象，听取其对稿件的意见，酌情修改。

（3）监测版面编辑对稿件的最后处理，防止编辑因曲解采访对象原意而做出错误的文字修改。

（4）将稿件的发表时间、版面名称（栏目名称）告知采访对象，赠送样报、样刊，以便对方收藏。

补充采访是很重要的采访方式，在校园新闻中经常用到。

如果新闻报道者在校园新闻网发现好的新闻素材，就可以通过补充采访写出一篇符合大众媒体要求的优质稿件。

例如，2008 年 12 月 31 日，南昌大学新闻网刊出余虹采写的《我校杰出校友汪海燕荣获美国青年科学家总统奖》。

我校杰出校友汪海燕荣获美国青年科学家总统奖

2008 年 12 月 19 日，美国总统科技政策办公室宣布了 2007 年度美国青年科学家最高荣誉奖——美国青年科学家总统奖（PECASE）得主名单。67 位杰出学者荣膺该项大奖，我校材料科学与工程学院 1998 届毕业生、现在美国得克萨斯 A&M 大学执教的汪海燕博士名列其中。

“美国青年科学家总统奖”（The Presidential Early Career Award for Scientists and Engineers，PECASE）设立于 1996 年，是美国青年科学家的最高荣誉，奖励各研究领域内最富潜力的青年学者。该奖每年评比，由美国 9 个政府部（署）提名独立从事研究不久但已展现出科学前沿领袖能力的科学家或工程师参评。该大奖包括

100万美元研究经费，分5年提供给每位获奖人。

汪海燕是我校材料系1998届毕业生。毕业后被免试保送中国科学院金属研究所攻读硕士，1999年赴美国北卡罗来纳州立大学攻读博士，2002年获博士学位。汪海燕博士2003—2005年在美国洛斯阿拉莫斯国家实验室做博士后研究；2006年1月开始在美国得克萨斯A&M大学电气与计算机工程系担任助理教授。

汪海燕博士主要从事氧化物和氮化物纳米与薄膜电子材料、光电子材料、磁性材料和高温超导材料研究。她曾于2001年获MRS研究生奖，2005年获TMS Young Leader奖；迄今共获8项美国发明技术专利；为全美21名YIP青年研究奖获奖者之一。目前她已发表SCI（科学引文索引）论文80余篇，在国际会议宣读论文40余篇。

汪海燕校友心系母校，获奖之后立即告知学院，与母校师生分享喜悦，并感谢学校的教育培养。

《南昌晚报》记者付雪川等对此进行了补充采访和改写，加入一段独家采访材料，形成了一篇有更多细节的新稿《她与布什合影：昌大学子获“美国青年科学家总统奖”》。

她与布什合影
昌大学子获“美国青年科学家总统奖”

本报讯 记者 付雪川 实习生 张欢 张春莲 一名从我市走出去的优秀学子，通过不懈努力，在刚刚过去的2008年年末，一举夺得了2007年度美国青年科学家最高荣誉奖——“美国青年科学家总统奖”，并在白宫与美国总统布什合影。这位为南昌赢得国际声誉的杰出人才，就是南昌大学材料科学与工程学院1998届毕业生汪海燕。

“2008年12月24日，我从外地出差回来，发现电子邮箱里有一封邮件。”南昌大学材料科学与工程学院院长周浪回忆说，那是毕业已经10年的学生汪海燕从美国发来的报喜信。汪海燕在电子邮件中说自己2008年12月19日正式获得了2007年度美国青年科学家最高荣誉奖——“美国青年科学家总统奖”，饮水思源，她认为因为老师的悉心教诲，才有了今日的成绩，所以希望老师能和她一起分享喜悦与成功。

据了解，汪海燕于南昌大学毕业后，被免试保送到中国科学院金属研究所攻读硕士，1999 年赴美国北卡罗来纳州立大学攻读博士，2002 年获博士学位。汪海燕博士 2003—2005 年在美国洛斯阿拉莫斯国家实验室做博士后研究；2006 年 1 月开始于现在工作的大学电气与计算机工程系担任助理教授。

汪海燕博士主要从事氧化物和氮化物纳米与薄膜电子材料、光电子材料、磁性材料和高温超导材料研究。她曾于 2001 年获 MRS 研究生奖，2005 年获 TMS Young Leader 奖，迄今共获 8 项美国发明技术专利，为全美 21 名 YIP 青年研究奖获奖者之一。

美国白宫官方网站上显示，美国总统科技政策办公室宣布了 2007 年度美国青年科学家最高荣誉奖——美国青年科学家总统奖（PECASE）得主名单。67 位杰出学者荣膺该项大奖，汪海燕名列其中。（刊于《南昌晚报》2009 年 1 月 4 日 A9 版）

第三章　校园新闻的写作

第一节　新闻稿件的结构

一篇新闻稿，标题是必不可少的，其次是正文。

就消息稿而言，它的稿件通常由“标题＋电头＋导语＋正文主体＋附件”组成。其中，电头和导语往往在同一段落；附件有时无，有时有，包括图片、相关背景、人物资料。作者的署名，一般在电头内。

就通讯而言，它的稿件通常由“标题＋署名＋正文开头＋正文主体＋结尾”组成。其中，结尾有时并不明显。

一、新闻稿件的结构类型

（一）倒金字塔结构

在消息写作中，倒金字塔结构是最常用、最常见的一种结构形式。

倒金字塔结构的特征是将各个事实按其重要性程度依次写下去，一段只写一个事实，新闻报道者只陈述事实，不发表议论（如图 3–1 所示）。

这样一来，忙碌的人们通常在新闻的开头就能够了解主要报道内容。如果感兴趣，人们就会继续读下去；如果不感兴趣，就会转到其他版面。

最重要、最吸引人、最值得报道的事实

值得报道、次等吸引人的重要事实

第三重要、较吸引人的事实

有点吸引人的事实

不大不小的事

小事实

事

图 3-1 倒金字塔结构

首届“澳门学”国际学术研讨会在澳门大学举行

新华社澳门 4 月 16 日电　首届“澳门学”国际学术研讨会 15 日在澳门大学举行，与会的中外学者共同就“澳门学”的学术范式、学科建设、学科发展等问题进行讨论和交流，并展示近年来“澳门学”研究的最新成果。

为期两天的这一研讨会由澳门大学、澳门基金会、澳门欧洲研究学会主办。

据介绍，“澳门学”是一门以文献档案、文化遗产为基础，以历史文化和社会生活为研究对象，探寻澳门模式与澳门精神的国际性、综合性学科。建立这一学科的设想最早由本地学者在 20 世纪 80 年代提出。

澳门大学表示，作为本地最大的公立大学，澳大已将“澳门学”列为社会科学领域的重要学科加以建设和发展，并制订了相应的研究规划。

来自海峡两岸、港澳特区以及葡萄牙、美国、德国、巴西、意大利、日本等地区和国家的 80 多位学者参加了这次会议。①

上述消息稿采用的就是倒金字塔结构。这种结构的优点在于可以快速写作，不为结构苦思；可以快编快删，不会影响全文的完整性；可以快速阅读，无须从头读到尾。

（二）华尔街日报体

华尔街日报体是采写通讯（特稿）的常用结构，消息有时也可以采用这种结构。

---

① 新华网 . 首届“澳门学”国际学术研讨会在澳门大学举行 [EB/OL].(2010-04-16)[2023-11-10]. https://www.chinanews.com.cn/ga/ga-wsry/news/2010/04-16/2230316.shtml.

这种结构稿件的写作通常遵循如下步骤。

（1）以一个人物或事例开头。

（2）过渡到主题。

（3）核心部分陈述新闻主题，对其做详尽的叙述。

（4）为主题提供更多支持性材料或证据，如引语、事实细节、逸事等。

（5）进一步提供展开性材料，如因果关系是怎样的，正采取什么行动，有怎样的观点。

（6）呼应开头，如开头所提人物的一句话或相关的逸事、描述、展望等。

（三）悬念式[①]

1. 在什么位置设置悬念

（1）标题。

（2）开头段。

（3）稿件主体部分。

2. 怎样设置悬念

（1）使用修辞(如用设问来提问)。

（2）倒叙。

（3）叙述片段。

（4）省略关键信息。

（5）只列举部分细节。

3. 什么内容适合制造悬念

（1）奇特有趣的细节。

（2）惊险的情节片段。

（3）紧张的行动或心理。

（4）矛盾的事实。

（5）反常的事实。

---

① 典型案例：新华社 2008 年 5 月 24 日的报道《一个灾区农村中学校长的避险意识》。

（6）人物超常的反应、成绩、表现等。

此外，新闻稿件还有金字塔式、纵式（过去—现在—将来）、描写今天—回顾昔日—再写今天 、现状（好的方面和不好的方面）—原因—对策、现象—本质—看法、因—果、果—因、引子—正文—结语—附录、背景—新闻事实—评说（专家意见）、新闻事实—背景—走向—评说（专家意见）、新闻事件—利益相关方—利益无关方—专家点评（专家点评有时可替换为民众意见）、点—面—点、面—点、并列式（甲地—乙地—丙地—丁地 、甲现象—乙现象—丙现象—丁现象等）、递进式［首先（第 1 级）—其次（第 2 级）—再次（第 3 级）—最后（第 4 级），递进式结构有时可以反推，从最后环节逐渐推进至开始环节）］、对比式（正方—反方—中立方)、对比式［本地（本国、本校等）—外地（外国、外校等）］、总—分—总、分—总、总—分等结构类型。

二、如何确定稿件结构

采用哪种结构，视素材情况和报道目的而定，并无定规。

新闻报道者可通过研读别人的作品，学习其安排结构的方式。看得多了，写得多了，就能领悟到如何谋篇布局，自然而然就学会了。

新闻报道者每次采访完，由于信息多且杂，须对新闻素材（采访所得）进行整理，具体步骤如下。

（1）对所有素材定性。

（2）将素材分为不同类型。

（3）归并同类素材。

（4）将全文分为若干部分，确定不同类素材在稿件中的出现顺序。

（5）挑选精华素材，舍弃部分素材。

确定结构的前提：新闻报道者能正确解读新闻事实，并合理分类素材（归并同类素材）。

谋篇布局，要有条理、讲究顺序，这其实并不难。但是，没有思考肯定是不行的，而思考需要新闻报道者有足够的新闻资讯、学科知识的积累。

列小提纲，是迅速确定文章结构、写作思路的好方法。

第二节　新闻标题的类型与制作

标题是新闻稿的“眼睛”，如果“眼睛”炯炯有神、美丽动人，则容易吸引受众的注意。对报刊的新闻稿而言，读者通常最先看到标题，由此产生的第一印象对读者是否继续阅读有着重要影响。

“题好一半文”，制作出好的标题对于作者而言，至少有3点现实意义。

（1）好标题容易打动编辑，使稿件发表的可能性更大。

（2）好标题能快速吸引受众，使受众有兴趣继续阅读正文。

（3）容易获得好标题奖、好新闻奖，并获得相应的奖金和尊重。

当然，对受众来说，好标题可以使其迅速掌握新闻的主要内容或最重要的内容，并根据需要决定是跳过不读，还是读完全文。

消息的标题、通讯的标题、评论的标题，制作要求和方法各不相同，但也有一些共同之处。

（1）都必须简洁，字数不能太多（有时须使用缩略语、简称）。

（2）都要求通俗易懂、引人注目。

（3）都可以运用修辞手法增强可读性。

新闻标题，应该起到如下作用。

（1）提示新闻要义，让读者看完标题就知道稿件的主要信息[①]。

（2）亮出“卖点”，吸引读者注意。

制作新闻标题的基本要求如下。

（1）准确报告事实。

（2）言简意赅。

（3）语言通俗易懂。

（4）有趣味性、有感染力。

（5）有形式美。

一般而言，既能概括文章内容又能吸引读者注意的标题，才是最佳标题。

---

① 如在标题中制造悬念，则不必如此，如《麻省理工学院研究者的诡异实验：让死人开口唱歌》。

一、消息标题的类型与制作

（一）消息标题的类型

第一，根据位置和作用的不同，消息标题可以分为引题（眉题、肩题）、主标题（主题、正题、母题）、副标题（副题、辅题、子题）、提要题、小标题等类型。其中，提要题、小标题一般只出现在大篇幅的稿件中。

例如：

关闭小煤矿小煤窑 遏制高污染高耗能（引题）

鄂尔多斯重新筛选引进项目（主标题）

停建和暂停建设电石、铁合金等多个项目，涉及投资数十亿元（副标题）

一般而言，主标题的字号比引题、副标题的都要大，字体也更粗重。引题负责引出主标题，副标题起到补充主标题内容的作用。

第二，根据标题内容性质的不同，消息标题可分为实题、虚题。

实题只说事实等客观性信息；虚题只说建议、命令、观点、呼吁、号召、要求等主观性信息。

例如：

清明假期首日（引题）

全国道路交通总体平稳有序（主标题）

铁路预计发送旅客1750万人次（副标题）

上面这则标题的主标题和副标题就是虚题。

再如：

中基层法院院长将轮训（主标题）

第一季度全国法院新收案件271万余件（副标题）

这个标题的主标题和副标题就是实题。

（二）消息标题的制作

制作消息标题，有两条路线：一是概括全文，二是只突出全文的亮点。制作消息标题时，可以二选一，也可以既概括全文，又突出亮点。

制作消息标题的捷径，一是用新闻点做题，二是用精彩引语做题，三是巧用修辞。

制作消息标题最常用的修辞手法是对偶（对仗）。当然，这里的对偶可以不像古诗词那样严格；还可以运用拟人、拟物、设问、对比、拈连、回文、顶针、翻造等其他修辞手法。

1. 对偶

对偶是在消息标题中把结构相同、意义相对或相关的两个词语排在一起，语调和谐，比一般陈述句更具有感染力。这是消息标题制作中最常用的修辞手法。

例如：

◎ 千古河道成历史　万艘航船走新河　（引题）

三峡道流明渠正式通航　（主标题）

◎ 祝福花店前　祥林嫂与阿Q对垒　未庄茶室旁 孔乙己与闰土竞争（引题）

鲁迅作品中人“占领”绍兴　（主标题）

◎ 七条勒索短信　换来三年徒刑

◎ 识狗性盗得名犬　落法网领刑被罚

2. 拟人

拟人是指将物模拟为人。

例如：

英山茶叶京城“吆喝” 云雾茶成为首都居民新宠

3. 拟物

拟物是指将一物模拟为另一物。

例如：

劳动合同和户口本成“拦路虎”

4. 设问

设问即提出问题。

例如：

是补课，还是家教?

5. 对比

对比是指将新闻事实中的不同事实放在一起比较。

例如：

◎ 农村的离婚案件多了 赡养纠纷和乡邻纠纷少了

◎ 满腹知识　问道于人前程如何　胸无点墨　财从口来运气不错

6. 拈连

在表达两个相互关联的事物时，拈连这种修辞手法把适用于此事物的词语因势利导挪用到彼事物身上，从而获得富有情趣的修辞效果。

例如：

◎ 学英语还需“蹲马步”“擂桌子”　疯狂英语真“疯狂”

◎ 纪山泥腿子“拈花惹草”赚外汇

7. 回文

回文即把相同的词语或句子，在下文中调换位置或颠倒过来，产生首尾回环的效果。

例如：

◎ “回头浪子”教“浪子回头”

◎ 金铺“铺金”

8. 顶针（联珠）

顶针就是用上一句结尾的词语做下一句的开头。

例如：

该出手时显身手 显身手后悄悄走 铁路巡道工勇救落水母女不留名

9. 翻造

翻造是指将一些广为人知的语句，在特定的环境里凭借语义的牵连，改变其中的某些词语，使语言更活泼、幽默、洗练。

例如：

◎ 乘“市”而上 因“市”利导 京城：小芝麻变成大产业

◎ 英山 ××× 企业“股”动人心 英山农村“沼”气蓬勃发展

◎ 两岸猿声啼不停 只缘身在“粮”山中

◎ 农家惹得游人醉 直把新村作新城

二、通讯标题的类型与制作

（一）通讯标题的类型

通讯的标题有两种类型：一是运用文学笔法写成的标题，二是运用类似于消息标题的新闻笔法写就的标题。

采用文学笔法的通讯标题，讲究文采，常见于人物通讯，例：

闪耀在手术刀上的道德光芒——记医德高尚医术高超的好军医华益慰

这种标题出现在报纸上时，常常采用新魏体、隶书、行楷、舒体等书法字体。

采用新闻笔法的通讯标题，主要是列举事实、提出问题，常见于事件通讯、社会观察通讯中。例如：

◎ 近来引起热议的“阶梯电价”，已在福建、四川试行多年

◎ “阶梯电价”能促进节电吗？

再如：

◎ 辽宁“千企万岗就业见习计划”遭遇尴尬

◎ 大学毕业生为何冷落见习岗位

又如：

◎ 民营资本对女排的“爱”来得太突然，令排球界措手不及——

◎ 无准入，女排拿什么留住投资人

与消息标题不同的是，通讯的标题可以是名词或名词性短语，如《中南海的春天》。

（二）通讯标题的制作

制作通讯标题的方法，主要有以下几种。

1. 直述新闻事实

例如：

◎ 莫斯科地铁——豪华、方便、整洁（风貌通讯）

◎ 哀乐低回送巨星（写著名数学家陈景润逝世）。

2. 提出问题，引人思考

例如：

◎ 急诊，你为什么急不起来？

◎ 新华书店，你的位置在哪里？

3. 设置悬念

例如：

◎ 钱被风刮跑以后

◎ 他、她、她—— 一个买书、让书的故事

4. 比喻、双关

例如：

◎ 手执金钥匙的人们——记北京景山学校几位小学教师

◎ 解开疙瘩绳自直——赵县农村解决矛盾靠民主

◎ 中南海的春天

◎ 好“钢”是这样炼成的——“全国大学生自强之星”徐钢成长印迹

5. 引用人物原话

例如：

◎ “会计嫌我的油壶小”

◎ “人到难处，要帮一把”

6. 对比、反衬

例如：

◎ 道是无情却有情

◎ 多一份清醒少一份醉

需要指出的是，每篇稿件的标题，最好具备唯一性——只适合这篇稿件，不要给稿件拟制万能标题，即标题不但可以用于这篇稿，也可用于其他稿件。

更多的标题制作技巧，可以参阅以下 4 本书。

◎ 《标题一得录（修订本）》，左克著，新华出版社 1991 年版。

◎ 《标题鉴赏录》，左克著，新华出版社 1998 年版。

◎ 《新闻标题精选 5000 例》，《巴蜀报人》工作室编写，重庆出版社 2000 年版。

◎《新闻标题制作 100 招》，冯印谱著，南方日报出版社 2006 年版。

第三节 消息导语的若干种写法[①]

消息导语写作的基本要领，主要有以下两点。

第一，在大多数情况下，消息的导语必须突出主要的新闻点，符合倒金字塔结构的要求。

第二，文字必须简洁洗练，篇幅一般控制在 100 字以内。

此外，消息的导语一般是一段文字，如果篇幅较长，可写成两段文字。例如：

“楚才杯”五年级作文题“给我一点时间”，让 3000 名被逼培优的十龄童，不约而同地将妈妈刻画成“变色龙”“母老虎”“河东狮吼”的形象……

22 日，记者在“楚才杯”组委会，发现五年级 4200 份考卷中，超过 70% 的孩子选择了一个共同题材——被妈妈逼着整天培优，学习压力大，期望妈妈给自己一点时间。[②]

至于写导语的具体技巧，至少有以下 15 种。

1. 概括叙述法

概括叙述法是最常用、最常见的一种写法，要求新闻报道者用高度简洁的文字（最好控制在 100 字以内）将新闻的主要信息叙述出来。例如：

◎ 军训刚进行半天，就接连有 16 名大学新生中暑晕倒。9 月 12 日，武汉一高校新生军训的训练场上，新生们的身体素质令人担忧。[③]

◎ 中青校媒的一份“大学生求职力”问卷调查显示，00 后的平均期待月薪超 7K，1/4 的 00 后期待月薪超过 15K。[④]

导语只有一句话的写法，被称为“一语破的法”。例如，1945 年 8 月 14 日，

---

① 本节部分文字引自《新闻导语写作技巧 20 法》（作者蒋剑翔，分别于 2004 年 2、3 月刊载于《中华新闻报》）。

② 胡俊，秦杰 .3000 小考生“妖魔化”妈妈 [N]. 武汉晚报，2005-04-25（A8）.

③ 丁蓓蓓 . 军训刚半天 晕倒半个排 [N]. 楚天金报，2010-09-14（A14）.

④ 新周刊 .00 后平均期望月薪 7K / “狂飙二创”，全网狂欢 [EB/OL].(2023-02-07)[2023-10-31]. https://baijiahao.baidu.com/s?id=1757101817532967844&wfr=spider&for=pc.

美国时任总统杜鲁门宣布，日本已无条件投降。美国联合通讯社在抢发这条爆炸性的新闻时，导语只有一句话：“日本投降了！”

不过，导语只有一句话的情况较少出现。

2. 以点带面法

先说一个点，再推及面。这种写法，一般用于介绍全局性、集体性情况的消息。例如：

100 多名游客正在湖南革命烈士纪念塔内参观，偌大的陈列馆内安安静静，这是昨日上午记者看到的情形。近日，记者深入长沙部分影剧院、图书馆、纪念馆、博物馆、会场采访，发现这些公共场所内，市民基本能够做到安静、文明，无大声喧哗、污言秽语、嬉戏吵闹现象，但也存在吸烟、乱丢生活垃圾等一些不文明现象。①

3. 先闻其声法

先闻其声法，多用于讲座、会议、报告会等谈论性新闻的写作。这种写法一般是以精彩的、典型的一两句话或一段话作为导语的开头，然后介绍说话者的姓名、身份及说话场合，以便取得未见其人，先闻其声的效果。例如：

◎“结果出来了，我们是全国第一！”在合肥返回南昌的高铁车厢里，这个声音有些激动而颤抖。

说这句话的是南昌大学方程式赛车队队长汤睿，他和团队刚结束为期一周的中国大学生电动方程式大赛，以创历史的成绩夺得全国一等奖，并创造了江西省方程式车队最好成绩。②

◎“中景不能直接接近景，中景的下一个镜头必须直接接特写。”从抖音平台的摄影博主认识于然老师，到在课堂中上课，仿佛也是中景推进到特写的过程。昏暗的教室里坐满了人，其中不乏抖音上的“粉丝”转化以及因闻名选他的课。他是

① 黄帝楚．“四找”走出贴心路　天心区 300 基层党组织深入群众服务到位 [N]. 长沙晚报，2010-08-14（A1）.

② 徐翰，曾宇昕．【社团巡礼】南昌大学方程式赛车队：向全国最顶尖的车队进军 [EB/OL].（2022-10-18）[2023-10-31]. http://news.ncu.edu.cn/rwfc/327adbd5bc5a408082753746fbd52311.htm.

电视学院的明星教师，而今也是短视频平台上小有名气的摄影教学博主。①

4. 巧用背景法

新闻价值的凸显，有时需要通过交代背景来实现。例如：

◎ 中国农业科学院饲料研究所与北京首钢朗泽新能源科技有限公司 10 月 30 日联合宣布，经多年联合攻关，全球首次实现从一氧化碳到蛋白质的一步合成，并已形成万吨级工业产能。此举突破了天然蛋白质植物合成的时空限制，在我国饲用蛋白原料对外依存度长期保持在 80% 以上、大豆进口最高年份已超过 1 亿吨的大背景下，对弥补我国农业短板及对促进国家“双碳”目标达成具有深远意义。②

5. 特写镜头法

这种导语是先写一个关键的场面，由此带出更多故事情节。例如：

◎ 衬衫、西裤搭配着旅游鞋，端着一杯烫手的茶，踩着下午 2 点 30 分的学术报告开始时间，径直走进报告厅。没有一句话的寒暄，他就这样开始滔滔不绝地开讲了。昨日下午，有“快乐经济学家”之称的黄有光来到江西财大给师生们开了一堂以“宇宙起源”为主题的讲座。③

◎ 前日 19 时许，在长沙湘雅医院，当白血病患者彭敦辉送走病友欧阳志成回到病房后，看到了欧阳志成留给他的 3.5 万元现金和两封信。读罢信件，捧着救命钱，彭敦辉顿时泪雨滂沱。④

◎“来水了！来水了！”5 日上午，随着来自福建晋江、穿越约 28 公里陆海输水管道的碧水，在金门田埔水库喷涌而入，3000 多名围观的当地民众欢呼雀跃。⑤

6. 化静为动法（拟物）

化静为动法是将静物写成动物，需用到拟物的修辞手法。例如，写兵马俑在国

① 刘祉岑 . 从高校教师到平台博主：思维与内容的转场——专访中传电视学院于然副教授 [EB/OL].(2020-12-22) [2023-10-31].http://www.cuc.edu.cn/news/2020/1222/c1906a177184/page.htm.

② 瞿剑 . 全球首次实现规模化一氧化碳合成蛋白质 [EB/OL].(2022-11-01)[2023-10-31].http://www.zgjx.cn/2022-11/01/c_1310667156_2.htm.

③ 黄艺婷，廖济堂 . 结了婚的人比没结婚的更快乐 [N]. 南昌晚报，2009-06-10（A11）.

④ 陈国忠 .3.5 万救命钱留给病友 [N]. 长沙晚报，2005-08-24（A9）.

⑤ 刘益清，吴洪，刘深魁 .23 年圆梦，福建晋江水流进金门 [EB/OL].(2019-06-23)[2023-10-31].http://www.zgjx.cn/2019-06/23/c_138143740_2.htm.

外展览的消息，可以这样写导语。

一支中国军队到达了布鲁塞尔。威武的士兵身穿紧身盔甲，随后行进的是军乐队和骑兵，最引人注目的是他们的身材。

7. 拟人修辞法

拟人修辞法是将物人格化，使其像人一样做出动作、发出声音等。例如：

中国新闻史上第一次响起了一个与众不同的声音："嗨，下午好！"我国第一张下午版报纸今日由《杭州日报》正式创刊。

8. 提问作答法

提问作答法通常用于针对现实问题的消息的写作，先是提出一个或多个问题，再交代有关事实。例如：

◎ 大学排行榜总能吸引公众注意，不管它多么匪夷所思，是否令人信服。北京师范大学高等教育研究所常务副所长洪成文教授今天提醒人们反思，大学排名的本质是什么？大学排名给大学带来的又是什么？他说，尽管世界上大学排行榜由来已久，各类排名各不相同，但社会必须对其保持清醒认识。①

◎ 在思想侵蚀面前组织怎么引，党员怎么看？在工作难题面前组织怎么带，党员怎么上？在个人利益面前组织怎么管，党员怎么办？在群众期待面前组织怎么帮，党员怎么干？天心区300多个基层党组织紧紧围绕"四找"主题："重温誓词找缺点、对照党章找盲点、推动发展找支点、深入群众找结合点"，深入开展各种各样的创先争优活动。昨日，天心区坡子街街道八角亭社区党支部开展创先争优主题生活会，围绕以上问题，展开了热烈讨论。②

9. 设置悬念法

设置悬念法是在导语部分设置悬念，吊起读者的胃口，引诱读者继续读下去。例如：

◎开学至今，浔阳区龙山小学一（2）班里可热闹了。教室大门口处单独摆了张桌子，有一名特殊的学生端正地坐着，跟着同学们认真读着拼音。这名学生叫聂

---

① 北师大高教研究所常务副所长洪成文：对大学排名须保持清醒认识[N]. 光明日报，2010-08-07(2).

② 黄帝楚．"四找"走出贴心路 天心区300基层党组织深入群众服务到位[N]. 长沙晚报，2010-08-14（A1）.

尚志，他的年纪可不小，今年75岁了。①

10. 语义转折法

语义转折法是指先说一种情况，接着说情况完全相反的信息。例如：

俗话说三十年河东，三十年河西。但在樟树市城北街道上小潭村，30多年不变的是；从1972年开始到现在，每年都要举办一届村民运动会，因此，其成为我省农民文化体育活动中一道抢眼的风景线。②

11. 古诗名句法

古诗名句法是用一句诗词或名言作为导语的开头，读来别有一番风味。例如：

“养在深闺人未识”的武陵风光，已经被撩开面纱，深深地吸引了着众多的海内外旅游者。

12. 速写勾画法

速写勾画法是对新闻人物、关键物体进行速写式的描写，使读者在头脑中形成一个比较直观的印象。例如：

一眨眼之间，他已在青藏高原奋战了27个春秋。原来的满头青丝，现在已染上了祁连山的霜雪；脸上的皱纹，就像是风沙雕刻的痕迹。这是少数民族地区科技工作者代表座谈会上，高级地质师胡贤农给记者留下的深刻印象。

13. 有意重复法

有意重复法是指多次重复关键的数字、动作、语言等细节。例如：

85秒！拳王泰森击败挑战者。85秒！历史上最短的拳王卫冕战。85秒！1300万美元尽入腰包。③

14. 数字折算法

数字折算法是将有关数据折算成另一种更加直观、更易理解的数据。例如：

从中国国家铁路集团有限公司（以下简称“国铁集团”）获悉：京港高铁安庆至九江段（以下简称“京港高铁安九段”）于今日开通运营，合肥至南昌间实现高铁直通、最快2小时22分钟可达，标志着“八纵八横”高铁网京港（台）通道商

---

① 吕莹．九江75岁老人上小学一年级[N]. 南昌晚报，2010-10-01（6）.

② 卓凡，新科，林丽．上小潭村34年每年举办运动会[N]. 江西日报，2005-12-15（3）.

③ 陆文岳．泰森：85秒卫冕成功[J]. 中国记者，1990(1):54-55.

丘至深圳段全部贯通。[①]

15. 烘云托月法

烘云托月法是用一个著名的人物或物品，烘托另一个人物或物品。例如：

进入 90 年代，在中华大地兴起学雷锋新潮的同时，人们深情地呼唤着另一个名字——焦裕禄。[②]

第四节　不同类型通讯的采写

什么是通讯?

通讯是一种比消息更加详细而深入地报道新闻事实的新闻体裁。西方传媒的新闻专稿（又称“特稿”），即“比消息更详尽的新闻”，近似于我国的通讯。

通讯和消息，都不允许有任何虚构，要真实，要有一定的时效性和新闻价值。

一、通讯与消息的区别

很多人（特别是新闻采写初学者）分不清通讯和消息的区别，以致经常混淆二者的写作手法。

通讯与消息的区别，主要体现在以下 6 个方面。

（1）通讯报道的事实，比消息更详细、完整、富于情节性，可以满足读者欲知详情的需求。

（2）通讯报道的事实，往往比消息更形象、更生动，不排斥形容词、副词的使用。

（3）通讯的文体比消息更加自由、多样，可以容纳各种笔法、各种结构、各种风格。

（4）通讯的篇幅一般在 500 字以上，多则上万字，而消息的篇幅一般在 1000

① 陶媛.京港高铁安庆至九江段今日开通运营 [EB/OL].(2021-12-30)[2023-10-31].https://m.gmw.cn/baijia/2021-12/31/35419656.html.

② 穆青，冯健，周原.人民呼唤焦裕禄 [EB/OL].（2021-03-01）[2023-10-11].https://xhpfmapi.zhongguowangshi.com/vh512/app/9826626.

字以内，100 字以内亦可。

（5）通讯的时效性要求没有消息那样严格。

（6）在客观性方面，通讯比消息要主观一些，允许插入少量的评论和抒情文字。

二、通讯的类型

按报道的内容划分，通讯可分为人物通讯、事件通讯、工作通讯、风貌通讯、社会观察通讯等。

（1）人物通讯，是以人物为中心报道对象，通过一个人物或一组人物新近的行动来反映时代特点和社会面貌的一种通讯类型。

（2）事件通讯，反映现实生活中发生的、有较大影响且能引起普遍关注的事件的通讯类型。事件通讯主要报道的内容有突发性事件、可预测性事件以及反映社会精神风貌的小故事。

（3）工作通讯，是以报道工作成就或工作中的成功经验，揭示和讨论工作中存在的问题为主要内容的通讯类型。

（4）风貌通讯，是反映国内外各地的发展状况、社会生活、风土人情等新变化的通讯类型，其也常被称为“概貌通讯”“旅游通讯”。

（5）社会观察通讯，是报道社会现象、剖析社会问题的通讯，其又被称为“新闻观察”“纪实报道”“问题通讯”“调查报道”“社会大特写”。

按报道形式划分，通讯可分为访问记、专访、特写、大特写、新闻小故事、集纳、巡礼、侧记等类型。

（1）访问记。新闻报道者在通讯中出现，以采访活动的过程为主要线索来结构和组织材料。写作时有问有答，现场感较强，而且可以穿插各种背景材料，使通讯有一定深度。

（2）专访。专访作为一种访问方式，是就特定的问题、特定的对象进行的专门访问，内容集中；作为新闻体裁，专访是访问记的一种，对新闻人物或单位、部门进行专题访问。专访以人物、现场和新闻报道者为三要素，突出“专”“访”二字。专访涉及面一般不广，不贪大求全。

（3）特写。特写将生活中某个特定的画面予以放大，集中描绘事件和人物的某些片段、细节和局部，给人以深刻的印象和强烈的感染力。

（4）大特写。大特写是抓住社会热点中的事件、人物或现象，作全方位、多侧面的报道，用优美的文字、新颖的视角、有冲击力的照片吸引读者的一种报道形式，也有人认为它是深度报道的一种。

（5）新闻小故事，或被称为“新闻故事”“小故事”。其要求一是小，二是有故事，三是以小见大。新闻小故事通常反映一人一事，表现一个片段，内容单一，篇幅短小，线索简单，不求写繁多人物，但求精练、生动。

（6）集纳。集纳是指把表现一个主题而又相对独立的事件或片段组合起来，集纳成一篇。集纳中的事实，可以是发生在同一时间的，也可以是发生在不同时间的；可以是发生在同一单位、同一战线的，也可以不是。

（7）巡礼。巡礼指新闻报道者边走边看，很自然地把所见所闻写出来供受众阅读。这种类型讲求动态感、现场感、亲切感；常用移步换形的方法来写，有较多议论和抒情。

（8）侧记。侧记是从一个侧面反映新闻事件或新闻人物的通讯。侧记取材自由，不求反映事件全貌、全过程，但求抓住特点，扣紧受众的兴趣点，回答受众普遍关心的问题。写作时往往夹叙夹议。

另外，深度报道、调查性报道也在通讯的范畴之内，它们是特殊的通讯类型。

（1）深度报道。深度报道是运用解释、分析、预测的方法，深入表象，探查其背后的本质和意义，从历史渊源、因果关系、矛盾演变、影响、发展趋势等方面进行深入报道的一种新闻体裁。

（2）调查性报道。调查性报道是以调查为主要方式的报道形式，主要以揭露社会弊病为目的，侧重报道与公共利益有关的、被蓄意掩盖的丑恶行为，但也报道中性、正面题材。

三、通讯的开头

熟读消息和通讯的人会发现，与消息相对固定的开头（大多是概括型导语）不同，通讯的开头是不拘一格的。

通讯的开头大体上可分为以下两种。

一是直起式，包括：开门见山直述其事其人，直接抒发感情，直接发表见解，等等。

二是侧起式，即利用铺垫弄引的方法娓娓道来，到适当的时候才进入正题，如先讲故事、传说，先引述诗词、谚语、名人名言，等等。

以下我们详细阐述几种通讯的开头。

（一）描写关键情节

这种开头主要适用于事件通讯、人物通讯。

例如，人物通讯《从“网瘾少年”到“隐蔽青年”，一个家庭13年的网戒困局》[①]，是这样开头的。

27岁郑钊的生活（范围）不到“十平方米”。

他把窗帘拉得严严实实，弯着身子，躺在床上玩游戏、看视频……父亲郑立书说，6年了，儿子没有工作，不出门，从不跟人说话，生活成了一座孤岛。

（二）刻画人物

这种开头主要适用于人物通讯。

例如，《时代周报》2021年1月29日刊登的人物通讯《寂寞身后事：川师大坠亡教授庹继光的高光与困顿》[②]，是这样开头的。

庹继光年轻时神似崔健，又特别爱戴帽子，他带的第一届本科生于是叫他“崔健”，一叫4年。2021年1月18日8点14分，庹继光从四川师范大学田家炳楼10楼纵身跃下，结束了自己不到50岁的生命。

（三）交代背景或最新动态

这种开头主要适用于人物通讯、工作通讯和风貌通讯。

---

① 明鹊，何锴．从“网瘾少年”到“隐蔽青年”，一个家庭13年的网戒困局[EB/OL].(2023-05-24)[2023-10-31].https://www.thepaper.cn/newsDetail_forward_23189477.

② 陈佳慧．寂寞身后事：川师大坠亡教授庹继光的高光与困顿[EB/OL].(2021-01-29)[2023-10-31].https://baijiahao.baidu.com/s?id=1690229402163553223&wfr=spider&for=pc.

例如，获第31届中国新闻奖的人物通讯《杨叔的脱贫日记》[①]，是这样开头的。

杨叔的屋里，那新刷的箱柜就在窗前，在冬日阳光的照射下，闪闪发亮，是杨叔最爱的红色。再过10天，就是2021年了。杨叔坐在炕上，慢慢翻看着之前的日记："2020年农历3月12，继宏放弃休假日，驱车亲临亲躬，自费（买来）床单，为我家整理了床铺；又腰系油布，以童年时初学之娴熟油漆活技术，执刷子刷新了垃圾堆似的两柜一箱，使之鲜红，焕然一新。"

再如，事件通讯《生死五号线》[②]，是这样开头的。

郑州地铁5号线是这个城市最长的地铁线。它在郑州地图的中间圈出一块近似长方形的区域，东侧多是工作单位密集的地方，西侧是住宅区，中间有辽阔的CBD。人流潮汐般日复一日地在这里轮转。7月20日下班时分，这种日常流动在长方形的西北角停滞了。因为一场暴雨，500名乘客被困5号线。

7月21日凌晨4时，悲伤的消息传来，12名乘客死于这座现代城市的地下交通工具中，另有5人受伤。郑州地铁网站首页呈黑白色。

（四）或抒情，或议论

这种开头适用于人物通讯、工作通讯、风貌通讯等多种通讯。

例如，通讯《"我就派《山海情》里的那个林占熺去了"》[③]，是这样开头的。

一项史无前例的伟大创举。从大写意到工笔画，跨越高山深壑、跨越海洋沙漠，波澜壮阔的壮美画卷徐徐铺展，就在短短8年间。

"一带一路"，从历史深处走来的合作共赢之路，改变了什么？无数的动人答案。对于沿线国家和地区的人民来说，它是水和电，是路和桥，是学校和医院，是增加的收入、改善的生活和值得期待的明天。

---

① 张辰，刁江岭．杨叔的脱贫日记 [EB/OL].(2021-10-25)[2023-10-31].http://www.zgjx.cn/2021-10/25/c_1310262117_2.htm.

② 杨杰，焦晶娴，卢思薇，等．生死五号线 [EB/OL].(2022-11-01)[2023-10-31].http://www.zgjx.cn/2022-11/01/c_1310667776_2.htm.

③ 杜尚泽．"我就派《山海情》里的那个林占熺去了" [EB/OL].(2022-11-01)[2023-10-31].http://www.zgjx.cn/2022-11/01/c_1310667773_2.htm.

（五）描写场景

这种开头适用于人物通讯、工作通讯、风貌通讯、社会观察通讯等多种通讯。

例如，获第 32 届中国新闻奖一等奖的通讯《英雄屹立喀喇昆仑》①，是这样开头的。

喀喇昆仑高原，横亘西部边境。

立春过后，大江南北暖意渐浓，高原深处的加勒万河谷依然严寒彻骨，大河冰封，群山耸立。

这里是祖国的西部边陲，也是守卫和平安宁的一线。来自天南海北的一茬茬官兵，扎进茫茫群山，挺立冰峰雪谷，用热血和青春筑起巍峨界碑。

（六）引经据典

这种开头适用于人物通讯、工作通讯、风貌通讯、社会观察通讯等多种通讯。

例如，获第 30 届中国新闻奖二等奖的通讯《芝麻花生的事儿能做多大》②，是这样开头的。

“磅秤上放粒芝麻——无足轻重”，这句歇后语打趣的，是芝麻的小。小小一粒芝麻的事，能做多大？

你可以到平舆县蓝天芝麻小镇来寻找答案。

再如，获第 17 届中国新闻奖一等奖的通讯《闪耀在手术刀上的道德光芒——记医德高尚医术高超的好军医华益慰》，是这样开头的。

“夫医者，非仁爱之士不可托也，非聪明理达不可任也，非廉洁淳良不可信也。”

——题记·摘自《褚氏遗书》

上例中的开头方式，就是消息不能采用的，但通讯就可以以题记开头。

---

① 王天益．英雄屹立喀喇昆仑 [EB/OL].(2022-11-01)[2023-10-31].http://www.zgjx.cn/2022-11/01/c_1310668214_2.htm.

② 万川明，栾姗，杨晓东．芝麻花生的事儿能做多大 [EB/OL].(2020-10-16)[2023-10-31].http://www.zgjx.cn/2020-10/16/c_139444294_2.htm.

（七）制造悬念

这种开头特别适用于事件通讯，也适用于人物通讯、工作通讯、社会观察通讯等。我们可以在《南方周末》《人民日报》等报纸的版面上，看到这样的开头方式。

例如，通讯《丢失纪念章 31 小时后，老人获赠新奖章》①，是这样开头的。

对 92 岁的刘廷珠老人来说，昨天是个难忘的日子。

为什么对这位老人来说，昨天是个难忘的日子呢？发生了什么事？这些就是作者在稿件开头部分制造的悬念。

再如，通讯《屹立在喀喇昆仑之巅》②，是这样开头的。

大自然是如此吝啬，夺走了这里 60% 的氧气，使之成为“生命禁区的禁区”。

这是哪儿？这里发生了什么事？仅仅是稿件开头的一句话，就会使读者心中冒出这些疑问。

四、通讯的结尾

通讯的结尾类型没有通讯的开头那么多样，大致有 7 种，分别是自然收束，卒章显志，补上一笔，呼应开头或前文，引述人言，揭开悬念，描写抒情。许多学生新闻报道者喜欢以“送出祝福”结尾，实际上这种方式在大众媒体通讯中并不常见。

（一）自然收束

自然收束的方式是指把前面的信息叙述完毕，自然而然地结束稿件，不额外添加评论或其他信息。

例如，2023 年 5 月 16 日《北京日报》上刊登的事件通讯《京雄高速成功上跨京良路房山线》③，是这样结尾的。

据了解，京雄高速北京段工程由中国中铁投资建设、中铁投资集团运营管理，

---

① 叶晓彦 . 丢失纪念章 31 小时后，老人获赠新奖章 [EB/OL].(2021-10-29)[2023-10-31].http://www.zgjx.cn/2021-10/29/c_1310277155_2.htm.

② 夏洪青，蔡鹏程，李蕾，等 . 屹立在喀喇昆仑之巅 [EB/OL].(2020-10-14)[2023-10-31].http://www.zgjx.cn/2020-10/14/c_139434393.htm.

③ 孙宏阳 . 京雄高速成功上跨京良路房山线 [EB/OL].(2023-05-16)[2023-10-31].https://bjrbdzb.bjd.com.cn/bjrb/mobile/2023/20230516/20230516_006/content_20230516_006_2.htm.

北京段全长 27 千米，双向八车道。京雄高速北京段六环至市界段已于去年底开通运营，五环至六环段计划年内贯通。通车后，从北京驾车到雄安不到 1 小时。京雄高速的建设，对构建京雄 1 小时交通圈、推动雄安新区“千年大计”未来之城的加速崛起，对助力京津冀交通一体化进程具有重大意义。

（二）卒章显志

卒章显志方式是用一两句话或者一两段话点明中心、主题，因此也被称为“篇末点题”，类似画龙点睛之意。“志”是指文章的主题、中心，“卒”为“完毕”。

例如，获得第 32 届中国新闻奖一等奖的通讯《“祝融”轧下中国印——全方位图文解读中国首辆火星车》① 是这样结尾的。

叶培建曾说，航天事业需要我们做一些“冒险的事”，去开拓、去创新。当前，我国已形成深空探测的未来任务规划，小天体探测、火星取样返回、木星及更远行星探测论证正在按计划逐步推进。中国航天的未来是星辰大海，值得我们去冒险。中国人丈量太空的脚步会比 3.2 亿千米更远。

（三）补上一笔

为使报道更加完整、全面、新鲜，前文涉及的事情介绍完后，在结尾介绍另外一件事情，或是介绍前一事件的最新信息。

例如，获第 31 届中国新闻奖一等奖的通讯《护送“钻石公主”号上的同胞回家》②，在报道刘丹蕻义务接送灾民的事迹后，在结尾写道：

据介绍，刘丹蕻 1969 年出生在福州，毕业于集美大学音乐系，担任过教师，1995 年东渡日本，经过打拼现在经营着这家旅游大巴公司。

在日本，刘丹蕻时常关注弱势群体，经常去老人院探访孤寡老人，为残障群体送爱心。“她是一个很有情怀的人，关爱同胞关爱身边的人。没人愿意接的活，她

① 赵聪 .“祝融”轧下中国印——全方位图文解读中国首辆火星车 [EB/OL].(2022-11-01)[2023-10-31].http://www.zgjx.cn/2022-11/01/c_1310668217.htm.

② 曾武华，许上福，卢金福，等 . 护送“钻石公主”号上的同胞回家 [EB/OL].(2021-10-25)[2023-10-31].http://www.zgjx.cn/2021-10/25/c_1310261658_2.htm.

却勇于承担。”詹孔朝告诉记者，在2018年日本关西机场撤离中国旅客等多项任务中，刘丹蕻都组织力量参与了运输工作，中国驻日本大阪总领事馆曾为刘丹蕻颁发表彰奖状。

记者了解到，第二批回国同胞的包机，计划于21日起飞。刘丹蕻也在24小时待命，随时接受新的任务。

再如，通讯《“半条被子的故事”有新篇》①的结尾写道：

故事，不止在沙洲村讲述。2018年7月底，国家京剧院创作的现代京剧《半条被子》首演。2020年9月5日，电影《半条被子》在全国院线上映。“半条被子的故事”犹如一束光，穿越历史的时空长廊，照进更多人的心里。

（四）呼应开头或前文

这种方式的写法很简单，就是结尾与开头形成呼应。

例如，经济日报社2022年11月1日报道的《煤炭问题调查》②，开头写道：

日前召开的中央经济工作会议指出，要立足以煤为主的基本国情，抓好煤炭清洁高效利用，增加新能源消纳能力，推动煤炭和新能源优化组合。这为我国煤炭产业长期健康发展指明了方向。本报调研组就当前煤炭市场出现的一些问题进行了深入调查采访，以期更好地推动煤炭行业高质量发展。

该文结尾对开头呼应道。

在“双碳”目标下，让黑色的煤炭“绿”起来，是未来产业发展的唯一选择。如今，留给煤炭产业转型发展的时间已经非常紧迫。煤炭行业必须勇敢地迎接挑战，走出“市场好时无心转型，市场差时无力转型”的怪圈，坚定不移地走好转型发展之路。

---

① 刘麟，刘亮．“半条被子的故事”有新篇[EB/OL].(2020-09-18)[2023-10-31].http://www.ce.cn/xwzx/gnsz/gdxw/202009/18/t20200918_35767539.shtml.

② 徐涵，顾阳，黄晓芳，等．煤炭问题调查[EB/OL].(2021-12-13)[2023-10-31].http://www.ce.cn/xwzx/gnsz/gdxw/202112/13/t20211213_37164963.shtml.

（五）引述人言

引述人言方式就是以一个人物的一句话或一段话结束全文，给人以戛然而止、余音绕梁、意犹未尽之感。

例如，前面提到的获第32届中国新闻奖一等奖的通讯《英雄屹立喀喇昆仑》，就是这样结尾的。

春节期间，华夏大地万家团圆、一片祥和；高原官兵枕戈待旦、高度戒备。见证着英雄官兵赤胆忠诚的加勒万河谷，山河如故、平静安宁。一块崖壁上，八个大字遒劲有力。

那是刚任团长不久的祁发宝带领战士们刻下的铮铮誓言，也是新时代英雄官兵捍卫祖国领土、不负先辈荣光的庄严宣示——

大好河山，寸土不让！

再如，通讯《603枚红手印——全国脱贫攻坚先进个人李洪文和叶家坡村的故事》①，是这样结尾的。

12月21日，李洪文被历城区委组织部、平阴县委组织部和南部山区管委会组织局聘为“第一书记导师”，他即将奔赴下一个“战场”。

“我是一名党员，只要党组织需要，我会像在叶家坡时一样，全力以赴！”李洪文说。

（六）揭开悬念

如果前文有意隐藏了某个关键信息，以制造悬念，那么，结尾就必须揭开这个谜底。

例如，获第31届中国新闻奖的通讯《谁是老李》②，是这样结尾的。

与人们印象里“洋气”的设计师相比，老李文化程度不高，甚至有些“土气”，但他“生于斯、长于斯、悟于斯、成于斯”，对乡村的历史文化、建筑

① 李小梦.603枚红手印——全国脱贫攻坚先进个人李洪文和叶家坡村的故事[EB/OL].(2022-11-01)[2023-10-31].http://www.zgjx.cn/2022-11/01/c_1310667937_2.htm.

② 刘雅鸣，胡巨成，归欣.谁是“老李”[EB/OL].(2021-10-28)[2023-10-31].http://www.zgjx.cn/2021-10/28/c_1310261598_2.htm.

风格、风土人情有着深刻的理解和热爱，而这，恰恰是乡村规划师们最该具备的“硬核”。

我省有4万多个村庄，千差万别、各有曲线，规划设计也应该百花齐放、千姿百态，与其寄望于“外来的和尚”，不如多发掘一些本地的人才“李开良”。

（七）描写抒情

描写抒情方式多见于人物通讯、事件通讯，以文学笔法收束，能提高报道的文学性，使文章余韵无穷。

例如，第32届中国新闻奖三等奖获奖作品《盐巴女人》① 是这样结尾的。

当夕阳褪去最后一丝余晖，盐巴女人们还在盐田上不知疲倦地劳作着，将生命浇灌进一块块方形的盐田中，享受着馈赠，也品尝着苦累，就像这奔腾的江水只顾向前，从未停留。

五、人物通讯的采写——“打量每个生命”

人物通讯的报道对象，主要包括以下一些人。

（1）道德模范人物；

（2）工作业绩特别突出之人；

（3）学习特别优异之人；

（4）可以警示他人的反面人物；

（5）亦正亦邪的传奇人物；

（6）神奇之人；

（7）奇特之人；

（8）著名人物；

（9）能够生动体现某种人生价值的普通人；

（10）热点新闻中的人物；

（11）热门话题人物；

① 张明芳，肖睿．盐巴女人[EB/OL].(2022-11-01)[2023-10-31].http://www.zgjx.cn/2022-11/01/c_1310667954.htm.

（12）位高权重之人；

（13）其他值得报道的人物。

需要指出的是，人物通讯的报道对象既可以是单个人，也可以是同一时空范围内的多个同类人，或者是同一集体中的多个人。

（一）人物通讯的类型

人物通讯主要有如下两种类型。

（1）传记式。写人物一生的主要事迹，内容较为丰富。

（2）特写式。侧重于写人物的一时一事，或某一侧面。

就报道形式而言，人物通讯可以是对话式的。

（二）人物通讯的采访要领

（1）写一篇人物通讯，绝不能仅仅采访一个人，应多做涉及多个信源的外围采访。

（2）进入人物的内心世界。

（3）善于捕获采访对象言语中有用的信息，从中提出新的问题。

（4）一定要作充分的准备，对采访对象的过去、现在、成就等都有充分的了解，要设法达到这样的效果：你提出的第一个问题，就让对方觉得你很了解他。

（5）多采集细节性信息，如人物的言语、行为、心理（变化、矛盾、喜怒哀乐愁）、外在形象、经历、事迹、业绩、性格（个性）、生活环境、工作环境、生活习惯、爱好等。

（三）人物通讯的写作要领

写人物通讯，“一定要把人物写得淋漓尽致”①，要使人物的性格和想法跃然纸上，要写出人物个性，写出故事性，写出真实感，令受众感动、感慨、感叹。

为此，新闻报道者应当掌握以下人物通讯采写要领。

---

① 《南方都市报》历史上第一位首席记者姜英爽的话。

（1）不要孤立地写主人公，要善于恰当地写出主人公与他人的多种关系。

（2）通过描述人物所处环境与人物行为的联系，来揭示人物的思想、个性。

（3）写出人物典型经历，以此揭示人物思想个性的发展、形成和变化过程。

（4）结合行为，运用恰当的心理描写，揭示人物的内心世界，心理描写一般不宜过多。

（5）既要写人物特别突出的行为，又要恰当地展示人物平时的言行，由此折射出人物个性。

（6）写出人物在特定情境中独特的行为及行为方式，特别是行为方式的细节。

（7）在矛盾冲突中写人。

（8）多运用直接引语，特别是人物个性化的语言。

（9）多写各种细节，尽量做到详略得当。

（10）注意核实有关事实，特别是核实采访对象提供的材料。

（11）360 度立体呈现人物，不回避人物的缺点，不要把人物写得完美无瑕，这会令人产生怀疑。

刚开始采写人物通讯时，不妨多看看《人民日报》《南方周末》《南方人物周刊》等报刊的人物通讯作品，看看《重新打量每个生命——〈南方人物周刊〉人物报道手册》《在追问中逼近真实：南方周末人物报道手册》两本书中记载的人物通讯采写技巧和案例，也可以关注“人物”“澎湃人物”等微信公众号，领悟其人物写作技巧。

例如，《南方人物周刊》刊登的人物通讯《彭剑斌：写给苦中作乐的人》[①] 是这样描写主人公的。

花 45 块钱在寺庙门口成堆的小商品中挑的吉祥物，果然，这次又忘了带上台。那是一个木头做的球，网球般大小，估摸是空心，掂着不沉。它被坐在台中间的小作家（他享受这个称谓，相比于成为大作家，他更向往成为小作家）从长沙带到北京，原本指望可以捏在手里缓解发言时的紧张，但书店又热又闷，他感到呼吸困难，几乎要昏过去，压根没时间想这档事。木球上刻的“吉祥如意”四个字，他清醒后

① 孙凌宇 . 彭剑斌：写给苦中作乐的人 [EB/OL].(2023-05-20)[2023-10-31].https://view.inews.qq.com/wxn/20230520A05ULK00?qq=12&refer=wx_hot.

不忘于事无补地向旁人介绍，“我老婆的名字里面有个‘意’，吉祥如意就是像我老婆一样吉祥”。

如果结合全文来读，我们会发现，文中的彭剑斌除了心态不平稳，还有不善交际等特点，他却能成为一个成功的作家。这些缺点拉近了主人公与读者之间的距离，使人物显得亲切可爱。

六、工作通讯的采写[①]——“说的就是工作”

工作通讯的特点：有很强的指导性，有较为明显的理性色彩，有一定的研究性。

工作通讯的研究性，首先表现为选题新颖，所提出的问题振聋发聩，值得研究；其次表现为客观地报道多方的意见，形成协商的氛围，提供权衡利弊、决定取舍的可靠依据；最后表现为对热点、难点产生原因进行分析、探讨。

工作通讯主要包括以下几种类型。

（1）经验性通讯。报道某一企业、某一部门、某一地区总结出的好的领导艺术经验、经营管理经验，值得向全局、全省和全国推广的经验。

（2）问题探讨性通讯。研究、探讨某一企业、某一部门或某一地区的一些尚处于萌芽状态的新技术、新政策等。

（3）批评性通讯。批评官僚主义、强迫命令、不正之风等。

工作通讯的选题要领包括以下几点。

（1）需要从大处着眼。

（2）选择群众普遍关心的题材，以问题为中心。

（3）工作通讯都离不开“问题”，问题提得越鲜明，越尖锐，越普遍，通讯内容就越深刻，就越有分量；问题从调查研究中来，从新生事物中来，从逆向思维中来，从群众议论中来。

（4）抓当前工作中亟待解决的问题。

（5）工作通讯介绍的是新情况、新信息、新观点、新方法、新经验、新作风、新成果等，工作通讯离不开“新”，贵在抓“新”、出“新”，要抓新事物的苗头，

① 此部分汲取了薛养玉、傅茂唐、田肖红、刘向东、刘衡、赵改变、许桂华、陆峰、汪晓霞、姜圣瑜、毕永军、冉亚雄等人和《军事记者》函授教务部的研究成果。

抓新旧事物的交叉点（新矛盾），抓事物发展的结合点（新经验、新方法、新面貌），抓事物发展的难点等。

（6）“只取一瓢饮”，切忌面面俱到。

（7）有关人士、有关机构的工作总结是工作通讯选题的重要来源，新闻报道者可以研究工作总结材料，从中发现“干货”（如引人注目的某个例子、某条经验体会内容、只言片语等），将材料由繁化简，选题以小见大。

工作总结不等于工作通讯，两者的主要区别有以下几点。

（1）写作内容方面，工作通讯的写作以“新”取胜，既要抓住特点，又要突出新事物，不要求面面俱到；工作总结的写作一般是面面俱到的，除了叙述工作过程、措施和取得的成果之外，往往还要加上几点体会或存在的问题等，业务性、技术性都较强。

（2）写作方法方面，工作通讯强调主题集中，表达灵活、生动，可长可短，有起有伏，不拘一格；工作总结大都有一套模板，采用的往往是“情况—经验—措施”的模式。

（3）传播对象方面，工作通讯面向社会广大读者；工作总结是下级对上级，或领导对本部门、本单位的同事所作的。

工作通讯的采访要领包括以下几点。

（1）深入采访，广泛接触有关人士，掌握大量的生动材料。

（2）生动的细节来自深入的采访。

（3）不满足于采访对象提供的材料，尽量刨根问底重新调查、补充采访。

在所有的通讯类型中，工作通讯最难写“活”，其写作要领包括以下几点。

（1）处理好事与理、叙与议。

（2）运用多种形象化手法，如对比、比喻、俗语、典故等。

（3）用最有力的材料。

（4）语言要规范、生动。

（5）既要记事，又要记人。

（6）不要照搬别人的工作总结。

（7）通过写事，写人的情感（喜怒哀乐愁）、思想、心理。

（8）用故事为报道添彩。

（9）突出个性及新闻性。

（10）形式上须新颖活泼（如亲历式、现场式、图文组合式、板块式等）。

（11）穿插特写镜头。

（12）大量运用描写。

（13）使用悬念技法。

（14）用眼睛采访，拉着读者的手到现场“走一走”。

（15）从一味肯定、称赞的固定模式中跳出来，出发点和落脚点都是提出问题和解决问题。

（16）忌片面思维，忌直线思维，忌孤立思维（就事论事）。

（17）理到而不繁杂，点到为止，忌过多说理，多用事实说话。

（18）多从群众的角度写工作通讯，寻找工作内容与群众意愿的结合点。

（19）挖掘思想深度，透彻分析典型事例。

（20）重视必要的细节描写。

（21）注意语言要生动、形象、新鲜、有趣。

（22）注意“内外有别”，注意保密。

第五节 巧用引语和新闻背景

一、引语在新闻写作中的运用

引语，或是新闻人物所说的话，或是文件、文章中的原话。

引语往往经由表示言说的动词带出来，这些动词（可称之为“言语动词”）包括：

说，自称，声称，讲道，说道，念道，读道，写道，念叨，谈起，自言自语，诉说，议论，告诉记者，直言规劝，向人请教，开导，求助，约定，发言，发表自己的看法，下令，命令，回复，答道，提问，宣布，认为，强调，指出，提出，爆料，透露，介绍，发布警报，警告，呼吁，提醒，表示，建议，否认，表示肯定，指责，坦白，坦言，传达，声明，公告，咨询，显示……

引语有两种：一种是以第三人称的方式转述别人的话（往往不是原话，但保留原意），并且不用引号，这是间接引语；另一种是讲述别人的原话，并把它放在引号里，这是直接引语。

例如，下面是间接引语。

◎他说，天下孩子都是好孩子，要在力所能及的范围内给予他们帮助，让他们找准定位，树立信心。①

◎何立峰指出，当前世界百年未有之大变局加速演进，世界经济既面临疫后复苏的迫切需求，也面临多重挑战和危机交织叠加的困扰。中国共产党第二十次全国代表大会描绘了全面建设社会主义现代化国家的宏伟蓝图，中国经济面临新的发展机遇。中国已经成为世界经济复苏、国际贸易投资发展中的确定性、稳定性力量，必将以自身发展为世界创造更多机遇。②

直接引语有以下四种用法。

（一）直接引语在言语动词的后面

这种用法十分常见，例如：

◎他去新加坡访问时，新方请他填写一个调查表，上面有很多内容，如性格、爱好之类，其中一项：如果人有下辈子，您愿干什么？谢晋毫不犹豫地填下："下辈子我愿当记者。"

◎谢晋却非常认真地说："全世界每年都有许多记者牺牲，有的牺牲在战场上，有的是被报复遭杀害的，他们勇敢、敬业，是为真理、为真相、为说真话而牺牲的，值得人们尊敬。做一个好记者要有才华，更要有勇气，要敢于说真话，这样才能成为一个受欢迎的记者，我崇拜记者这个行业！"③

---

① 张洁琼 . 爱心接力助就业——华民慈善基金会与南昌大学签署就业扶助项目 [EB/OL].(2010-04-28)[2023-10-31].http://m.ncu.edu.cn/ndyw/18cb96cb40eb46ec9e624aa2a18d35ca.htm.

② 新华社 . 何立峰出席 2023 年全球贸易投资促进峰会开幕式并致辞 [EB/OL].(2023-05-24)[2023-10-31].https://www.gov.cn/yaowen/liebiao/202305/content_6876101.htm.

③ 老何话乡贤 . 吕怡然眼中的谢晋——朱镕基的一条规定，不要怕得罪人，要讲真话 [EB/OL].(2023-03-23)[2023-10-31].https://www.toutiao.com/article/7213570714056999459/?is_new_connect=0&is_new_user=0&wid=1721012707459.

（二）直接引语在言语动词的前面

这种用法会产生一种先声夺人的效果。例如：

“谢谢徐主任、温医生，医术高超，治好了我妈妈的眼睛，对我妈妈也很好，像亲人一样！”况先生搀着自己的母亲，将一面上写“光明使者 医术精湛”的锦旗送到医院眼科医护人员手中。①

（三）直接引语在言语动词的前面和后面

当直接引语较长时，可将其分为两部分，分别放在言语动词的前面和后面，这样不仅能够突出部分信息，而且阅读较为方便。需要注意的是，言语动词前面的直接引语宜短不宜长。例如：

“我是广东佛山人，上大学跨越了祖国的南北，在生活习惯、饮食习惯和气候方面都要适应。”他介绍，“老家的饭菜清淡，讲究食材本味，学校的食堂则重口不少。两地的温度更是有着很大差异，现在吉林早晚的气温已经是广东 12 月、1 月份才会出现的低温了。”②

（四）直接引语出现时，没有言语动词，有的甚至独立成句

例如：

◎阳和平露出了略有些狡黠的笑容，“没有中国革命就没我了，可惜什么？”③

◎这次长征，邓玉平带着自己制作的小红军旗、小布老虎以及印有五角星的红色 T 恤，离开上海前她还特意买了许多海宝吊坠准备送给老红军。“老人们很喜欢海宝，他们拿着小红旗很高兴，并且不停地摇晃着小旗。”④

特别值得注意的是，过多地使用间接引语，甚至全文只有间接引语而没有直接

① 温海峰．从“几近失明”到“重见光明”，95 岁患者送锦旗感谢我校第四附属医院 [EB/OL].(2021-05-10)[2023-10-31].http://m.ncu.edu.cn/xycz/92e60c8066b24cb38981e282edbbae69.htm.

② 杜园春，覃缨淇．大学新生活开始了，你准备好了吗 [N]. 中国青年报，2024-09-05（4）.

③ 南方周末．美国女子在华工作60年 曾给中央领导写信反拆迁 [EB/OL].(2010-08-05)[2023-10-31].https://news.sina.com.cn/s/sd/2010-08-05/115520832794.shtml.

④ 张剑锋，胡飞军．上海女教师七年七走长征路 获 165 位老红军的签名 [N]. 江南都市报，2010-07-24.

引语，将导致新闻稿件的可读性大打折扣。因为与间接引语相比，直接引语往往更能反映人物个性，显得更真实，更有现场感。

因此，写作新闻稿时，应多用直接引语，少用间接引语。

在使用引语时，不要用错“说到”与“说道”这两个词。

“说道”是动词，相当于“说”，常用来直接引用人物说的话。例如：

◎ 她柔声说道：“你放心吧。”

◎“你放心吧。”她柔声说道。

“说到”的“到”是表示方向性、位置性的。“说到”不能独立使用，后面必须有宾语或其他成分。例如：

◎那天，老师说到人际关系时，讲到了他和朋友的友情。

◎说到ECFA（海峡两岸经济合作框架协议）能让台湾经济“转骨”时，马英九的眼睛都亮了起来。

“问到”和“问道”、“写到”和“写道”的区别，与“说到”和“说道”类似。例如：

◎当记者问到胡小文为什么不买一件舒适的棉衬衫穿时，胡小文说，这件10元钱的汗衫，已经让他很满足了。

◎当记者问到其他将车停在门外的车主时，他们表示，因为担心自己的车停进地下车位，也遇到与李女士一样的事，所以希望物管能给个说法。

◎当记者问到“道口房原计划是否要求在7月建成”时，陈令回答道：“不是，只是延误了几天。”

◎当写到你锲而不舍地向着既定目标奋进时，我也从中学会了坚持；当写到你勇于自我剖析积极应对挫折时，我也从中学会了坚强；当写到你高瞻远瞩于纷繁复杂中找到前进的方向时，我也从中学会了睿智；当写到你临危不乱、谈笑风生、指挥若定时，我也从中学会了冷静……

◎《天下少有的好人》，那是我有生以来第一次动笔去写一篇人物通讯，当写到她抱着临终前的老人一边呼喊一边喂糖水的细节时，当写到她翻山越岭遍访名医、扯来草药熬成水将全身长满毒疮、恶臭熏人的老人抱进药水里精心擦洗的情节时，当写到她付出了那么多却因为偶尔的疏忽引来别人的误解与谩骂时，我的眼泪就禁不住流啊流！

二、新闻背景在新闻写作中的运用

广义的新闻背景，有三重含义：①导致新闻事件发生、发展的时代背景；②与新闻人物和新闻事件发生、发展过程直接相关的背景材料；③向新闻报道者提供消息、介绍情况的人的背景。

这种广义上的新闻背景，对新闻采访者来说，是必须考虑的。

狭义的新闻背景，单指与新闻人物和事件形成有机联系的一定的环境和历史条件。历史条件指事实自身的历史状况，环境条件指事实与周围事物的联系。

新闻背景有助于帮助受众理解新闻事实，增加新闻报道的信息量；新闻背景在新闻稿中的被穿插使用，也会使新闻更具可读性。

一般而言，以下 8 种情况需要介绍新闻背景。

（1）介绍新闻发生、发展的来龙（过去的情况）去脉（未来发展）。

（2）明示或暗示新闻发生、发展的原因。

（3）明示或暗示新闻发生、发展的后果、走势。

（4）对新闻中关键的专有名词、特殊术语进行说明解释，令新闻通俗易懂。

（5）用背景进行对比、衬托，突出事物的特点、变化。

（6）通过背景介绍，暗示、表达某种不便言明的观点。

（7）借背景介绍为新闻补充知识性、趣味性信息。

（8）以背景介绍揭示事物的意义。

新闻背景，可以放在新闻稿件的开头，也可以放在结尾，还可以穿插在新闻主体中；既可以仅仅作为一个句子成分（定语或状语）出现，也可以成为独立的句子、段落。

例如，通讯《“考老师”缘何遇阻碍？》的第二段是这样写的。

作为海南省教育厅指定的教师队伍建设改革试点市，万宁市决定从今年起，连续 5 年每年举行一次义务教育阶段教师专业基本能力测试。

其中的“作为海南省教育厅指定的教师队伍建设改革试点市”，既是全句的状语，又是“万宁市”的定语。

再如，《陈晔光院士任南昌大学校长》[①] 这篇新闻稿，在最后一段对南昌大学进行了介绍。

据官网介绍，南昌大学是国家“双一流”建设高校、教育部与江西省部省合建高校、江西省一流大学整体建设高校。学校前身江西医学院、江西大学和江西工业大学分别溯源于1921年创建的江西公立医学专门学校、1940年创建的中正大学和1958年创建的江西工学院。1993年江西决定将江西大学与江西工业大学合并组建南昌大学，1997年南昌大学被教育部列入国家“211工程”重点建设大学，2004年成为教育部与江西省人民政府共同建设大学，2005年南昌大学与原江西医学院合并组建新的南昌大学。2017年学校入选国家“双一流”世界一流学科建设高校行列，2018年学校成为教育部与江西省合建高校，2020年江西省委提出要举全省之力办好南昌大学。

新闻背景的使用，也讲究新闻的接近性。上述稿件中特意介绍的“2017年，陈晔光当选中国科学院院士”这一情况，就是一种新闻背景。

不是所有的新闻稿件都必须交代新闻背景。

如果新闻背景是大众较为陌生的，就有必要放入新闻稿；如果是大众熟知的新闻背景，就不必加入稿中。

例如，南昌大学1998届毕业生汪海燕，通过不懈努力，在2008年底荣获2007年度美国青年科学家最高荣誉奖——“美国青年科学家总统奖”，并在白宫与美国时任总统布什合影。在这则校园新闻中，“汪海燕”“美国青年科学家总统奖”都是普通读者比较陌生的，有必要作为新闻背景加以介绍，而美国时任总统布什广为人知，就不必详细介绍了。

必须牢记的是，新闻背景在新闻稿中仅仅是新闻主体的配角、助手，不能喧宾夺主、反客为主，不能过于张扬，所放位置不能过于显要。

---

① 新京报．陈晔光院士任南昌大学校长[EB/OL].(2022-11-17)[2023-10-31].https://baijiahao.baidu.com/s?id=1749731195278442966&wfr=spider&for=p.

第四章　校园新闻评论的写作

从广义上看，新闻评论是校园新闻的重要体裁之一，也是足不出户便可制作的一种新闻类型。

新闻评论是说理的文字，它的观点必须正确、合理、新颖、有建设性，它的论证必须有说服力、逻辑上站得住脚。

评论作品的稿件结构，主要包括以下几种。

（1）提出问题。

（2）提出问题 + 分析问题。

（3）提出问题 + 分析问题 + 解决问题（新闻由头 + 深入分析 + 提出自家观点）。

（4）开门见山地直接谈观点。

其中，新闻由头是引出评论的新闻话题摘要，一般用百字以内的文字说清楚，有时必须说明新闻来源、发表时间[①]。例如：

5 月 19 日，红星新闻报道称，哈尔滨工业大学将在今年 5 月 20—21 日两天，为全体在校生提供领取结婚证的绿色通道，还将举办第八届博士生集体婚礼。一个负责老师表示这是“为学生在两个特殊的日子结婚提供便利”。[②]

新闻由头一般加在评论文章的第一段，有时出现在评论文章的第二段、第三段，甚至更靠后的位置。

新闻评论的写作步骤，一般分为 7 步：一是确定评论选题；二是分析选题，

---

① 最好在评论结束后，以相关新闻链接的形式注明刊载新闻由头的网址，以便于编辑核实。

② 梁悠悠 . 大学生结婚就是不负责？不要给大学生婚恋贴负面标签 [EB/OL].(2023-05-21)[2023-10-31].https://mp.weixin.qq.com/s/C6z2TKX4fH0EMmaZdDOd4g.

确定评论的切入点（亮点、污点、疑点、难点、空白点等），确定评论的角度（表扬、批评、建议、反映、期待等）；三是搜索有关资料，形成观点；四是拟定评论提纲；五是撰写初稿；六是修改稿件；七是定稿、投稿。

第一节　新闻评论员的必备素质

很多优秀的记者、编辑，采编消息、通讯都毫无问题，但是写不好评论。有些人不是优秀的记者、编辑，却是优秀的新闻评论员。

之所以出现这样的情况，是因为评论写作对作者的素质有特别的要求。

如果你发现自己难以成为优秀的记者或编辑，不妨试试让自己成为优秀的新闻评论员。

那么，成为新闻评论员，需要写作者具备怎样的素质呢？

第一，新闻评论员要掌握多学科知识（特别是法学、社会学、政治学知识），熟悉政府和执政党的路线、方针、政策。

对有志于从事评论写作的新手而言，不但应当熟读评论方面的理论书籍、优秀评论作品集，而且应该熟读法学、社会学、管理学等非新闻学专业书籍。

评论员应该懂得“程序正义”“疑罪从无”“责罚相当”“紧急避险”“正当防卫”“公共产品”“执政合法性”“服务型政府”“和谐社会”“社会公平”之类概念的内涵。

评论员应该懂得“依法治国”“尊重法律”“尊重客观规律”“尊重人权”“人文关怀”“保护隐私”“保护未成年人”“保护弱者”“学术自由”之类理念的重要性。

评论员应该知晓“行政，未经授权不得为；民事，未被法禁即可为”“公民有追求幸福的自由”等常识。

第二，新闻评论员要有一定的文字功底，至少能做到语言通顺、文字无误。

最好是30分钟内能写出300字，90分钟内能写出900字。有的评论约稿，就是临时定选题，要求短时间内交稿。

第三，真正喜欢评论写作。

优秀的新闻评论员，最看重的是通过表达观点促进社会进步，保障人民的合法权益。

第四，新闻评论员要有远见卓识，有识人识事之明，善于把握社会潮流、趋势。

新闻评论员的目光、视野不能太狭隘，他应该看长远，看将来，看别处，看国外，应该关心时事，深入社会了解各行各业，深入基层了解民众疾苦，涉猎广泛，有深厚的文化底蕴，且对当今的流行文化、潮流趋势有一定了解。

第五，新闻评论员要有一身正气、一片公心，有爱心和助人之心，有通过言论维护公民权益、参与国家建设的热情。

新闻评论是一种公民写作，而非私利性写作。如果一个人善于从社会公益的角度、从人民利益的角度、从社会进步的角度思考问题、观察社会，则容易提出好的观点。

第二节　新闻评论的 5 个切入点

很多人会采写消息、通讯，但不会写新闻评论，原因何在？

除了新闻评论对作者素质的要求较高以外，不知道从何入手可能是另一个重要原因。如果作者熟悉新闻评论的常见切入点和论述角度，写起来就不会那么困难了。

那么，新闻评论有哪些切入点和角度呢？我们认为，至少有以下 5 个切入点。

一、赞扬亮点，阐述亮点

亮点，就是新闻事件中的亮点，或新闻人物身上的亮点，或某些政策、主张、法律法规、纪律条文中的亮点。

亮点是值得推广的举措，或是值得弘扬的精神，或是值得赞许的品格。

在评论中宣传亮点、表扬亮点，有利于树立榜样、净化社会风气、促进社会进步、陶冶人们情操。

例如，人民网发表的评论文章《在全社会弘扬勤俭节约精神》[①]，就称赞了北京冬季奥林匹克运动会后党政机关工作的亮点。

① 何娟 . 在全社会弘扬勤俭节约精神 [EB/OL].(2023-05-24)[2023-10-31].http://opinion.people.com.cn/n1/2023/0524/c1003-32693297.html.

北京冬奥会成功举办后一年多来，永久场馆赛后利用率达 100%；全国 70% 县级及以上党政机关建成节约型机关，在勤俭办公方面发挥示范引领作用；按需点菜，餐后打包，“光盘”日渐成为全社会的“新食尚”……如今，节约资源理念在越来越多领域得到践行，浪费可耻、节约光荣的社会氛围日益浓厚。

再如，中国青年网发表的评论文章《推动全民阅读高质量发展》①，对近年来我国公共文化服务工作的亮点给予了肯定。

高质量公共文化服务是推动全民阅读发展的关键，不仅需要政府的扶持和投入，还需要社会各界的积极参与和支持。近年来，我国打造了一批以公共图书馆 / 公共阅读空间、数字阅读平台、农家书屋为代表的公共文化设施，为全民阅读提供了舒适的阅读环境和丰富的阅读资源。与此同时，针对不同的读者群体，公共文化服务机构也在不断创新形式，定期开展多样化的读书活动，进一步提高了全民阅读的参与度。

二、质疑疑点，解释疑点

一起非正常事件的发生，是需要得到相应处理和解释的。但是，由于某些原因，有关责任人并未得到应有的处置，有些内幕并未揭开，有关机构给出的解释或结论难以服众。对这类新闻事件，新闻评论员就可以从疑点角度切入，质疑或释疑。

例如，2010 年 4 月 18 日《南方都市报》刊登的社论《看守所离奇死亡事件还要继续吗》②，就对看守所内非正常死亡事件的连续发生提出了疑问。

离奇命案频发是恐怖的，看守所里离奇命案频发尤其恐怖。因为看守所是执法之地，执法之地出现明显违法之事并且未能得到彻底追究；执法之人光天化日说谎话并且不了了之。这样的事件频发，当然伤害法律的尊严、伤害民众对法治的信心，一个社会对法治失去信心，还有比这更恐怖的吗？这样的事件频发，媒体已经曝光，舆论曾经高压，政府也表示过重视，但目前看起来都没什么效用，离奇案件还是一件接一件。

① 万忆 . 推动全民阅读高质量发展 [EB/OL].(2023-05-03)[2023-10-31].http://pinglun.youth.cn/wysh/202305/t20230503_14493874.htm.

② 南方都市报 . 看守所离奇死亡事件还要继续吗 [EB/OL].(2010-04-18)[2023-10-31].https://news.sina.com.cn/pl/2010-04-18/094620098273.shtml.

再如，沈阳森林野生动物园东北虎成批离奇饿死后，《新京报》2010 年 3 月 15 日刊登评论《东北虎之死背后是层层谜团》，指出了该事件的三个疑点。

谜团之一，……收入和投入应该足够支付经营成本。但就是在这种情况下，动物园不但缩减动物‘口粮’，还大面积拖欠员工工资。所以，每年不顾动物和员工死活的大笔收入流向了何方？

谜团之二，去年 12 月动物园的这块土地一度进行过拍卖，……老虎所生存的这块土地即将变更用地性质，甚至进入商业开发者的视野，到底有没有干系？

谜团之三，这所动物园虽然是民营企业控股，但是国有股份依然占有 15%……当地有关政府部门对入股的国有资产做没做充分的保护？政府有关部门到底是不作为，还是与动物园控股者存在暧昧关系？

又如，《新京报》2023 年 5 月 25 日发表的评论《这个本该回填的坑，怎么越填越大？》[①]，就指出了回填工程的疑点。

镇政府的项目交给企业做，应该有招标流程，项目资金、完成时限、验收标准等也该有统一规定。《政府采购法》第二十七条规定，“因特殊情况需要采用公开招标以外的采购方式的，应当在采购活动开始前获得设区的市、自治州以上人民政府采购监督管理部门的批准。”那么，这个回填工程，有没有经过正常的招标；如果没有，是否符合特殊情况，从而获得了相应的“批准”？这都要打上大大的问号。

三、指出难点，剖析难点

有些事项的开展，有些问题的解决，是存在难处、存在难点的。

如果其中的难处、难点，不是广为人知，甚至众所不知，那么，新闻评论员可以将这些难处、难点指出来，加深读者对有关事项、问题的理解，使读者更加理性地对待；而且，难点的解决往往需要集思广益，难点显露后，可“用众人之智，解千古之难”。

例如，《铁矿石谈判“中国模式”难在何处？》[②] 便指出了建立铁矿石谈判中

① 迟道华 . 这个本该回填的坑，怎么越填越大? [EB/OL].(2023-05-25)[2023-10-31].https://baijiahao.baidu.com/s?id=1766840903172729496&wfr=spider&for=pc.

② 刘涛 . 铁矿石谈判“中国模式”难在何处？ [N]. 东方早报 ,2009-10-19(A23).

国模式的三个难点。

首先，双方并非对等的两个博弈主体：一方是几乎铁板一块的全球三大寡头串谋，而另一方则是各怀心思的800多家中国钢企和上百家铁矿石进口商。

其次，所谓的“统一价”也将不可避免地在大型钢企、中小钢企、铁矿石进口商之间进行利益重新洗牌，它们是否还有足够动力积极参与谈判令人怀疑。

最后，将政治与经济问题混在一起，恐怕将成为铁矿石价格谈判今后面临的最大障碍，而无助于问题的解决。

再如，《入职一个月怀孕被辞退，婚育保障难题怎么解？》① 就揭示了女性怀孕维权上的难题。

《中华人民共和国劳动法》规定，用人单位不得因女职工怀孕、生育、哺乳等情形降低其工资和福利待遇、予以辞退、单方与其解除劳动合同。这本当是一件正常的法律维权事件，却引发了网友热议。有人认为该女子在骗薪；有人认为企业在苛责怀孕女员工；也有人认为，尽管该女子维权成功，但会使其他女生找工作变得更加艰难；等等。

法律的规定本是为了保护女性的权益，而如果某些有心之人利用这条法律，有预谋地故意隐瞒怀孕事实，公司接受了，那就可以一边拿工资一边悠闲地养胎；如果公司不接受，职工被辞退，就去举报投诉以期拿到赔偿，这对于一些小微企业就是灾难。这使得部分公司在招人的时候，为了尽可能地保障自身利益，给女性求职者设置了各种条条框框，让女性找工作变得更难。

四、指出误点或错点

误点，即失误之处。错点，即做错之处或看错之处。有些新闻事件或人物言行，存在着错误之处，评论员可以将其中的错误指出来，以便引起当事人、当事机构及其他人的注意。

如《新京报》发布的快评《拆除“一家烧火，全家坐牢”标语，更要清理连坐

---

① 汪小娟．入职一个月怀孕被辞退，婚育保障难题怎么解？ [EB/OL].(2023-05-22)[2023-10-31]. https://mp.weixin.qq.com/s/0qGDNlTkNKFMnpd9ZZn22Q.

思维》[①]，就对当地镇政府的不合理举措提出了批评。

现代社会治理的一个重要原则，就是权力、权利和责任有着清晰的法律边界，任何个体或者组织都不能凌驾于法律之上。镇政府有管理辖区内焚烧秸秆的权力，但这种权力不能恣意行使。若是无视法律强力推进，即便取得一定的效果，也只会在错误的道路上渐行渐远，不可能提高治理效能。

此外，政府依法行政，不仅仅是政府自身的内在要求，也会传导给社会一个信号。如果这个信号是积极的、正向的，则整个社会的法治意识就会增强，反之则不然。而从高墟镇目前的作为看，其所传递的信号显然是晦暗不明的。

五、指出或填补空白点

这里所说的空白点，主要是指忽视、忽略或遗漏的内容、方法、途径等。这些空白点，评论员可以指出或直接填补。

例如，关于教育改革，人们往往寄希望于行政主导，而在评论文章《期待以人大主导教育改革打破沉闷格局》[②]中，新闻评论员笑蜀则从“寄望于人大主导”这个空白点提出了新的思路。

以限制行政自由裁量权为目标的政学分开、管办分离，大方向完全正确，但是能否做到，却超出了行政主管当局的能力范围。以限制行政自由裁量权为目标的教育改革单指望行政主管当局，难免行之不远。这就需要强大外力。在当下，这外力应该首先和主要来自全国人大。这即是说，教育改革有待作为最高权力机关的全国人大的推动……我们期待全国人大此次会议，能以国家中长期教育改革和发展规划及整个教育改革为焦点议程，有认真的辩论和听证，有激烈的交锋和博弈，最大限度激起智慧的火花，给教育改革一个全新的天地，并带动全方位改革。

再如，评论文章《颜宁提出的“科研无忧”机制，为何值得期待》[③]，就对优化国内科研环境提出了设想。

① 龙之朱．拆除“一家烧火，全家坐牢”标语，更要清理连坐思维 [EB/OL].(2023-05-23)[2023-10-31]. https://mp.weixin.qq.com/s/03SW3qGaGDlpw-gZP7pluw.

② 笑蜀．期待以人大主导教育改革打破沉闷格局 [N]. 南方周末，2010-03-04(F29).

③ 熊丙奇．颜宁提出的“科研无忧”机制，为何值得期待 [EB/OL].（2023-05-22）[2023-10-31]. https://baijiahao.baidu.com/s?id=1766578295566367357&wfr=spider&for=pc.

打造“科研无忧”新机制，就是给科研人员创造全力投入研究的科研环境，不要在申请经费、使用经费、打造成果上耗费不必要的精力，只顾做自己感兴趣的科研。

而打造这样的新机制，关键在于要建立科研信任机制。政府部门、企业以及社会公众，要相信科研人员，要通过建立专业共同体，关注科研人员的科研能力与科研实际贡献，提升科研人员的学术尊严与学术荣誉感。

第三节　写好新闻评论的10个技法

为了让新闻评论生动翔实、有说服力，新闻评论员除了要有深厚的知识底蕴以外，掌握必要的写作技巧也是不可或缺的。本节介绍可使新闻评论生动翔实、有说服力的10个技法。

一、引用诗词名句

诗词，是我国文学史上的瑰宝，利用好诗词不仅可以为原本严肃的新闻评论添加一点古典韵味，让文章更生动、更雅致，还能很好地引起读者的情感共鸣。

例如，评论文章《以学增智，提高干事创业本领》① 中，就用到了“不畏浮云遮望眼”“乱云飞渡仍从容”等古诗词名句。

以学增智，要提升政治能力。在干部干好工作所需的各种能力中，政治能力是第一位的。有了过硬的政治能力，才能做到自觉在思想上政治上行动上同党中央保持高度一致，在任何时候任何情况下都能“不畏浮云遮望眼”“乱云飞渡仍从容”。开展主题教育，要善于从党和人民的立场、党和国家工作大局出发想问题、作决策、办事情，善于从繁杂问题中把握事物的规律性、从苗头问题中发现事物的趋势性、从偶然问题中认识事物的必然性，善于驾驭复杂局面、凝聚社会力量、防范政治风险，切实担负好党和人民赋予的政治责任，真正成为政治上的明白人。

再如，评论文章《选官与选对象》中，在谈论官员选拔机制的改进时，评论员

① 田宇 . 以学增智，提高干事创业本领 [EB/OL] .(2023-05-19)[2023-10-31].http://opinion.people.com.cn/n1/2023/0519/c223228-32690216.html.

就引用了诸葛亮在《便宜十六策》中的名句：“治国之道，务在举贤”。

二、引用俗语、歇后语、谚语、成语

例如，2005 年 5 月 9 日，美国《新闻周刊》发表文章称，驻扎在关塔那摩监狱的美军审讯人员竟然将《古兰经》撕碎扔进马桶冲走，以此来激怒受审的恐怖分子嫌疑人。对此，新闻评论员引用了中国的一句俗语指出其后果。

去年，美国为了取悦伊斯兰世界，改善因入侵伊拉克而遭到毁坏的国家形象，在海啸灾区卖力地救灾。如今，取悦伊斯兰世界的全部辛苦都打了水漂。正应了中国那句老话——“一粒老鼠屎，坏了一锅粥”。[①]

再如，评论文章《连续两年半夜敲墙报复邻居，不仅缺德还违法》[②]，引用了“千里家书只为墙，让他三尺又何妨”等俗语。

低头不见抬头见，邻里之间有点小摩擦是再正常不过的事。处理邻里关系，古时便有“六尺巷”的典故，“千里家书只为墙，让他三尺又何妨”，教人以和为贵，互相礼让。既为邻居，尤其要处好彼此之间的关系，出现问题与矛盾，也要在合乎法理与人情的尺度内解决问题，否则只会损人不利己。

三、引用流行语

流行语，是指当今社会中比较流行的词汇、句子、文字，包括流行歌曲歌词、热门电影电视剧的台词、流行的武侠小说的语句等。使用这种极具时效性的流行语，既时尚又能让读者在看到第一眼的时候会心一笑，增加继续读下去的兴趣。

例如，评论文章《招商引资不要“内耗”成了地方“互害”》[③]，就引用了“挖墙脚”“内卷”“血拼”等词。

招商引资是地方抓经济、强产业的有效手段。但《半月谈》记者近期在基层走访时发现，部分地方政府为争项目加码招商政策，对存量企业互相“挖墙脚”，“招

---

① 王卫明 . 一粒老鼠屎，坏了一锅粥 [N]. 华夏时报 ,2005-05-16（A10）.

② 罗志华 . 连续两年半夜敲墙报复邻居，不仅缺德还违法 [EB/OL].（2023-05-23）[2023-10-31]. https://baijiahao.baidu.com/s?id=1766612717678558471.

③ 星宇 . 招商引资不要“内耗”成了地方“互害”[EB/OL]. (2023-05-13)[2023-10-31].https://mp.weixin.qq.com/s/_sXtzsPSQyOOe_yOoxVQyw.

商内卷”有抬头之势，甚至“血拼”内耗成了地方“互害”。其中滋生出的政策无效耗损、“超常规优惠”等问题，不仅加剧了地方负担，更助长部分企业“短期套利”心态，不利于高质量发展。

再如，评论文章《通往幸福的一个站》①引用了流行歌曲《下一站天后》中的歌词、金庸武侠小说《碧血剑》中的话。

在智者面前，爱情才是实实在在的，一切名利不过是肥皂泡。蔡卓妍在《下一站天后》中唱道：“未必风光更好，人气不过肥皂泡。即使有天开个唱，谁又要唱？他不可到现场，仍然仿似白活一场……其实心里最大理想，(是)跟他归家为他唱。”这歌词也是道破了“爱情的重，名利的轻”。

在金庸武侠小说《碧血剑》中，“金蛇郎君”夏雪宜为藏宝图记载的宝藏，离爱人温仪而去，虽然最后寻得宝藏，但再也难见爱人一面，后来他在“重宝之图”上写道：“此时纵聚天下珍宝，亦焉得以易半日聚首，重财宝而轻别离，愚之极矣，悔甚恨甚。”夏雪宜留下最后的遗憾，就缘于没放弃“重宝”，若一早携了所爱远走高飞，何至于此？

四、引用学术理论或学术名词

运用这种方法，既可以增强文章的说服力，还可以让读者在阅读评论的同时增长见识。

例如，评论文章《呼唤另一种“转移支付”》②，就引用了财政学上的学术名词“转移支付”。

在财政领域，有一种旨在实现各地公共服务水平均等化的制度——转移支付，这是一种在政府间实行的财政资金转移制度。为实现对离乡学生的教育公平，中央财政、学生流出地财政有必要按照流出的学生人数，对流入地进行专项“转移支付”，做到学生“流出”到哪里，“转移支付”就跟踪到哪里。

再如，评论文章《鸭子烂了嘴巴硬》③，就引用了司法领域的学术理论“疑罪

① 王卫明．通往幸福的一个站 [N]. 厦门商报，2005-11-15（14）.
② 王卫明．呼唤另一种“转移支付”[N]. 嘉兴日报，2007-03-05(1).
③ 王卫明．鸭子烂了嘴巴硬 [N]. 华夏时报，2005-01-17（A10）.

从无”。

国际上有一个通行的司法原则，即“疑罪从无”。“疑罪从无”是指如果案件的证据未能达到证据确实充分、犯罪事实清楚的标准，即便有一定的证据，也应作出指控不足、犯罪不能成立的无罪判决，更不得以“莫须有”的理由制裁嫌疑人。……发动伊拉克战争是一个违反“疑罪从无”原则的典型例子。战前，布什政府在没有确凿证据的情况下，宣称伊拉克拥有大规模杀伤性武器，在没有得到联合国授权的情况下，悍然入侵伊拉克，侵犯伊拉克的领土主权。

五、引用可靠数据

好的新闻评论往往是令人信服的，这就要求有严密的论证，摆出的证据桩桩都是铁证，让读者信服；而精确、可靠的数据，就是最有说服力的证据之一。有时，评论作者可以通过自己的采访、调查获得第一手数据，写入评论文章。

例如，评论文章《管好用好补助资金，改善普通高中学校办学条件》[①]就引用了教育部给出的相关数据。

数据显示，2021年全国普通高中总数达1.46万所，在校生达到2605.03万人，分别比2012年增长7.97%和5.59%。在国民教育体系中，高中是一个特殊阶段。它既是连接九年义务教育和高等教育的重要纽带，也是提升国民整体素质和建设人力资源强国的基础工程。提升普通高中学校的办学条件和教育质量，对于学生的成长成才和未来发展意义重大。

再如，评论《红火景象下的楼市之忧》[②]，引用了来自国家统计局的翔实数据，给评论增加了可信度。

国家统计局公布的数据显示，2008年我国居民消费率仅为35.3％，不仅远低于美国的70.1％，也低于同属发展中国家印度的54.7％。国际金融危机的冲击警示，中国经济未来可持续发展必须依靠消费、投资、出口协调拉动。

① 殷雷．管好用好补助资金，改善普通高中学校办学条件[EB/OL]. (2023-05-13)[2023-10-31]. http://opinion.people.com.cn/n1/2023/0525/c223228-32694716.html.

② 王甘武，李代祥．红火景象下的楼市之忧[EB/OL].(2010-03-28)[2023-10-31].http://news.xinhuanet.com/fortune/2010-03/28/content_13265132.htm.

六、引用小故事、名人逸事

在评论中，穿插着讲一些小故事或名人逸事，会使新闻评论显得感性具体、通俗易懂、有趣味性，避免出现泛泛而谈的情况。

这类新闻评论带有写实的倾向，有时甚至称得上是叙事型评论：只叙述事实，不直接发表观点，但“此时无声胜有声”，观点不言自明。例如，《南方周末》评论版的“读者来信”，大多属于叙事型评论。

这里所说的“小故事”，可以是评论作者亲身经历的小事，也可以是其他人（非名人或名人）经历的小事。

这里所说的“名人逸事”，往往可以在名人传记、回忆录、纪录片中接触到。

例如，新闻评论《“平经济”时代来了》①，就引述了比尔·盖茨等名人的往事作为论据。

社会变革的每一次浪潮都会引起经济版图的巨变，而那些把握浪潮走向的人，将成为商界成功者。11年前，比尔·盖茨出了一本《未来之路》（*The Road Ahead*）。11年后，《未来之路》中的预测，部分已成现实。对《未来之路》这本书，有些人只是看了看，并没意识到其中天机（商机）泄露，而有些人（如创办阿里巴巴网站的马云）却顺着书中预测的方向，在经济上获得成功。

又如，评论文章《通往幸福的一个站》②，则引用歌手王菲的逸事说明了“懂得放弃的重要性”。

有人劝王菲，为什么一定要跟李亚鹏好。王菲说：“你知道现在让我有感觉去爱一个人，是一件多难的事吗？你说亚鹏他有可能骗我，有可能会辜负我，可是我如果一辈子都找不到爱一个人的感觉，那我多辜负我自己啊。”王菲抓住的是“爱一个人的感觉”，放下的是这爱情的结局，她没有辜负自己。王菲是一个懂得放弃的人，为了这份爱，她无限期退出娱乐圈。

又如，新闻评论《禁乞呼声中的法律观念误区》③中讲了马克思的一件逸事。

1841年12月24日，德皇威廉四世颁布了“新”书报检查令，青年马克思以

---

① 王卫明.“平经济”时代来了[N].天津日报，2006-05-12（18）.

② 王卫明.通往幸福的一个站[N].厦门商报，2005-11-15（14）.

③ 童大焕.中国钥匙[M].北京：台海出版社，2005：189-190.

其犀利的政治目光一眼看穿了这个“新”书报检查令的伪善面目，于1842年1—2月间写下了《评普鲁士最近的书报检查令》，一针见血地揭露了普鲁士专制政府的真正意图。

七、运用比喻等修辞

例如，新闻评论《梅西率阿根廷夺冠：一场艺术足球的胜利》①，就把梅西和姆巴佩分别比喻成“坦克”和“狙击手”。

梅西是欧洲足球工业流水线上的一次意外，姆巴佩则是这条流水线上的科技狠活。35岁的梅西遇上23岁的姆巴佩，就像坦克与狙击手对决。足球越来越像一款电子游戏，球员们的技能被量化为分值。球场不再有青草的气息，而是充满了数字电路的煳味。然而，梅西的脚触到大地，球场重新散发出青草的气息。

再如，新闻评论《统一教师着装，有这个必要吗？》②，将统一教师着装类比为要求爱吃零食的小朋友统一吃饭。

教师的着装问题，时不时会引发讨论。的确，丹东市教育局所称的“一部分教师在校着装五花八门，穿着随意，甚至是奇装异服，打扮怪异，或者邋遢”的现象少量存在，但这可以按照《中小学教师职业道德规范》对着装仪容“大方得体”的要求去管理，没必要要求教师着装整齐划一。

这就好比因为有小朋友爱吃不卫生的零食，就要求所有小朋友只能吃饭。问题的严重程度存在范围和解决办法的费力、费时、费钱程度，并不成正比。至于“未来趋势”的判定，很多网友表示并没有感受到，那么这又是如何看出的？可有相应的资料依据？对此，或许也可以有更多解释。

八、谐音处理

这种方法是利用有些汉字同音或近音，用同音字或近音字来代替本字，或者两

① 秦向前．梅西率阿根廷夺冠：一场艺术足球的胜利[EB/OL].(2022-12-19)[2023-10-31].https://baijiahao.baidu.com/s?id=1752603370439004342&wfr=spider&for=pc.

② 与归．统一教师着装，有这个必要吗？[EB/OL].（2023-02-18）[2023-10-31].https://mp.weixin.qq.com/s/sPcj-dI_07nDdW4IDkQBOQ.

字并列，由此产生别样趣味。写作新闻评论时，评论作者对新闻或观点中的关键字词有意采取谐音处理，可增加读者阅读新闻评论的愉悦感。

例如，新闻评论《闻“汛”而动，共护美好家园》①，在标题上就使用了这种技巧（“汛”与“讯”谐音）。

九、拆字、拆词

这种技法是将关键的字、词拆开，紧扣主题进行解释和演绎，这样处理不但可使文章具有较强的说服力，而且让人印象深刻，能够收到“悦读”效果。

例如，新闻评论《五一出游“人从众”，时刻别忘了安全这根金线》②，在标题上将“众”字拆分为“人”与“从”，既能反映五一出游的人数较多，还揭示了人们基于从众心理的出游动机。

十、通过采访获取第一手信息

目前，发表在新闻媒体上的许多评论，都是评论作者“宅”在室内依据媒体的报道写出来的，评论作者并没有到新闻现场采访，这是一种闭门造车型评论。

与此不同的是独家采访型评论，即新闻评论的选题、由头、事实依据，都来自评论作者的亲自采访；或者评论作者对有关报道进行了补充采访（有时需要实地采访），从而拿到独家的第一手资料；或进行了必要的核实。这样的新闻评论，其信息量、可信度、独家性都优于闭门造车型评论。

综上所述，掌握好新闻评论写作的10种技巧，并在新闻评论写作中适时运用，可起到给新闻评论增色添彩的效果。

---

① 郑岩．闻“汛”而动，共护美好家园[EB/OL].(2022-12-19)[2023-10-31].http://opinion.people.com.cn/n1/2023/0509/c223228-32682035.html.

② 杨末．五一出游“人从众”，时刻别忘了安全这根金线[EB/OL].(2023-04-29)[2023-10-31].https://mp.weixin.qq.com/s/4ZOpnkh-B_jGvCsSmHW9Uw.

第五章　不同题材校园新闻的采写技巧

第一节　喜事、荣誉类校园新闻的采写

喜事类校园新闻主要包括科研、教学、学科建设等方面的喜事，如举办校庆，高考获得佳绩，科研取得重大成就，学院升格为大学①，硕士点、博士点实现零的突破，等等。

荣誉包括个人荣誉、集体荣誉。荣誉类校园新闻内容主要包括本校获得的荣誉、本校教师获得的荣誉、本校学生获得的荣誉、本校职能部门获得的荣誉、本校社团获得的荣誉等，当然，还包括已毕业校友获得的难得荣誉。

由于喜事、荣誉类校园新闻具有正面宣传作用，这类新闻的线索可谓易得，采写这类新闻的阻力和障碍也极小。有关人士不但乐于接受采访，而且愿意提供采访便利。

一、线索来源

一般而言，学校网站往往会将本校的喜事、荣誉公之于众，这是凝聚人心、提升形象的需要。

在教育行政管理部门（教育局、教育厅、教育部等）、文化行政管理部门（文化局、文化和旅游厅、文化部等）、科技行政管理部门（科学技术厅、科学技术部、

① 例如，2010 年 7 月 17 日《光明日报》第 4 版刊登消息《沈阳化工大学揭牌》。

科学技术局等）、团中央、团省委、社会科学界联合会等党政机关和中央电视台等媒体机构发布的课题立项、优秀评选、项目遴选、感动中国十大人物候选等公告里，其中有些事关系到学校荣誉，可成为特定学校的喜事。例如，暨南大学教师苏炳添创造了 9 秒 83 的亚洲纪录。新闻报道者对其进行本地化处理和补充采访，就可以写出不错的校园新闻。

需要注意的是，有些喜事、荣誉，由于当事人过于低调等，并不公之于众，只有内部人士才知晓，这需要新闻报道者去挖掘。

一方面，通过与校领导、辅导员、普通教员、学生的当面聊天，新闻报道者有时可获得喜事、荣誉方面的线索；另一方面，如果新闻报道者在各类学校、各个学院有一些线人或通讯员，他们的报料也是很好的线索来源。

二、如何采访

对各种喜事、荣誉的采访，新闻报道者首先要通过多种渠道核实其真假，其次是要进行必要的补充采访和外围采访，以便了解喜事、荣誉背后的事件，搜集可丰富稿件内容的细节。

新闻报道者需要搜集的细节材料，包括可用于稿件的直接引语、现场环境的细节、有关人物的照片等。

近日，衢州二中 2001 届校友、美国罗切斯特理工大学计算机与信息科学专业教授汪琳薇正在推进针对心脏病的无创个性化医疗的研究，这项研究为她赢得了美国青年科学家与工程师总统奖（PECASE）。

汪琳薇 1984 年出生于衢州，从小成绩优异，初中、高中均就读于衢州二中。2001 年从衢州二中毕业，进入浙江大学就读本科，后到香港科技大学攻读硕士，并在2009年成为第一个在罗切斯特理工大学获得计算机和信息科学博士学位的人，如今留校为科技研究作贡献。获得这个荣誉，她感叹："我非常荣幸能获得此荣誉，作为一个在过去3年里，一直在探索科学和担当母亲角色之间寻找平衡的新手妈妈，这非常让我受鼓舞。"

听闻汪琳薇校友获此殊荣，汪琳薇母校的老师们都为她感到高兴。

高一班主任叶霜老师说："汪琳薇内秀，斯文，随和，和师生相处得很好。学习上肯钻研，有目标，很执着，咬定青山不放松，又学得很轻松。”

高二、高三期间的班主任舒金根老师说：“汪琳薇性情温和，言语不多，心态平和，待人诚恳，乐于助人，聪明好学，对遇到的问题能深入研究，追求彻底搞明白，曾回母校为学弟学妹们作讲座，受到好评。”①

如果某位教师或学生获得十分难得的荣誉，新闻报道者则可对其展开外围采访。外围采访是指围绕新闻人物，对新闻人物之外的其他人进行采访。

三、如何写作

喜事、荣誉类的校园新闻，既可写成消息，也可写成通讯或深度报道，既可做成纯文字报道，也可以做成图片报道。

喜事、荣誉类的校园新闻，在正文结构上往往是“新鲜事实＋背景资料”的形式。

喜事、荣誉类的校园新闻，既可紧紧围绕喜事、荣誉进行扣题写作，又可以喜事、荣誉为由头，进行跳出式写作。

例如，2010 年 5 月底，在中国建设银行“e 路通”杯第三届全国大学生网络商务创新应用大赛总决赛上，江西财经职业学院团队在全国 240 多支参赛队伍中脱颖而出，获专科组一等奖。《江西日报》记者和通讯员从“所获荣誉是学校内涵式发展的硕果”的角度对此进行了报道。

这是该院内涵式发展取得的又一佳绩。

该院在办学过程中，树立人才是第一资源的观念，实施人才兴校战略，着力打造一支师德高尚、业务精湛、结构合理、充满活力的高素质专业化教师队伍。截至今年 6 月，该院累计派出 200 多名教师到英国、美国、澳大利亚和新加坡的对口高校进行专业培训；所有教师实现了国内企业顶岗实践。该院还着力创新人才培养模式，构建了以就业为导向，以职业技能为核心，课堂教学、校内实训、校外实习三位一体，工学结合，校企合作的人才培养模式，学生综合素质明显提高。根据《全国职业院校就业质量调查报告》，该院学生就业能力名列全国财经类高职高专院校和江西省高职高专院校第一位。

---

① 浙江日报 . 衢州二中 2001 届校友汪琳薇获美国青年科学家与工程师总统奖 [EB/OL].(2019-07-24)[2023-10-31].https://baijiahao.baidu.com/s?id=1639920521132093020&wfr=spider&for=pc.

值得注意的是，有时候本校的喜事、荣誉，在校内也许值得热烈庆祝，在校外却未必如此。

因此，喜事、荣誉类校园新闻，在校园媒体也许可以写成长篇报道，在校外的大众媒体上却可能只以短稿的形式发表。这就要求新闻报道者在报道校园里的喜事、荣誉时，要站在大众和媒体的角度衡量其新闻价值，进而决定其报道篇幅。

当然，和其他题材的校园新闻一样，喜事、荣誉类校园新闻要特别注意可读性，以便引起编辑、受众的兴趣。

第二节　趣事类校园新闻的采写技巧

众所周知，趣事类校园新闻因追求单纯的趣味性而显得其重要性略小，但趣事类校园新闻是校园新闻不可或缺的组成部分。要想写好趣事类校园新闻，需要做到以下几点。

首先，选择一个合适的题材。可以从学生生活中发生的细微趣事着手，如课堂趣事、寝室趣事、爱情趣事、食堂趣事、社团协会趣事等，相关新闻有《一 90 后大一新生发帖欲出租爱情 试用期为 1 个月》《门前贴喜字　人民大学宿舍做娘家 见证女生出嫁》《大四女生齐聚男生楼下示爱 备雨伞防泼水》；也可以从大一点的方面入手，这种趣事类校园新闻通常影响力较大，如《“北大校猫”走红网络》。趣事类校园新闻选择的题材可大可小，但一定要有趣味性，有一定的搞笑情节，这里所说的具趣味性事情可以是单纯搞笑的事情，也可以是有一定生活哲理的幽默事情。

其次，拟制一个好标题。新闻的标题包括引题、正标题和副标题，如何拟制需要根据实际情况确定。做标题时，可以直述事实，如《大四女生齐聚男生楼下示爱 备雨伞防泼水》和《一 90 后大一新生发帖欲出租爱情 试用期为 1 个月》；可以用一些修辞手法，如《“北大校猫”走红网络》，用了拟人的手法，使得标题更生动、形象；可以借用当今流行的词语，如《“北大校猫”走红网络》中的“走红”，这些“潮词”的运用很有娱乐效果，且富有“摩登气息”；可以引经据典，在原有的基础上再改造一番；还可以套用一些趣味新闻标题的模板，如“史上最……”“雷人的……”等。标题的制作方法还有很多，这里不再一一列举。

再次，写好新闻导语。常见的趣事类校园新闻导语写作方法有以下几种：列举事件，即列举新近发生的有趣事件，将它作为一个引子，吸引读者去看正文，进而使他们了解整个事件；概括新闻事件，即对整个新闻事件作简要介绍，让读者看了导语后就能了解事件的大致过程；议论起兴，即作者先对某一趣味事件发表评论，再在正文部分将整个事件过程一一展现……

最后，安排好正文的结构及内容。关于正文的结构，这里分两种情况来阐述：其一，当新闻内容少，不需要分小标题时，常见的处理方式是，将整个趣味性事件列出，捕捉新闻人物，对其进行访问，再补充专家、群众、网友等人的看法。其二，当新闻内容较多，需要使用小标题使得文章更有条理、层次更清晰时，就要根据小标题来安排内容。总的来说，正文分为三部分：①趣事发生的过程；②对当事人的采访；③其他人对事件的评价或者态度。结构的安排具有灵活性，可以根据自己的需要组织。

此外，图片新闻形式的趣事类校园新闻也很常见，图片一定要有冲击点、趣味性，新闻报道者要通过一定的文字，简要地说清楚新闻事实。文字形式的趣事类校园新闻，有条件的话都应该配图，以使新闻更具生动性、可看性、说服力和真实性。

写趣事类校园新闻时，要注意几个误区：第一，新闻的真实性问题，不能一味追求趣味性而将事实夸大或者歪曲甚至编造事实，这种做法有悖于新闻道德，是绝对不可取的；第二，这里所说的趣事应该是积极的、向上的、有益于社会的，像低级的、黄色的趣事是不提倡的，不能为了迎合某些读者或者追求经济效益而走低俗化路线；写趣事类校园新闻不是为了纯粹的娱乐，而是要造就一定影响，折射社会现状、人生哲理或教育寓意等方面内容，这样才能使得新闻更具可读性，也符合新闻的社会功能。

第三节　科研类校园新闻的采写技巧

科研类校园新闻的报道对象主要包括：在校园内举办或有学校等学术机构参与

的科技活动、重大科研成果、新型技术、著名科研人士等。

科研类校园新闻，篇幅一般短小精悍，以介绍性文字为主，辅以议论性文字，文风客观，抒情成分较少。

科研类校园新闻的采写角度，主要有以下几个。

（1）介绍最新的科研成果、方法。

（2）宣传科研工作者的先进事迹。

（3）探讨科研机制的改进。

（4）揭发科研丑闻（如剽窃、抄袭）。

科研类校园新闻的意义体现在以下几个方面。

（1）推广普及科研成果。

（2）推动科研成果的应用和转化。

（3）提升本校本单位的知名度、美誉度。

采写科研类校园新闻，新闻报道者必须做到以下两点。

（1）新闻报道者应当站在客观的角度进行报道，准确运用学术语言，力求将采写对象（科研成果、新技术、科技活动）清晰而准确地呈现出来。

（2）新闻报道者应当有科普的态度，将科研成果、科研活动向受众作深入浅出的介绍，力求内容通俗易懂。

以下，我们详述采写科研类校园新闻时需要掌握的要领。

一、寻找新闻选题和线索

1. 实验室与其他科研活动现场

实验室是科研成果和创新技术产生的第一现场，如果新闻报道者能够经常光顾实验室，观察实验，并与那里的教师、学生交谈，就容易得到值得采写的科研类新闻选题。

现在高校的横向课题较多，一些应用型的科研项目，新闻报道者可到现场参观，从而获得有意义的新闻素材。比如，某高校心理学系与所在市公交总公司合作研究公交公司司机心理的调查现场。

2. 学校网站

学校一般会通过本校网站对外宣传重大科研成果、科研项目研究的最新进展及最终鉴定结果等信息。该类信息较为权威，但一般不够具体详细，新闻报道者可做采访的初步准备。

3. 教育厅网站、教育部网站及其他部委网站

这类管理部门网站，往往会在发布的公告、公示等文件中向公众告知科研立项、优秀成果评比等信息，可作为本地化新闻选题的来源。

4. 办公室

办公室是教师办公的场所，在教师（特别是科研骨干教师、科研秘书、教学秘书）有空时，新闻报道者与之谈论教师本人及其同事的研究成果，有时可得到好的新闻选题。当然，在面谈之前，最好做好相应的准备工作，如查阅背景资料、了解被访人等。

5. 期刊

国内外学术期刊（特别是权威期刊，如《自然》《科学》杂志）刊载的论文，有些是本校、本地师生投稿的，他们论文所涉及的研究成果有时就值得报道，有时能够在权威期刊发表论文本身就是新闻。

一些应用型研究成果，对社会有重大意义。比如，在某杂志上首次发表的全国大学生网上创业情况的调研报告，其调查结果对社会了解大学生网上创业情况具有很大的现实意义，这类研究成果就很有新闻价值。

6. 学术会议

学术会议往往会有著名学者出席，发布前沿的最新研究成果，是捕捉现场新闻点及活动花絮的好地方——只要新闻报道者有一双慧眼。

7. 社科处、科技处网页

在高校，社会科学处、科学技术处均是负责全国科研工作的职能部门，在这两个部门的网页上，经常会出现本校的科研信息，如课题立项、成果获奖、学术讲座、项目申报等。这些信息可以成为科研类校园新闻的选题来源。

二、如何采访

采访前，新闻报道者要做足案头准备工作，以便对有关学科有较好的了解，对有关的科研人士有较深的认识，理解科研成果的创新之处、现实意义、理论价值。这可以通过查阅有关资料、咨询有关领域专家、采访周边人士、迅速学习有关知识来获得。新闻报道者应当积极搜索尽可能多的第一手资料，这可能需要一些行业内部人士的帮助，平时可建立这方面的联系。

采访时，新闻报道者要设法见到研究成果的原件、第一手资料，并与研究成果的作者面谈。方便的话，可以带上内行人士（如相关专业的教师或学生）作为采访助手或“智囊军师”。

需要注意的是，对于专业问题，一定不要不懂装懂，要虚心请教，只有搞清楚才可能写清楚。

三、如何写作

1. 交代必要的背景信息

新技术的发明、新成果的发现并非偶然事件，而是建立在长时间的研究和原有理论基础之上的。因此新闻报道者在采写科研类校园新闻的过程中，不能想当然地把事件生硬地抛给读者，而是应该本着严谨负责的态度，尽可能地交代清楚技术的研发过程、成果的全面性能等。尤其是当读者为在校大学生时，必须考虑到学生专业的差异，否则新闻很可能变成故弄玄虚之作，这将不利于实现良好的传播效果。

例如，在《我国科学家首次实现远距离自由空间量子隐形传态　向全球化量子通信迈出重要一步》[①] 这篇报道中，新闻报道者在交代该科研成果时，还介绍了关于该项研究的历史渊源。

量子隐形传态是一种全新的通信方式，它传输的不再是经典信息而是量子态携带的量子信息，它是未来量子中继器量子通信网络的核心要素。在量子纠缠的帮助

① 中国科学技术大学物理学院 . 我国科学家首次实现远距离自由空间量子隐形传态 向全球化量子通信迈出重要一步 [EB/OL].(2010-11-03)[2023-10-31].https://physics.ustc.edu.cn/2010/1103/c3586a35590/page.htm.

下，待传输的量子态如同经历了科幻小说中描写的“超时空传输”，在一个地方神秘地消失，不需要任何载体的携带，又在另一个地方神秘地出现。这个奇特的现象引起了学术界和公众的广泛兴趣。1997 年，奥地利 Zeilinger 小组在室内首次完成了量子隐形传态的原理性实验验证，成为量子信息实验领域的经典之作。2004 年，该小组利用多瑙河底的光纤信道，成功地将量子隐形传态距离提高到了 600 米。但是由于光纤信道中的损耗和退相干效应干扰，传态的距离受到了极大的限制。

丰富的信息量及对过往研究的概括，能帮助读者更好地了解新发现的伟大之处，理解其重要意义和作用。

2. 注意语言的趣味性和易读性

科研类校园新闻所报道的是科学研究成果、创新技术及发明等，但这并不意味着在报道此类新闻时，新闻报道者只能选用干巴巴的语言；也不意味着新闻报道者可以“偷懒”，仅仅摘录相关人员提供的资料。

新闻报道者在采写科研类校园新闻时，在不妨碍信息准确性的前提下，应当竭尽所能地应用生动的语言阐述信息，必要时可增加对成果展示现场的描述，以增强新闻内容的可读性。

例如，在《昌大学生制成迷你高空逃生器 安全可投入实践》[①] 一文中，文章的开头写道：

近日，在第三届江西省大学生机械创新设计大赛上，一段“跳楼秀”视频震惊了在场的众多师生：两个小伙子分别从近 5 米高的窗台上跳下，安全着陆。而保证这两个小伙子安全着陆的秘密武器，竟然是一个外形酷似小提琴、净重只有 8 千克的小玩意，名字叫高空逃生器。

新闻报道者将高空逃生器在比赛中的展示称为“跳楼秀”，并给予了较为详尽的现场描述，以吸引读者阅读，帮助读者更好地了解逃生器的作用。

3. 必要时“借图说话”

与文字相比，图片在对事物及其原理的阐述方面，有着更加生动、易懂的优势。因此，在阐述成果的原理或是较为抽象的科学理论时，新闻报道者可以配上图片，

---

① 张海光 . 昌大学生制成迷你高空逃生器 安全可投入实践 [EB/OL].(2010-06-19)[2023-10-31]. http://m.ncu.edu.cn/ndyw/39039b360fdc4a3bb2d5fc351e614be5.htm.

以便达到更好的传播效果。例如，在《大学生研制“逃生楼”遇到火灾自动变形》一文中，就配有“火灾自动救援示范楼体”的仿真模型图。

4. 注意新闻的现场感

科研类校园新闻不是将科学概念和数据照搬照抄，而是将原本机械的东西以生动的面貌还原给读者，因此，增强新闻的现场感是非常必要的一个手段。新闻报道者在学术会议、成果发布会的现场，应当留心观察，可以从现场花絮着手撰写稿件，以提高读者的阅读兴趣。

5. 多使用直接引语

直接引语并不是严谨客观的科研类新闻的对立面，相反，直接引语的恰当运用，可以使文章出彩、出新，也可以表达新闻报道者的立场。

例如，《一项科研成果 十年“待字闺中”》一文中，在描述科研成果转化的艰难过程时，新闻报道者引用了事件主角的原话：“我希望能为普天下的母亲减轻痛苦，但我的科研成果却苦于找不到‘婆家’。” 这种引用一方面能引发读者的阅读兴趣，另一方面也能揭示深层次的问题，暗含新闻报道者的立场和思想。

6. 重视描写细节

有细节的新闻才有力量。科研类校园新闻需要通过大量细节来构建完整的科研图画，否则将会言之无物。在具体写作过程中，与其大肆渲染一项成果如何具有伟大意义，不如将其创新点一一罗列出来，最好能指出其在实际生活中的应用。这样的描写，才能真正地传递有效信息。

7. 适时运用修辞手法

修辞手法的运用能够将复杂的科学原理或特殊数据转化成常见事物，有助于读者理解文章内容，使整个文章显得平实。

在《海大“种”出人角膜内皮 盲人有望种植角膜复明》① 一文中，新闻报道者引用了中国海洋大学海洋生命学院副院长樊廷俊的话，“其实，角膜组织工程说白了，就跟种地一样”，并就这种“修辞”作出了解释。

农民种地需要地和种子，角膜组织工程也需要“地”和“种子”，“地”就

① 海大“种”出人角膜内皮 盲人有望种植角膜复明 [EB/OL].(2009-10-12)[2023-10-31].http://news.ouc.edu.cn/2009/1014/c86a78747/page.htm.

是载体支架，“种子”就是细胞，要培养足够多的细胞，然后把细胞“种”到支架上让其很好地生长，并且能顺利移植进人体内。

这样通俗易懂的解释，能让读者真正明白，能让读者觉得有所收获。

8. 多借他人之口进行评价

有些评价性的话，由“外行”的新闻报道者来说会显得不负责任且不具有说服力，因此，最好的方法是采访到相关人士，如专家、学者、研发人员等，对某项成果或技术进行评价。

例如，在《首台国产万亿次高性能计算机研制成功》① 一文中，新闻报道者就将“评价该计算机研制成功的意义”这项任务交给了专家。

专家称，KD-60 万亿次机的研制成功，是高性能计算机向个人化方向发展的又一次重要进展，为最终研制出微波炉大小的桌面个人高性能计算机奠定了良好基础，并确立了国产高性能通用处理器在高端并行机应用中的重要地位，为我国未来研制国产千万亿次计算机和提高自主创新能力提供了示范作用，对推动国产高性能计算机事业的发展和国家安全具有重要的战略意义。

9. 贴近现实，贴近读者生活

新闻内容与现实的贴近性指的是要考虑信息接受者的身份及所在地域。新闻报道者在采写科研类校园新闻时，应当多报道所在学校的科研活动。

例如，《南昌大学三项成果亮相低碳与生态经济大会》，新闻报道者在报道低碳与生态经济大会这一新闻事件时，并没有局限于大会本身，而是选择了与南昌大学相关的一个角度——三项科研成果的成功发布，并使用了“好评”“亮点”等倾向性词汇，同时交代了南昌大学在该领域所作的努力。

这种有选择地切入报道，能够让读者迅速明确新闻点，使得整个报道具体、生动，而不会言之无物。

当然，选择能引发读者共鸣的新闻点，除了要考虑目标读者的身份以外，还要准确把握科学研究趋势，这需要新闻报道者与科研人士、机构、专家等保持频繁联系。

---

① 李陈续 . 首台国产万亿次高性能计算机研制成功 [N]. 光明日报，2010-05-04（1）.

四、参考资料

要想掌握科研类新闻的采写技巧，新闻报道者可以多研读科技新闻奖获奖作品和《科技日报》《中国科学报》《光明日报》等媒体的相关作品，浏览高校网站的科研类新闻栏目[①]以及刊载学术论文的网站——中国知网。

第四节　会议类校园新闻的采写技巧

校园会议，主要包括行政会议、学术会议两种类型。

关于这两种会议新闻稿的采写要求和技巧各有不同。

总体而言，学术会议的信息含量通常较大，与常规的行政会议相比，更加容易成为新闻。

一、选题来源

采写会议类校园新闻，首先必须知道哪里有会议，然后才好决定是否采写。

除非是紧急的临时会议，会议组织方一般都会提前通知有关人员。

以高校为例，如果新闻报道者在各个学院、处室及学校办公室都有可提供新闻线索的线人（或通讯员），或者新闻报道者本人是学生通讯社、校报、校园网等校园媒体的工作者，或者新闻报道者可以进入学校办公内部网，就容易知道会议召开的时间、会议地点、会议主题、与会者。

有时，寝室宿舍楼、办公楼的公告栏也会贴出相关的会议通知。

如果是学术会议，有关的专业网站（如中国学术会议在线网站）也会预告学术会议。

此外，许多学校的网站都会开设公告专栏或者其他栏目，对各类重大会议广而告之。

① 例如，江西理工大学官方网站《江理新闻》栏目（https://www.jxust.edu.cn/index/jlxw1.htm）。

二、采访要领

采写校园内的会议新闻，新闻报道者必须对会议主题、主要内容、会议议程、会议程序，以及出席会议的重要人物的姓名、职务、职称有准确的了解，光是道听途说不去核实确认肯定是不行的，否则可能出现新闻失实或其他不必要的麻烦。

新闻报道者在会议开始前的准备工作非常重要。一般而言，会议召开之前，会议的内容、议程、主要人物的发言稿都已经准备好了。新闻报道者要设法找到会议主办方，在会议开始前获得上述信息，这对于抓住会议中的重要信息非常有帮助，也便于新闻报道者会后立即发出新闻，提高新闻的时效性。

在会议上，新闻报道者须对会议的精彩之处、感人之处、创新之处、特别之处多加注意，因为这 4 个方面往往就是新闻点。

新闻报道者参加会议，特别忌讳中途退场。因为在会议的后半场，可能会出现意想不到的新情况。除非新闻报道者另有任务，或者有其他事情必须离场处理，否则就要全程旁听会议——可以一边听会，一边写稿。

在会议过程中，新闻报道者要观察、倾听、记录，在会前会后还可以对有关人士提问，或与有关人士攀谈。

采访时，除了索取会议通稿和会议材料以外，新闻报道者还要尽量多采访出席会议的重要嘉宾（通常是权威专家或党政要人），大胆向其索要名片或联系方式。这样做既便于会后的补充采访和核实，又便于日后的继续联络。也许有一天，新闻报道者可以就其他话题采访当时的重要嘉宾。

三、写作要领

会议新闻的写作，必须注意校媒、党报写作风格、用稿倾向与大众媒体的不同。

对校园媒体而言，校领导的姓名、职务，必须写在稿件的突出位置上，而且要注意领导排序不能错。但是，对大众媒体而言，校领导往往不是新闻点和宣传点，这时，校领导的姓名、职务无须特意突出表述，甚至不用出现在稿件中。

会议新闻的写作，大致可以从以下 3 个方向着手。

1. 紧紧围绕会议主题写

这种写法的前提是会议主题很重要或很吸引人。一般而言，不能面面俱到地报道或者记流水账似的报道，而应该进行摘要式写作或撷英式写作，对会议的精彩片段、精彩环节、精彩内容突出、重点报道，对其他内容则可一笔带过甚至不写。

特别需要提醒的是，不要使用“纷纷表示”“一致认为”之类的话语①，因为这样写会造成新闻内容失实。

如果条件允许的话，最好多写一点现场细节，多用一些直接引语，忌通篇都是间接引语。

2. 围绕会议程序、规则写花絮

采用这种写法的前提是会议程序、规则比较特别。

例如，请普通教职工坐在主席台或前排，或者很多人无故缺席，或者会议时间极短，或者站着开会，出现这类特殊的情形，新闻报道者可以将其作为报道重点来写。

3. 跳出会议写会议

如果会议本身毫无亮点，新闻报道者就可以采取这种写法，去寻找会场外的亮点，这时会议本身成为新闻的线索，变成新闻的配角，或是新闻的背景、由头。

比如，会议主题是大学生就业，但会议内容并无明显的亮点，新闻报道者可以以这次会议为由头，引出大学生就业的相关话题（如“学业怠则就业难”），在会场之外的寝室、教室、办公室、实验室等处，对在校大学生、教师等展开大量采访，进而形成新闻稿。

有时会议中会透露一些重要信息，新闻报道者可以只抓这些信息集中报道，会议反而成了由头。比如，某篇新闻的导语是这样写的。

“研究生楼的主体建筑有望在 2012 年底完成封顶。”昨天，在一次常规的全校研究生工作会议上，学校分管后勤的副校长赵某某在讲话中透露道。

随后正文围绕研究生楼的建设情况、规划设计等进行展开报道。

标题可写为《××高校研究生楼主体建筑有望 2012 年封顶》，对召开的这次会议本身则可淡化处理——略写，甚至一笔带过。

无论是哪种写法，都可以采取点面结合、会场内会场外相结合的方法，这样更有可能写出优秀的会议类校园新闻稿件。

---

① 例如，来自祖国四面八方的新生代表此刻纷纷上台表达了他们各自的心声。

第五节　讲座类校园新闻的采写技巧

写讲座类新闻，要有现场感，而且现在的新闻有故事化的趋势，写讲座就是要突出现场你想突出的，抓住讲座当中很精彩的一点或几点，放大写就行，不用报告人说的话都面面俱到地写上去。

还有就是，在写之前想一下，读者想通过我的报道了解什么，再想一下用什么样的方式能吸引读者，也就是说要有故事在里面，而且我觉得特别是导语，要把最吸引人的地方、让人最感兴趣的东西写出来，不拘泥于单纯地写时间、地点、人物、事件。内容很多，最好加小标题，多分段。

——记者冷宇

为了丰富学生的课余生活，使学校的人文气息更浓厚，高校往往会邀请一些名人、学术权威人士来学校给学生做讲座，讲座有些是学术交流类的，有些是与大学生生活密切相关的，有些是与社会热点问题紧密相关的，这些讲座可以指导大学生过好大学生活，了解学术前沿、国家走势。大学讲座可谓不可错过的盛宴，讲座类校园新闻也是了解大学生生活的“窗口”。讲座类校园新闻一般可以分为名人类、学术类、热点类、文化类、论坛类等。那么，如何写好讲座类校园新闻？

一、讲座开始前的采写准备

新闻报道者在获得讲座消息后，首先，应该查找与演讲者和演讲话题相关的材料，通过公开信息、相关报道，大致了解演讲者的成就、影响力等。

新闻报道者在查阅到一些资料后，拟出初步的采访提纲，带好采访工具，尤其不能忘记带录音工具，因为报道中如果需要用演讲者的引语，新闻报道者可以通过录音还原演讲者的讲话。

此外，新闻报道者最好提前到达会场，可以先和主办方交流，了解出席讲座的人员情况，获得一些关于演讲的详细资料。如果演讲者提前到达，条件允许的话，可以单独和他交流。

演讲中经常会有互动提问环节，要抓住机会提出自己想问的问题。讲座开始前应尽可能地占据有利的提问位置，必要时可以穿醒目些的衣服，以便使主持人尽早发现你。

二、嘉宾演讲时的采写要领

在嘉宾演讲过程中，新闻报道者可以通过速写方式记下演讲者的原话，录好音。如果演讲者说了一些难以理解的内容，新闻报道者要在有疑问的地方做个记号，在演讲结束后问清楚。新闻报道者还需要细致地观察演讲者的服装、举止，演讲的环境，估计听众的数量（可以数座位或向保安打听）。新闻报道者应该注意听众的反应，记下演讲者有没有感情流露；如果有感情流露，记下是什么时候表现出来的，由此可以针对这些在演讲中或演讲后向演讲者提问。此外，新闻报道者还要特别注意新的内容，如演讲中出现的戏剧性时刻。

三、嘉宾演讲完毕后的采访要领

嘉宾演讲完毕后，新闻报道者要争取获得专访演讲嘉宾（往往是权威专家或党政要人）的机会，大胆向其追问或核实讲座内容的有关细节，并索要名片、联系方式。

四、撰写讲座类校园新闻稿

将一个乏味的讲话写成一篇有趣的报道很难，好的策略是使用足够多的引语，特别是有个性的话。

关于标题，要有个性，有震撼力，能牢牢抓住读者的眼球，如《广州日报》在报道畅销书《谋生》作者王志纲的演讲时，用《再不谋生就来不及了》做标题，犹如一声惊人的呐喊。再如，《李开复高校演讲遭雷　个别学生被指没素质》，标题中运用当下流行语“雷”，使得文章个性飞扬。

至于导语部分，多采用倒金字塔式结构，以简短的概括式导语开始，强调演讲重点。可以用直接引语，尤其是可把有个性的语言放在开头，以达到先声夺人的效果，从而吸引读者往下看。一般而言，导语部分适合放最有感情、最有新闻价值的信息。

跳出讲座写新闻是一种值得尝试的讲座新闻写法。一般而言，读者对正统演讲的流程并不感兴趣。新闻报道者可以用自己敏锐的目光去捕捉一些细节，写一些有关讲座新闻的花絮。例如，俞敏洪在参加上海财经大学的“名人面对面”高校活动时，频频有学生向他递交简历；李开复在华南理工大学进行题为《成长中的十个启发》的专题演讲时，被点到提问的同学的发言屡屡“雷”到听众，这些都是可写的很不错的花絮。

写讲座类校园新闻并不难，但要把讲座类校园新闻写活并不是件易事。一般性的讲座类校园新闻包括的信息有听众的数量、演说地点和时间、演说场景、演说的背景、演说的要点与精彩的引语、听众的反应，以及演讲中出现的戏剧性时刻。

有时，新闻报道者可以对讲座嘉宾进行专访，单独形成一篇新闻稿。例如，2010 年 8 月 13 日，应江西日报社的邀请，清华大学国际传播研究中心主任李希光教授给数百名新闻工作者讲授《新传播环境中记者的知识更新》。会后，《新法制报》记者王文对李希光进行了专访，并最终写成了数千字的人物专访新闻稿《李希光：好新闻改变市民生活》，该新闻被发表在 2010 年 8 月 17 日《新法制报》的第一版和第二版。

第六节　招生类校园新闻的采写技巧

招生类新闻在校园新闻中占有相当大的比重，每年的招生新闻都是媒体必做的选题，且竞争越来越激烈。在这种情况下，怎样让自己采写的招生类新闻脱颖而出？这是每一个新闻报道者都不可避免地要思考的问题。本节就招生类校园新闻的采写进行详细介绍。

一、招生类校园新闻的选题来源

选题来源是采写新闻的基础。选题来源的渠道越广，表明新闻报道者采写到优质新闻的概率越大，对招生类校园新闻而言也不例外。要想获得最新的独家新闻线索，就一定要充分了解获得招生类校园新闻的渠道有哪些，并且想方设法增加渠道。

以下是寻找招生类校园新闻选题的常规渠道。

1. 招生办和教育管理部门（教育局、教育厅、教育部等）

招生办和教育管理部门是获取招生类新闻的最基本的渠道。招生的最新信息、招生政策的变化等，都由此公布。时刻关注这里的一举一动以及一些细微的变化，都可能使新闻报道者采写出一篇好的招生类新闻。

2. 招生文件

研读每年的招生章程是每个采写招生类新闻的新闻报道者必做的事情之一。例如，2007 年 4 月 13 日，《中国青年报》发布的一篇名为《部分高校招生章程与教育部规定冲突》的新闻，就是新闻报道者在研读招生章程的基础上结合实际写出的。因此，各种各样的招生文件是重要的选题来源。

3. 招生频道和网站

除了电视上的招生频道，新闻报道者还可以关注招生网站，以了解历年来各地的招生情况，从变化中寻找新闻。

4. 各类招生会议

每年各地都会举办各种各样的招生会议，安排招生工作，汇报招生情况，等等。这也是一个不容忽略的点。还有一些中招、高招等招生咨询会也很重要，新闻报道者通过参加这类咨询会，了解家长和学生的最新诉求，就可以把新闻点放在他们的诉求点上，如荆楚网采写的消息《武汉市高招咨询会：中低分考生也能选到好专业》，就是一个很好的例子。

5. 公安部门或法院

即使现在招生系统正在逐步完善，但每年招生类的负面新闻还是会不断出现，有时就要将事情的真相公之于众。因此，新闻报道者可以从公安部门或法院公开的一些最新信息或资料中寻找新闻选题，对一些负面新闻进行深入报道。

6. 报料热线

报料热线也是获得招生新闻的一个渠道。有关 2005 年河北东光县实验小学招生怪事的新闻就是有人拨通《燕赵都市报》的新闻热线报料后，新闻报道者才开始报道的。

二、招生类新闻的深度采访要领

在招生类新闻中，很多都需要深入报道，对这类需深入报道的新闻，新闻报道者在采访时需要注意以下几点。

1. 尽量独立采访

因为不同的新闻报道者对同一个新闻关注的角度不同，工作方式和节奏不同，所以，新闻报道者尽量独立采访，如果共同采访反而会互相牵制，影响效果；尤其是调查采访一些负面新闻时，共同采访目标太大。

少让当事人陪同采访，尽可能使对每个当事人的采访都是没有第三者在场的独立采访。新闻报道者的行程不要让别人掌握，否则容易变得被动。

2. 反复采访，平衡报道

很多事件都包含着对立方，在不可能让对立方同场辩驳的时候，就需要新闻报道者反复验证，对一个采访对象一而再、再而三地采访；而且为了使报道公正准确，新闻报道者必须兼顾矛盾双方，从不同的消息源获取信息，平衡报道。

3. 平等对待采访对象

不要带着过于鲜明的感情色彩采访，在采访中应给予每一个采访对象人格上平等的尊重。

4. 采访不要太急功近利

有时候采访就是聊天，新闻报道者应该让采访对象感受到你的诚意。不要让采访对象感觉你就只是想机械地完成采访任务，而不是想耐心地听他的说法。

5. 要有质疑精神，敢于打破砂锅问到底

新闻报道者采访时一定要找相关部门反复核实信息，在信息确认无误后才能发稿。

6. 要学会保护自己

在采访中，新闻报道者应该全程录音（当然最好是先征得对方的同意），而且要尽量让采访笔记更加全面详细（原则上要求记录原话，如果条件不允许，可以简略写，但是不能改变原意）。

三、招生类校园新闻的写作

在有了新闻选题来源并充分采访之后，新闻报道者要注意的就是招生类校园新闻的写作问题了。招生类校园新闻的写作需要注意以下 3 个方面内容。

（一）招生类校园新闻写作要有明确的主线

构思是写作的基础，而明确的主线便是有一个清晰独特构思的体现。

提笔前，新闻报道者一定要想好自己准备写什么，确定中心思想，通常中心思想体现在标题上，这就要求新闻报道者一定要取一个恰当的标题。接着新闻报道者要考虑怎样写，为文章搭好架子，确定明确的主线，这在写一些长篇的深入调查报道或通讯时尤为重要。

比如，2009 年王佳俊的冒名顶替事件，是一个由于招生制度不健全引发的事件。这一事件曝光后，很多媒体争相报道。因为这个事件追溯的时间很长——从 2004 年的高考开始，而且牵扯到的各个方面的人很多，因此在写有关这个事件的深入调查报道时，厘清一条主线就显得特别重要。与其他媒体的调查报道相比，《中国青年报》的一篇名为《冒名顶替上大学事件内幕调查》的深入调查报道，其结构就很清晰明了。在这篇调查性报道中，新闻报道者摆出与这个事件有关的各方言论，包括邵东一中、邵东县教育局、邵东县公安局、联合调查组等，并将它们分别作为文章的小标题，之后将事实客观地摆在读者面前，让读者一目了然，引发读者思考新闻发生的原因究竟是什么。

因此，在谈具体新闻写作时，新闻报道者必须想好：我要写什么，我准备怎样写。

（二）找好新闻写作的角度

同题竞争，贵在选取好的角度。一篇好的新闻报道，在把事实告诉读者的同时还能提出问题，引发思考。新闻写作的角度有时是在采访前确定的，有时是在采访中确定的。但所有的角度都必须有事实的支持，对于采访前确定的角度，若采访获取的事实不支持，就只能另换角度，尤其是在涉及一些敏感问题时。

纵观招生类校园新闻，我们可以发现很多新闻报道的事情是一样的，但因选取的写作角度不同，最终呈现的新闻也就不同。比如自主招生，自从 2003 年实施这项政策以来，媒体对这项政策的相关报道就持续不断。在这样一种激烈竞争的环境下，要想让新闻稿件吸引受众的眼球，除了挖掘独家新闻以外，找到一个好的新闻角度也十分重要。《扬子晚报》在 2006 年 11 月 6 日发表了一篇名为《高考自主招生如何才能保证其公平性》的评论，主要从自主招生的公平性方面着手；而2006年11月7日，《中国青年报》发表的评论《自主招生，不如给大学自主录取权》从自主招生给大学造成的一些问题的角度入手。同是评论，同是自主招生的选题，角度多样化了，新闻也就多样化了。

（三）选择多样化的新闻体裁

新闻写作的体裁有很多种，最常用的是消息、通讯和评论三种。写作体裁的不同决定了新闻的不同，因此，面对同一个选题，采用不同的新闻体裁进行写作，也是让招生类校园新闻不落俗套的一个好方法。

比如，2009年10月25日，成都市出台了一项政策，即《关于进一步规范办学行为，深入推进素质教育，促进中小学生健全成长的若干规定》，这项政策的出台与招生工作密切相关。2009年10月26日，《成都晚报》发表了一篇名为《“五个禁止”遏“疯狂奥数” 成都全面清理规范招生》的新闻，采用的是通讯这一体裁。之后成都教育改革引发全国热议，各种各样的评论类新闻纷至沓来，如《东方早报》的《2700条反对意见亦是坚持成都教改的理由》、《承德晚报》的《成都教改在争议声中》、千龙网的《给“成都教改新政”以掌声和鲜花》等。虽然针对的是同一个事件，但由于写作体裁的改变，新闻也随之改变。

选择多样化的体裁进行写作，不仅可以更全面地报道某一重要事件，还可以让受众多角度地思考新闻事件，增强新闻的可读性。

当然，想要把招生类校园新闻写得更出色，更为受众所关注，最关键的还是在于新闻报道者本身有良好的基本素养。只有一个好的新闻报道者，才可能写出一篇好的新闻。强烈的社会责任感、深刻的怀疑精神、充分的知识积累、敏锐的新闻嗅觉等，都是一个好的新闻报道者所必备的素质。因此，要想把新闻写好，我们必须锤炼自己，培养优秀新闻报道者的必备品质。

第七节 就业类校园新闻的采写技巧

随着高校扩招和毕业生数量逐年增加，高校毕业生就业压力不断增大，国家、政府、社会各层面越来越重视高校毕业生的就业问题。政府出台了许多有关高校毕业生就业的政策，从中央到地方乃至各个高校都设立了就业指导服务中心，以加强对毕业生就业的引导，大学生就业问题达到了前所未有的关注高度。就媒体而言，许多媒体都开设了就业专栏，专门提供就业新闻、就业信息、就业指导等服务。例如，中国新闻网教育频道专门设置了《就业风向标》栏目，新华网的职场频道囊括了许多就业和职场新闻，《广州日报》设有“职场周刊”版面，等等。在就业类新闻中，校园内的就业新闻又占了很大的比例，校园内有关就业的活动、事件、人物等都可以作为就业类校园新闻的素材。本节将围绕如何寻找就业类校园新闻以及如何采写此类新闻等方面展开叙述。

一、新闻线索

以下是几类校园新闻内容，从中我们可以发现采写这类新闻的相关线索。

（1）有关学校促进就业的政策和措施，如《清华大学化挑战为机遇积极做好毕业生就业工作》（新华社）。

（2）有关就业的校园活动和讲座，如《南大学子“抱团求职”演练简历制作相互提建议》。

（3）有关校园招聘会，如《万人赶场人民大学招聘会》。

（4）有关就业指导，如《谨防“痛快一时痛苦一世”》。

（5）介绍校园就业人物，如《1.4 米，矮小伙求职频碰壁》。

（6）有关校园就业事件，如《就业工作“外包”给民企引热议》。

（7）有关求职感悟，如《女大学生求职感悟：抱怨歧视不如准确定位》。

（8）校园就业综合新闻，如《考研学子“调头”赶搭求职车》。

（9）有关就业调查，如《高职院校就业调查：职校毕业“当老板”支持率 89.2%》。

由此可以看到，就业类校园新闻繁多，内容种类多样。在采写这类新闻时，新闻报道者要注意从各个渠道获取新闻线索，从各方面收集信息，如可以从国家政策、学校就业处、学生个人、招聘会现场等获取相关信息。

具体就招聘会而言，招聘会是就业类校园新闻中常见的报道对象，新闻报道者从校园招聘会上可以获取很多有用的信息。

以《京华时报》发表的一篇名为《万人赶场人民大学招聘会》的报道为例，它既写了中国人民大学招聘会的概况，又报道了相关的招聘单位、应聘者等信息。这说明在招聘会上，现场、招聘方和应聘者都是新闻线索，都可以作为新闻来源，新闻报道者要注意从中挖掘新闻。因此，新闻报道者要注重培养自己的观察能力和新闻敏感，时刻注意身边的人和事，并通过各种关系和线索收集信息，获取新闻。

二、采访技巧

（一）采访角度要新颖，视角要独特，思维要创新

作为新闻报道者，要有敏锐的眼光、独特的思维和视角，善于从平常事务中发现和挖掘新闻，然后对其进行创新性报道。这也是新闻报道者采写就业类校园新闻所要具备的素养。

例如，《城市快报》刊登的一篇名为《考研学子“调头”赶搭求职车》的新闻，就取材于校园生活中的平常事，但以独特新颖的方式进行了采访报道。再如，《北京日报》刊登的一篇新闻《网上应聘 大学生求职新方式》，对网上应聘这种新方式具体分析报道，角度新颖，内容具有创新性。

（二）采写就业类校园新闻时要结合时事和背景

任何事物都有其依托的背景，就业类新闻也是如此。就业是跟国家形势、社会大背景紧密结合的，政策的变动、经济的走向会直接影响到就业。2024年4月9日《光明日报》刊登新闻《大学生基层就业：如何下得去、留得住、干得好》中，便涉及我国面向高校毕业生实施的就业政策：“回顾过去二十多年，我国先后实施多项鼓励和引导高校毕业生面向基层就业的政策举措，‘特岗计划’‘三支一扶’‘西部计划’等项目不断完善、成熟。”因此，在采访就业类校园新闻时，新闻报道者必须结合国家形势和社会背景，同时时刻关注国家有关政策、措施。

（三）多到现场采访，从现场获取第一手材料

上文已经提到，校园招聘会是就业类校园新闻中一个常见的报道对象，如果新闻报道者不到招聘会现场去采访，将无法获取想要的新闻和信息。这就要求新闻报道者到招聘会现场去，从现场获取第一手材料，如招聘会规模、参会单位和学生、当场达成就业协议情况等。

三、写作技巧

（一）标题很关键

新闻标题具有提示和评价新闻内容、吸引读者阅读的作用，因此，写作这类新闻时标题很关键。以《城市快报》刊登的《考研学子“调头”赶搭求职车》为例，这个标题取得新颖和生动，同时揭示了新闻内容，应该说是比较成功的一个标题。

（二）注意写作体裁，平衡多方需求

任何新闻都有适合它写作的体裁。就就业类校园新闻而言，常见的写作体裁是消息和通讯，当然也有其他的形式或体裁，如观察、自述、调查等，每种体裁都有它自身的特点，具体新闻事件适合用哪种体裁写，要综合考虑各种因素确定。

在写作就业类校园新闻时，新闻报道者要考虑读者和媒体等各方面的需求。新闻报道者要迎合读者的口味，写读者喜闻乐见的新闻，同时多研究媒体的用稿倾向，写作的稿件要符合媒体要求。

（三）勤于练笔，多写多练多投稿

新闻业是一门实践性和动手性很强的行业，没有人一开始就能写出好的新闻稿，因此，平时要多练笔，遇事就写，从简单的新闻写起，这样写作水平才能不断提高。

第八节　争议类校园新闻的采写技巧

争议类校园新闻指的是报道校园中引起社会争议的事件话题的新闻，如大学生

是否可以养宠物，实名推荐制公平与否，奥数班是否有存在的必要，四川大学毕业论文多样化是否可行，等等。这些皆属于争议类校园新闻的范畴。

一、争议类校园新闻的线索来源

如何获得争议类校园新闻的线索？一是靠新闻报道者的新闻敏感，二是通过网络。

在本校中寻找争议类新闻，对于一个新闻学子来说，拥有新闻敏感无疑是最重要的。

所谓新闻敏感，举两个简单的例子，如果在校园中看到横幅庆祝某人一次性通过注册会计师考试，经济管理学院的学生看了会说“真厉害”，而在校媒工作的学生会说“这个可以做一期采访”。圣诞将至，如果有商家推陈出新，请人穿戴圣诞老人服装骑着自行车兜售商品，一般同学看到了会觉得有趣，新闻系的学生会想到四个字：图片新闻。

经过一些训练，新闻敏感会提高的。

可大量浏览信息，这对提高新闻敏感有一定的帮助。对于非新闻专业但对新闻有兴趣的学生，常看报纸、电视里的新闻是获取信息的有效途径。

网络在获取信息方面具备极大的优势。本校的 BBS（论坛）、贴吧中讨论的话题很可能就是有价值的新闻。对于外校，如果想比别人掌握更多的信息，除了浏览它们的论坛以外，最重要的就是拥有更多的人脉了。人脉即日后的线人。

二、争议类校园新闻的采访要领

在新闻报道中，尤其是争议类校园新闻中，新闻报道者经常会遇到包含着矛盾对立的复杂事件。为了使报道公正准确，新闻报道者必须兼顾矛盾双方，将对立面的事实和观点同时摆出来。

这就要求采访中要有多个信息来源、多个采访对象，以便保证稿件内容的翔实和信息的真实。采访后发现信息有不明之处要进行核实，不能依靠想象。采访时要注意索要当事人的联系方式。

客观中立是争议类校园新闻的报道原则之一，借“口”说话是要领之一，如请第三方（特别是专家）评说，因此，争议类校园新闻报道者在采访完矛盾双方后常常还要采访专家。

三、争议类校园新闻的写作要领

能引起广泛讨论的新闻，往往采取“新闻事件＋正反方观点＋专家观点”的模式来写。在写稿中，新闻报道者要注重平衡报道，不偏不倚，客观中立。

如果来不及核实或者核实不了（如联系不上当事人），可采用模糊写法，或者写明“截至新闻报道者发稿时，未能联系上 ×××”。

值得注意的是，在互联网高度发达的今天，网友几乎不会在任何公共事件的辩论台上缺席，纵观名目繁多的争议类新闻事件，报道中几乎都会出现“网友说”字样。写稿时网友的声音同样值得重视，尤其是如果网友的观点不同于矛盾双方，也不同于专家意见的话，那么即成为宝贵的第四方意见。

第九节　突发事件类校园新闻的采写技巧

突发事件类的校园新闻，指报道内容是突然发生的、具有极大的社会影响力的不良事件，其中以校园暴力、校园犯罪、校园自杀等事件为主。另外，甲流在学校的暴发，暴雨、泥石流等恶劣气候对学校造成的重大影响，这类公共突发事件，也可列入此类。

由于突发事件类校园新闻对相关学校会造成一定的负面影响，因此新闻报道者在采访、报道时会受到部分阻碍。此时，新闻报道者需要深入该校，进入事发第一现场，加强对该校学生、知情人的采访。另外，还应特别注重外围采访，避免遗漏事实细节以及事发原因。

一、新闻线索的来源

校园突发事件，由于事出突然，新闻报道者必须及时获取线索，才能准确快速报道。一般来说，此类新闻线索的获取主要有 3 个渠道。

第一，新闻报道者平常多关注学校的相关新闻，经常在校园内走动，则较容易发现相关突发事件的线索，并且，在采访的时候能够及时掌握第一手资料，确保新闻的真实性和客观性。

第二，新闻报道者在校园认识一些学生通讯员，能够时刻与校园信息接轨，另外，由学生提供新闻线索，信息往往更为全面、细致。

第三，网站和论坛也是信息的重要来源地。网站上寻找新闻线索有两种方式：第一种是从网上获悉全国其他地区相关的新闻，将其与本地区的实际情况进行联系比较，做出本土化“落地”新闻；第二种在各大院校的论坛上寻找新闻线索，因为校园内发生突发事件，学生往往是第一发现者，并且会在论坛上发帖，将消息公布出去。不过，新闻报道者在报道的时候，必须在后期的采访中做到全面和客观，避免因学生的片面之言而做出不实报道或不全面的报道。

二、突发事件类校园新闻的采访要领

突发事件类校园新闻的采访要领有以下两个。

第一，有关突发事件类校园新闻的报道，必须与新闻报道的前提一致，即追求新闻真实。无论是对校园暴力案件，还是对校园犯罪案件等的报道，都必须基于新闻报道者在事发现场的采访，其中人物、地点、时间、数字、情节等都必须真实。

第二，为保证稿件的客观公正，必须进行多方采访，给当事双方说话的机会。新闻报道者切勿发表言论，一切以事实为依据，如校园暴力事件、犯罪案件等，需要尽量采访到当事人亲友、目击者、学校保卫处、警方等，以便尽可能掌握全面准确的信息。另外，采访过程中应注重对相关细节的记录，以便增强稿件的故事性和可读性。

三、突发事件类校园新闻的写作要领

突发事件类校园新闻的写作要领有如下两个。

第一，稿件的写作必须建立在详细采访和掌握全面信息的基础上，要在标题中突出亮点，如一些新闻标题中出现了“校花”“海归博士”等具有较强吸引力的名词。

第二，由于该类事件的突然性，有些信息新闻报道者无法及时掌握，在采访和报道过程中新闻报道者可在导语中或是稿件最后加上“截至新闻报道者发稿时”等字样，将目前能掌握的信息告知读者，交代该报道的时效所在。

四、突发事件类校园新闻写作存在的误区

误区一：在突发事件报道中，容易产生因一味追求时效性而有失新闻客观公正的情况。尤其是案件类的新闻，新闻报道者切忌在没有全面采访的基础上，便草率地写作新闻。

这样的新闻一旦报道出去，会对学校这样人口集聚的地方产生不良影响，甚至容易产生谣言，导致不必要的后果。因此，这类新闻在时效性与准确性上的处理都非常重要，其报道初衷一定是使信息更快地公开透明，而不是产生误传误解。

误区二：采访过程中没有进行多方采访，导致新闻中仅表明了一方态度，报道出现不平衡情况，容易出现新闻失实或引发新闻纠纷。

例如，对校园犯罪、暴力事件的报道，警方、保卫部门以及其他案件涉及各方都应该尽可能地采访到，切不可用“某同学说”“某网友说”等一面之词，容易失真。现在校园发生突发事件，校方一般会立即成立应对小组，宣传部门往往是这个小组的必要成员，负责对外发布信息，新闻报道者可以从这个小组的成员口中，获得相对重要的信息。

误区三：在新闻写作中，新闻报道者加入主观判断或是发表言论，将新闻报道者本人的态度、倾向表现在稿件当中。必要时可以借他人之口，或者通过事件描写来表明自己的态度、倾向。

总之，突发事件类校园新闻的采访和写作，需要在遵循新闻写作原则的基础上，突出校园新闻的新鲜感，挖掘新闻背后的社会意义，使写出的新闻起到反映和揭示当代大学生的心理状态和精神面貌的作用，正确引导社会舆论走向。

第十节　团学、实践类校园新闻的采写技巧

团学、实践类校园新闻，主要包括4种题材，即班级活动与工作（如团日活动）、团委工作及其组织的活动、学生社会实践活动（多在寒暑假举行）、社团工作与

活动。

团学、实践类校园新闻稿能否在大众媒体上发表，主要视其宣传价值而定，往往要迎合媒体的宣传重点。这类新闻稿不太容易发表，但并非没有发表的可能性。现实中，还是有一些社团活动被报道的。

一、选题来源

团学、实践类校园新闻的选题，可以通过以下方法获得。

（1）与有关人士面对面聊天，在聊天中发现选题。

（2）阅读有关人士和部门的工作总结材料，从中发现选题。

（3）在光荣榜、获奖名单等材料中发现选题。

（4）参与体验有关工作，从中发现选题。

（5）在团学、实践活动现场发现选题。

例如，下面这篇刊于 2010 年 5 月 12 日《南昌晚报》的消息就是新闻报道者在实践活动现场发现的。

一本旧书可换一盆绿色植物

本报讯 李艳艳 记者 熊金标 一本旧书，就能换取一盆绿色植物或者一条金鱼。昨日上午 9 时许，在南昌大学休闲广场，该校的一个学院举办了“绿伴你我他”活动，将低碳绿色生活引进大学寝室。

记者在现场了解到，此次活动组织者准备了 145 盆各类绿色植物和 140 条金鱼，前来“以旧换绿”的同学，所带的废纸、旧书、易拉罐、空水瓶等，无论多少，都能换取一盆或大或小的绿色植物或者一条金鱼，带回去装扮寝室。下午 1 时许，绿色植物和金鱼全部兑换完。

记者还了解到，利用销售绿色植物换取来的旧书、瓶子等废品而来的钱，将作为公益活动基金来使用。

二、采写要领

团学、实践类校园新闻的采访，特别要求新闻报道者深入寝室、办公室、广场、报告厅等场所，在人海中捞出价值不菲的“金针”—— 特别有新闻价值的新闻事实。

当然，和线人、通讯员、媒体新闻报道者合作，是找到相关选题的捷径。

迎合大众媒体近期宣传热点展开相关新闻的采写，也是提高稿件发表率的好办法。

团学、实践类校园新闻的采写角度，主要有以下 6 个。

（1）正面宣传。

（2）批评负面。

（3）善意提醒。

（4）质疑反思。

（5）研究对策。

（6）指正纠偏。

团学、实践类校园新闻的体裁，主要有 4 种。

（1）消息简讯，主要报道最新的常规工作动态。

（2）图片新闻，主要报道新奇的、有趣的、养眼的、有视觉冲击力的现场画面（尤其是室外的活动）[①]。

（3）工作通讯，主要报道成功的工作方法、惊人的工作成就、新锐的工作理念。

（4）人物通讯，主要报道先进人物的事迹。

团学、实践类校园新闻，由于其特殊的性质，稿件篇幅通常很短。

出于同样的原因，团学、实践类校园新闻还常常被认为缺乏可读性。因此，在采写团学、实践类校园新闻时，新闻报道者要注意搜集各种细节和引语，并尽量将其写入新闻稿，同时注意点面结合、图文结合，以及借“口”说话（新闻报道者不直接站出来评价），不捏造虚假材料，重视核实有关事实。

例如，下面这篇刊于 2010 年 3 月 31 日的《南昌晚报》的消息，就采用了图文结合的报道手法，并且使用了直接引语。

① 如果是制作团学、实践类新闻，图片最好有全景、中景、特写三种景别，这样才显得完整。

图 1　“一人一瓶水”昌大学子爱心润灾区

本报讯 李艳艳 记者 熊金标 / 文 聂俊鹏 / 图 “我们捐 1 元钱等于捐 1 瓶水，捐 10 元钱等于捐 1 桶水，捐 15 元钱等于为一位乡亲捐了一个月的饮用水。”西南五省遭遇历史罕见的特大旱灾，牵动了南昌学子的心。昨日，南昌大学发起了“一人一瓶水”抗旱救灾爱心捐赠活动，数千学子纷纷解囊献爱心。

昨日尽管阴雨绵绵，但记者在现场看到，学生们纷纷趁下课和吃午餐的时间，撑着伞前往捐款箱前捐钱。据介绍，捐赠所得将会通过红十字会送至西南旱区的人民手中。

第十一节　音乐类校园新闻的采写技巧

音乐类校园新闻是指对学校举办的各类音乐活动、演出的报道。如音乐比赛、音乐表演活动、音乐专题讲座、音乐培训、音乐社团活动等。音乐比赛包括校园合唱比赛、独唱比赛、器乐比赛等。音乐表演活动常见的有乐团音乐会、演唱会、音乐剧演出等。音乐专题讲座内容包括音乐历史和文化、音乐欣赏和鉴赏、乐器演奏和技巧等。音乐培训可以帮助学员提高器乐演奏技能，培养学员音乐表演能力，提升音乐素养；还能培养学员间的音乐合作意识，增进团队合作能力，提高团队凝聚力；同时还可开发学员的音乐创作能力，培养学员对音乐的艺术表达力和创新意识。音乐社团是提供给音乐爱好者的一个交流的平台，是旨在提高学生音乐素养的团体，也是音乐爱好者展示自己的平台，其还兼顾学校的艺术表演任务。

音乐类校园新闻旨在向读者提供学校音乐领域的最新动态，通过对校园内音乐新闻的综合报道，向读者展现学校音乐教育的丰富性和多样性，同时激发学生对音乐的兴趣，提升学校的声誉和形象，推动音乐教育和文化发展。

一、选题来源与方向

音乐类校园新闻涉及对学校音乐节、音乐会、乐团演出、音乐比赛等校园音乐活动的报道，涉及对学生乐队、合唱团等校园音乐表演团体的报道，还涉及学生音乐才艺培养、音乐教育、音乐学院的学术活动等方面的内容。

音乐类校园新闻的选题，主要从以下几个方面寻找。

1. 校园音乐比赛和音乐表演活动

校园合唱比赛、独唱比赛、器乐比赛、乐团音乐会、音乐剧演出等校园音乐活动能为新闻报道者采写音乐类校园新闻提供重要线索。新闻可以重点报道活动背景、参与者的表现、比赛评判结果以及活动对参与者的影响，因此，可以从相关乐团组织、参与者、演出内容和成果等方面寻找选题。

2. 学生在音乐方面的突出表现

学生在音乐表演或赛事中的获奖情况和突出表现，包括个人或团体荣誉，他们的表演概况、获奖经历、个人或团队的成长故事和未来规划都可以作为新闻的选题。

3. 音乐教育和科研成果

学校开设的音乐课程、举办的音乐演出活动、音乐教师的培训、学校乐团的组织和排练情况，这些都可以报道，突出学校在音乐教育、培训方面的特色及取得的创作成果。

4. 音乐专题

以特定音乐主题或风格为专题，介绍学生和教师在该领域的研究、表演和创作成果，如流行音乐、古典音乐、摇滚音乐、爵士音乐、民族民间音乐等，这也是新闻内容。

5. 音乐人物故事

学校内一些有音乐才华的学生或在音乐专业领域有突出贡献的教师，他们的故事也可以成为音乐类校园新闻的内容。报道他们的音乐学习经历、获奖情况、创作故事等可以引起读者的兴趣。

6. 音乐教育政策和议题

有关音乐教育政策的变化、音乐课程改革等议题，新闻报道者可以报道，可提供专家观点和相关调研情况。

二、采访要领

在采写音乐类校园新闻之前，新闻报道者需深入了解音乐的基本知识和相关背景知识。对不同音乐类型、乐团基本情况、乐器构造、音乐历史、音乐风格等方面知识的了解有助于新闻报道者更好地理解采访对象和他们的作品，从而提高采访的专业度。例如，《音乐周报》刊登的一篇《梅第扬成柏林爱乐首位华人音乐家》中，就涉及一些与乐团相关的基本知识，需要新闻报道者事先做一定的了解。

（一）充分了解主题并准备问题

在采访之前，新闻报道者需对校园音乐比赛、音乐表演、音乐专题讲座等主题进行充分了解，熟悉相关的背景知识，这样可以提出更有深度的问题，也能更好地理解采访对象的回答。此外，新闻报道者还需准备一个问题清单，列出音乐活动的目的、内容、参与者、重要性等方面的问题，有利于使采访更加顺畅，避免遗漏关键信息。

（二）选择合适的采访对象

音乐类校园新闻内容丰富，涉及学生、教师、领导和相关领域的专家等。针对不同的音乐新闻，新闻报道者要选择不同的采访对象。例如，比赛类新闻可以对参赛学生、指导老师进行采访，尽可能多地获取获奖学生的信息，包括他们的姓名、年级、获奖类别、参赛作品等；了解他们在比赛中的表现，取得成功的过程，以及他们背后的故事。除此之外，新闻报道者也可以采访学校的音乐老师、同学和家长，邀请他们分享对获奖者的看法；同时，联系该校领导，了解学校音乐项目进程以及成果和价值。为了让报道更具吸引力，新闻报道者还可以采访相关领域的专家或音乐评论者，他们可以对获奖者的成就和音乐比赛的意义进行评论，从而增加报道的权威性和深度。

（三）保护采访对象的隐私

采访过程中，采访对象的隐私权需要得到保护。采访前新闻报道者应明确告知采访对象的回答将被用于新闻报道，报道内容应取得采访对象的同意。如果他们有不愿意透露的信息，需尊重他们的选择并对其隐私予以保护。

（四）掌握相关知识和资讯

为了音乐类校园新闻的采访，新闻报道者需要不断学习音乐相关知识和积累经验。关注音乐媒体、音乐新闻网站、音乐电台、音乐论坛等发出的信息，掌握最新的音乐动态和趋势，这将使新闻报道者在采访中更具竞争力，也有利于丰富音乐类校园新闻报道，将精彩的音乐新闻呈现给读者。

三、写作要领

音乐类校园新闻的写作需要注意以下几个方面。

（一）立足新闻价值突出亮点

有无新闻价值是写作新闻稿件首先要考虑的问题，音乐类校园新闻的价值在于传递学校音乐文化，展示师生音乐成果和交流成果。在采编新闻时，应重点突出新闻亮点和特色，让读者了解学校音乐文化和师生成就，如在中央音乐学院官网发布的新闻《钢琴系学生 2023 年暑期参加各类艺术实践获奖 200 余项》，强调了该校钢琴系响应学校办学理念，鼓励学生参与各类艺术实践活动，提升钢琴演奏能力，增强综合艺术素养。这样的报道会对其他学生产生积极的影响，提升学校的美誉度。

（二）多角度报道

音乐类校园新闻可以从表演、竞赛、教学、研究等多个角度展开报道，新闻报道者要尽可能地采访不同参与者、不同角色，将所有资料归纳整理，并确定新闻的结构和内容，力求提供全面报道，让读者更好地了解学校音乐文化以及学校教育项目的发展，增加新闻的立体感和可信度。例如，南昌大学新闻网发布的新闻《创历史新高：艺术学院在全省声乐专业比赛中喜获佳绩》，既报道了南昌大学艺术学院师生在比赛中获得的荣誉，也展现了南昌大学作为承办方的工作成果。

（三）重视图片与音频、视频

音乐表演需要让观众获得视觉和听觉上的双重感受，因此在新闻中应该重视图片、音频、视频的运用。尤其是音乐表演类新闻，应该多选取高质量的图片、音频或视频，呈现音乐活动的场景和关键时刻，进一步吸引读者的注意力。

（四）提供背景资料

在新闻中要提供相关的背景资料和链接，以便读者更好地理解内容和相关话题。例如，中央音乐学院官网发布的新闻《喜报｜管弦系、附中学生在国际比赛中获得佳绩》，就附上了中学生参加国际音乐比赛的相关背景介绍和评委阵容介绍。

（五）尊重版权

在新闻报道中引用音乐或图片时，须遵守版权法规。如果需要在新闻报道中引用他人的作品，事先需征得版权方许可。

（六）审校和发布

仔细检查文章，确保文章的语言准确，没有拼写、标点或语法错误。发布新闻时，确定适当的渠道，以便让更多的人看到该文章。

总之，采写音乐类校园新闻需要新闻报道者重视专业性和新闻价值，挖掘新闻亮点，注重多媒体素材的运用，从不同的角度展开报道，提供背景资料，尊重版权，让读者了解学校音乐文化，给读者提供真实、客观、有价值的信息。

第十二节　校园人物通讯的采写技巧

校园人物通讯，包括写教师、学生、职工、校外嘉宾等人物的通讯。

校园人物通讯中的校园人物可以是作出突出贡献、取得特殊荣誉或在某件事情中有突出表现的人物，也可以是默默奉献的普通人物。

完成一篇校园人物通讯，需要进行多角度的采访，除了采访主人公以外，还要采访一些与主人公相关的人物。

一、选题来源

校园里有很多比赛和评选活动，对从比赛中脱颖而出的人物进行报道，就能写出一篇校园人物通讯。例如，南昌大学每年都会举行“校园十大魅力人物评选”活动，校园媒体会对每一位魅力人物进行采访，写出校园人物通讯。

和其他人物通讯一样，报道做出不凡事迹的人物的内容是很吸引人的。刊登在《南昌晚报》2009年6月10日A6版的《北大学子脱下西装当“猪倌”》，就是因为其内容是报道这名北大学子的事迹很不平凡而吸引了很多读者阅读。

张华锋是2004年北京大学计算机专业的毕业生，2004年他放弃深圳10万年薪的IT职业，回来继承养猪的家业，脱下西装到猪栏当饲养员，利用所学知识建成智能电子监控的现代化养猪场。

现任江西东盛种猪有限公司总经理的他，是养猪户的后代，但在大学毕业之前，他从来都没有想过要继承家业走养猪的道路，更对养猪一窍不通，为了父母，毕业后他还是毅然决然回到了家乡，“起初只能从基础的工作做起，就这样，我脱下了西装，穿起了饲养员的工作服，每天与猪保持着亲密接触。那时的猪场设施以及环保措施都非常落后，到处充满着猪臭味。”但想到自己身上肩负的责任，张华锋还是咬牙坚持了下来。

当发生重大事件时，有一些人因在事件中的突出表现而被赋予特殊的光环。获得第19届中国新闻奖通讯二等奖的作品《一个灾区农村中学校长的避险意识》，讲述的就是一个灾区农村中学校长从2005年开始，每学期都要在全校组织一次紧急疏散演习，在汶川地震发生时，全校师生井然有序地逃离的事件。

除了有突出贡献和表现的人物以外，默默奉献的普通人物同样值得报道，这就需要新闻报道者从平凡生活中发掘新闻题材，这样的校园人物通讯通常有更强的可读性。例如，在南昌大学校园十字路口，不管风吹雨淋，一名职工每天都站在那里指挥交通，这就是一个很好的选题。

二、采访要领

总的来说，采访之前，新闻报道者应先查阅资料，对采访对象有一定的了解，通过这一步来确定采访对象的突出点和采访的重点，再围绕这些进行详细采访。

在采访时，要注意不能只采访当事人，而要多角度采访，采访一些与当事人相关的人物，或者是旁观者，以便对当事人或所发生的事情有更全面的了解，这样写出的通讯内容也会更加丰满。多方采访后写出的新闻更有说服力，因为有些要素需要通过他人的语言来表达。多方采访还有利于新闻报道者对一些模糊信息进行核实，避免片面相信某一个人说的话。

例如，《邓家兄弟不寻常的求学路——一边读大学一边当“猪倌”》[①]中，新闻报道者除了引用了邓家兄弟的话，还引用了他们母亲的话——“孩子们能学有所用，自力更生，我们当家长的很高兴”，以及当地农民的话——“有时候，他们会到我这里来跟我探讨一些问题，看看我是怎样养猪的，还询问我是怎样管理养猪场的，同时，给我提出一些防病治病、饲料配方方面的建议”。可见，新闻报道者为写这篇通讯做了多角度的采访。

采访过程中，要注意抓住细节，细节可以使行文有更强的故事性，报道也就更加动人。除了校园人物通讯主人公的优秀事迹以外，主人公艰苦奋斗过程中遇到的挫折也有很大的新闻价值。过于完美的主人公形象展现在读者面前，读者会感到非常不真实，对主人公挫折经历的报道可以避免将主人公形象完美化。

采访中，新闻报道者需注意观察采访对象的言谈举止、穿着。采访现场的特殊性，也是一个容易出细节的方向。把生动的现场细节写到人物通讯稿中，可以增强新闻的可读性。

---

① 郭小伟. 邓家兄弟不寻常的求学路 —— 一边读大学一边当“猪倌”[N]. 重庆日报，2007-01-10(A2).

三、写作要领

人物通讯内容最好分为多个部分，每部分用小标题来区分，每部分的篇幅不宜过长。因为纸质新闻报道往往以报纸或杂志为载体，读者阅读报纸、杂志和阅读小说不一样，一篇报道一般是一气呵成，太长的篇幅会令读者产生视觉疲劳。人物通讯每部分划分的依据也不一样，人物通讯的划分一般基于不同的事件进行。

例如，获得第19届中国新闻奖通讯二等奖的《高二8班 一个人的复课》，讲述的是地震对一个高中生的影响，从失去身边的同学到接受新的班级，报道展现了多个关于他的小故事——“好友的劝告成为遗言”“看病挂错号逃过劫难”“同学QQ头像再没有亮”“同学在最难逃出的教室”“纸上给每个同学写话”“当志愿者平抚内心”“难以加入新的班级”“我代表高二8班”，总体突出了地震对一个高中生的巨大影响。校园人物通讯行文要有故事情节，呈现出画面感。有故事情节的文字有更强的趣味性，不至于使读者感到枯燥。

再如，获得第17届中国新闻奖通讯三等奖的作品《洪水袭来，他救援的手伸向32名学生——记布依族乡村教师韦正雄》，第一个小标题下的内容重现了整个事件的经过，具有很强的可读性，读者仿佛亲临现场。

晚上12点钟左右，韦正雄被学生们的喊叫声惊醒。洪水冲坏了电力设施，屋里漆黑一片。韦正雄抄起手电筒从二楼跑下一楼时，顿时惊呆了：洪水夹杂着石块、河沙，已经将一楼淹没了近1米，稍大点的孩子跑出房间，惊慌失措地尖叫着在水中挣扎。韦正雄赶紧跳入齐腰深的水中，将11名学生护送到了二楼楼梯口。

水越来越深，还有21名学生处在危险中。救人要紧！韦正雄没有多想，立刻扑到水里。

学生们分住在一楼的4间寝室。韦正雄踩着已堆积1米多厚的泥沙，先摸向靠近楼梯口、住着6个男学生的第一间，迅速地将他们从洪水中救出来。然后顺着墙壁，游向住着5个女孩子的第二间寝室。

四、采写误区

很多新闻报道者写人物通讯时会把某个人物的学习、生活、工作等情况一概写出来，面面俱到，没有侧重点。

写人物通讯，应重点突出这个人物身上的闪光点，再通过事例具体体现。

例如，在第15届中国新闻奖三等奖获奖作品《清华食堂师傅托福考了630分》中，学生食堂师傅张立勇或许有很多优点，但记者着重把他专注于英语学习的特征通过介绍他学习英语的具体方法展现了出来，给读者留下了深刻印象。

人物通讯的采写还有以下几个常见误区。

（1）采访对象不够多，信息源过少①。

（2）没有核实采访对象提供的信息。

（3）缺乏细节，不动人。

（4）将采写对象描述得过于完美。

（5）平铺直叙，毫不生动。

（6）可读性欠缺，正面宣传意味明显。

如果能避免以上误区，所写的人物通讯的水平将会更上一层楼。

五、轰动全国的校园人物通讯②

与众多农村男孩一样，湖南省怀化学院学生洪战辉也有着一个天真烂漫的童年。可是家庭接连遭遇的不幸，改变了他的人生道路。父亲的间歇性精神病突然发作，竟然摔死了他的亲妹妹；后来父亲又捡到一个弃婴，洪战辉决定收养这个“小不点”；接着，由于难以承受家庭的重担，母亲离家出走，照顾父亲、看护孩子、养活家庭……全部重担都压在了还是个孩子的洪战辉身上。在承担着这一切的同时，洪战辉继续自己的学业，靠着自强自立的精神，克服了一系列常人难以想象的困难，带着捡来的妹妹一起求学10余年。

2004年10月的一天，怀化学院校报新闻报道者卢宗旺、刘立君看到洪战辉带着个女孩子在操场上一会儿跑步，一会儿蹲在一边做作业。“这个学生做家教这么认真，还挺有方法，咱们干脆采访采访他吧！”两个人上前一问，才知道小女孩是他的妹妹，而且是捡来的妹妹。

---

①《南方周末》刊登的人物通讯《“雷锋传人”》，稿件上就显示了7个消息来源，这样多的信源比较好。

② 贡振国，陈祖强．流泪的采访激情的报道——洪战辉感动中国报道的前前后后[J].新闻记者，2006(2):3-6.

2004年10月31日，在该校校报上，洪战辉的事迹第一次变成铅字。

接着，怀化市广播电视台、湖北广播电视台卫星频道《阳光行动》栏目、湖南广播电视台卫星频道《晚间新闻》栏目、湖南省教育电视台、《知音》杂志、中央电视台科教频道、北京广播电视台等，相继报道了洪战辉的事迹。

2005年10月，《郑州晚报》新闻报道者卢曙光、张锡磊获得“洪战辉带着捡来的妹妹艰难求学”这一线索，随后两人兴奋地投入采访过程。

在两个月的时间里，两位新闻报道者到洪战辉的家实地探访，与知情人士座谈，并和洪战辉通了很多次电话，对每个细节都进行了认真核实。2005年12月初，他们写成长篇通讯《大学生带着捡来的妹妹求学12年》，2005年12月6日，该通讯以两个版面的篇幅被发布于《郑州晚报》上。

报道发布当天，洪战辉的感人故事迅速传播开来，引起全国读者及海外华人的强烈反响。2005年12月7日，《郑州晚报》推出整版报道《洪战辉携妹求学曾有两次动摇》。洪战辉的故事一经报道，许多读者表示要捐助洪战辉。2005年12月8日，《郑州晚报》刊发《兄妹俩谢绝社会捐款》的报道。2005年12月10日，《郑州晚报》刊发《谢绝捐助背后的生活支撑》。

2005年12月10日，中国共产党中央委员会宣传部要求新闻媒体宣传报道好洪战辉这个典型人物的事迹。2005年12月底，中国共产主义青年团中央委员会、中华全国学生联合会作出决定，授予洪战辉“全国自立自强优秀大学生”荣誉称号。2006年元月，洪战辉又被评为“2005年度感动中国十大人物”之一。

第十三节　校园工作通讯的采写技巧

新闻报道者在写作校园工作通讯时，很多时候会陷入思维误区。

误区一：校内首创，媒体一定喜欢。

有些工作在本学校里属于首创，看似新闻价值较大，其实别的学校早就开展过，媒体已不当其为新闻了。新闻报道者在发现新闻线索时，最好在网上搜一搜，看媒体是否已经多次报道，再决定是否继续采访下去。

误区二：工作通讯只能说好话。

一些新做法、新经验刚起步，很有可能存在着种种问题，这类通讯，如果通篇都是好话，极有可能使读者产生怀疑。

误区三：新做法得赶紧宣传出去。

有时有些做法刚开展，争议还很大，是否值得推广还有待观察。报道过早可能会造成不必要的影响。这类情况建议再观察一段时间，掌握好报道的时机。

工作通讯的采写要领前面（第三章第四节）已经详细介绍过，此处不再赘述。

关于报道南昌大学推行 Office Hours 制度[①]的工作通讯，南昌大学 ×× 届毕业生有如下采写体会。

◎ 工作通讯是对某一工作领域中、某一工作战线上出现的新方法、新经验、新问题等进行报道的通讯，重在介绍新情况，解决问题，传播经验。因此，在选择主题的时候就要注意选择有代表性、有典型性、有意义的主题。

◎ 采访前，要注意收集、整理相关材料，事先对采访对象等有一定的了解，熟悉一下相关领域的基本情况。

◎ 可在采访前拟出一个采访提纲，列出要问的问题、注意事项等，准备好采访本、笔、证件等物品。

◎ 工作通讯的采访，新闻报道者一定要到现场，观察现场、感受现场的氛围，收集必要的素材。

◎ 采访对象要多，不能仅限于当事人，如采访 Office Hours 时，不能只采访老师，还可以采访同学；不能只了解本校的情况，还可以看看外校的情况，多角度、多方位、有对比，以便更好地介绍、说明情况。

◎ 观察采访中要注意细节，捕捉有特色的点，这些可以给通讯增色。

◎ 提问时不要怕，不要不懂装懂，要大胆，要灵活应变，这样可以获得意想不到的信息。

◎ 工作通讯的写作要有现场感，使读者有身临其境的感觉，最好尽快写稿，保持采访时的热情和干劲，同时选择合适的结构来进行写作；行文要生动、吸引人。

◎ 写作时要挖掘亮点，把情况介绍清楚，与当事人保持联系，注意核实细节，

---

① 2008 年下半年，南昌大学推行 Office Hours 制度：任课教师每周安排 3 小时在办公室坐班，专门接待学生，为其答疑解惑。

如在采访 Office Hours 时，这项措施的开始实施时间、参与的教师人数等都要注意核实，有时当事人提供的信息也可能不准确。

◎ 不仅要介绍情况，还要指出存在的问题，最好能提出改正的建议。

◎ 写工作通讯或完成工作通讯后，新闻报道者可与编辑交流，询问编辑的意见，要作好反复修改的准备，不怕返工，不怕辛苦。

◎ 可结合以往类似工作通讯写作、报道的经验，或对比，或相承，有跟进，有后续。

南昌大学 ×× 届毕业生（现为江西应用技术职业学院教师）有如下采写体会。

◎ 工作通讯是为了报道和介绍某个工作领域的新经验，或者是针对工作领域的问题探讨相关对策。在报道 Office Hours 的工作通讯里，本人通过报道两名南昌大学的优秀老师，展示了他们优秀、谦虚、严谨的工作作风，更展示了南昌大学师生间美好而真挚的感情。

◎ 注意点面结合，通过挖掘典型的人物事件表现人物特点，通过有关 Office Hours 的典型个案，表现工作领域良好的风貌。

◎ 一定要采访到工作领域的重要相关人物，本人采访了相关的老师和同学，但是没有采访到学校这一制度的实施、制定者或宣传者；并因为听信了一位老师的片面之词，而把这一制度的具体开始时间弄错了，没有从多个方面、多种渠道对消息的真实性与准确性进行核实。

◎ 巧妙使用过渡词，如“然而”“但是”“也”等，使得行文能有较好的连贯性，不会给人突兀和生硬之感。

◎ 去现场实地采访。

◎ 注意“可能”“总是”等相关词汇的使用，保证文章的严谨性。

第六章　新媒体平台的校园新闻报道

第一节　网络新闻的采写技巧

2024 年 3 月 22 日，中国互联网络信息中心（CNNIC）在北京发布第 53 次《中国互联网络发展状况统计报告》（以下简称《报告》）。《报告》显示，截至 2023 年 12 月，我国网民规模达 10.92 亿人，较 2022 年 12 月新增网民 2480 万人，互联网普及率达 77.5%。我国手机网民规模达 10.91 亿人，较 2022 年 12 月增长了 2562 万人，网民使用手机上网的比例为 99.9%。

在新媒体时代，互联网已然成为新闻报道的主阵地，掌握互联网新闻的撰写技巧，提升自身融媒体报道水平，对成为一名合格的校园新闻报道者至关重要。

一、校园网络新闻的特殊之处

1. 标题必须鲜明、吸引人

众所周知，新闻网站通常采用新闻标题集中组合的引导式版面布局。在这样的版面安排下，网络新闻首先呈现在网民面前的是各类标题，网民要想继续看新闻内容，必须点击标题链接，转到正文页面。因此，在网络新闻传播中更加强调新闻标题的可读性。

还有一点需要注意，平面媒体常用复合标题，但网络媒体往往只有一个标题，如何把最有意义的信息放进去，对新闻报道者来说，这点十分重要。

例如，下面是新浪教育频道2010年8月26日的新闻的标题。

在读博士10年增19万 1个导师最多带47人

这条新闻报道的是华中科技大学教育科学研究院周光礼教授的书《中国博士质量调查》在武汉发售。该书通过调查披露了我国当前博士生教育中存在的一些问题，而这条新闻，实际上是转自新闻报道者朱建华2010年8月25日在《长江日报》第一版和第十二版上刊发的文章，第一版文章的标题如下。

武汉专家推出《中国博士质量调查》（副标）

一个导师最多同时带47名博士生（主标）

第十二版文章的标题如下。

在读学生10年增加19万（副标）

四大因素制约博士培养质量（主标）

应该说，《长江日报》的新闻标题已经取得非常吸引人了，但在网上只能显示一个集约型标题，网站作者选择将最吸引人的信息作为标题。那么，怎样才能制作好校园网络新闻的标题呢？有以下几点建议。

◎把最有亮点的新闻点写进去，其他的都不要。

◎只留实的，不要虚的。

◎精练，再精练些；短些，再短些。

◎写好标题后，试着把它放到要投递的网络媒体的其他同类标题里，它会“跳出来”吗？

2. 网友扫描式的阅读方式影响着校园网络新闻的写作方式

扫描式阅读已经成为网络新闻阅读的主要方式。在网络新闻传播过程中，受众阅读信息的速度加快导致了其阅读方式的改变，来自美国的网站流量分析公司Chartbeat的研究成果显示：79%的网络读者对内容一扫而过，只有16%的人逐字逐句地阅读。网络新闻传播开辟了人类信息传播史上扫描式阅读（潜阅读）的时代。①

在这种阅读方式下，应该用最简洁的办法，让网民迅速地捕捉到最有用的信息。

---

① 高钢. 怎样为网络媒体写新闻——网络新闻写作特殊规律的探讨 [J]. 新闻战线，2004(4):53-56.

这就要求作者在写作时高度简洁，在导语中就尽可能地把最为重要的信息告诉读者，以吸引其注意力。

之后，再在全文展开描写，交代背景，对其他信息进行表述，做到层次清晰，便于阅读。当然，在正文中，还应该对最重要的信息进行详细描述。在写作时，建议多分段，每段讲清一层意思；用短句，过于冗长的表达，会让读者失去兴趣。当全文内容较长时，多用小标题，把这一段内容最重要的新闻要素以吸引人的形式凸显出来。

3. 时效性强，务必及时更新

有些新闻报道者还停留在纸媒的写作时代。许多学校的校报还是周报、旬报，甚至半月报。今天发生的事情，过几天再报道吧，不少新闻报道者还保留着这种心态；加上不少人本身就是兼职写校园新闻，一有别的事情，报道很可能耽搁下来。殊不知在网络时代，新闻及时更新非常重要。如果网站上更新的经常是半个月以前的新闻，甚至是一个月以前的新闻，久而久之，这样的网站对师生会失去吸引力，不能发挥网站作为门户新闻平台的作用。

现在的主流媒体几乎都是时时更新。“现在的新闻现在就播报”，是网络新闻的优势所在。当有重大事件发生时，还要推出滚动新闻。校园新闻的更新应及时、迅速，这样的网站才能拥有足够的吸引力，才有人关注。

4. 做融媒体报道

相比于文字，视频逐渐成为当下青年群体信息消费的主要方式，视频新闻有趣味性强、信息量大、感官冲击性强等特点，因此，校园新闻最好能配上一段视频刊出，使读者有更多元的选择。此外，校园新闻还可以搭配图片、H5（第 5 代互联网超文本标记语言）等多种报道形式，以提升趣味性。

二、网络新闻写作中要注意的问题

1. 一定要“反官味”

我们来看“官味十足”的校园新闻的常用模式。

标题：

某某活动（会议）在我校隆重举行

导语：

在广大师生的期待中，在现场观众（与会者）的热烈掌声中，某某活动（会议）在我校隆重举行。出席会议（活动）的领导有省教育厅的×××、市领导×××、校领导×××。会议（活动）由校领导×××主持。

正文：

省教育厅的×××致辞，他说……

市领导×××发表重要讲话，他说……

校领导×××也代表学校发表重要讲话，他说……

×××宣布，活动（会议）正式启动，全场响起热烈的掌声……

……

活动（会议）圆满结束。

笔者之所以拿这类新闻举例，是因为打开各学校网站，类似的校园新闻报道比比皆是。

在这样的新闻稿件里，我们会发现，作为主体的学生并没有被提到，活动（会议）为学校广大师生提供了什么有用的信息？对他们有何意义？这些也没有提到。

为什么校园新闻会如此"官味十足"？山东青年政治学院文化传播学院副院长孙晓彦一语中的："这样的报道，相信'掺水'不少，只是为了迎合某些领导的虚荣心，根本没有遵循'坚持真实性'的新闻报道原则。我们并不是说不要报道'政治'，而是要研究怎么样把'政治思想教育'更好地融合在新闻事实当中。"① 请把笔头向下，真正关注校园师生，多写一些"三贴近"的好新闻。

2. 网络新闻语言要活些，直白些

在网络上，受众的身份十分复杂，加上网络信息的丰富性，受众对信息的可用性、可读性要求更高，这就要求网络新闻在语言表达上较传统新闻要更加直白、亲切。准确、简洁、突出的语言是网络新闻重要特点，校园网络新闻也不例外；而问题在于，不少校园新闻报道者在写校园网络新闻时，倾向于大量使用华丽的辞藻、复杂的长句，发表评论，旁征博引。

---

① 孙晓彦. 高校校园网络新闻的写作症状面面观 [J]. 中国校外教育（理论），2008(S1)：697.

一般而言，网络新闻语言中比喻要少用，应尽量把事实用客观清晰的语言表达出来；少喊口号，少发议论，少些感慨，多做事实陈述。

第二节　微博平台上的校园新闻

微博，即微博客（Micro-Blog）的简称，是一个基于用户关系的信息分享、传播及获取平台，用户可以通过 Web（互联网）、WAP（无线应用协议）及各种客户端组建个人社区，以不超过 140 字的文字内容更新信息，并实现即时分享。

微博是 Web 3.0 新兴起的一个开放互联网社交服务平台。2006 年 3 月，博客技术先驱 Blogger（互联网 2.0 公司）网站创始人埃文·威廉姆斯（Evan Williams）创建的新兴公司 Obvious 推出了微博服务。在最初阶段，这项服务只是用于向好友的手机发送文本信息。国际上最知名的微博网站是 Twitter（推特，已更名为“X”）。2009 年 8 月，中国大型门户网站新浪网推出新浪微博内测版，成为第一家提供微博服务的门户网站，微博正式进入中文上网主流人群的视野。

一、微博的特点

有学者认为，微博的出现具有划时代的意义，真正标志着个人互联网时代的到来。博客的出现，已经将互联网上的社会化媒体向前推进了一大步，公众人物纷纷开始塑造自己的网络形象。然而，博客上的形象仍然是化妆后的表演，博文的创作需要考虑完整的逻辑，这样大的工作量对于博客作者来说是很重的负担。字数限定在 140 字以内的微博帮助这些人找到了展示自己的舞台。作为新闻的一种，用微博发布的新闻必须具备真实和新鲜这两个基本特征，但也有一些特征是微博版新闻特有的。

（一）传播的便捷性

微博提供了这样一个平台，网民既可以作为观众，在微博上浏览感兴趣的信息；也可以作为发布者，在微博上发布内容供别人浏览。发布的内容除文字外，还包括图片、视频等。微博与以往社区网站最大的不同在于它的即时性、同步性，而微博的同步性得益于微博传播机制的便捷性。用户不仅能通过电脑客户端更新微博，还能通过多种客户端发布微博，甚至通过短信、彩信就能更新微博。在新闻现场，不管是官方微博的管理者，还是个人用户，只要拥有一部能上网的移动设备，就能同步更新微博，传播新闻；哪怕只拥有一部只能发短信的手机，也能将现场的情况编成短信发送到微博平台。相比于其他类型的新闻，微博版新闻的便捷性更强。此外，与传统媒体相比，微博的即时通信功能非常强大，通过微博客户端人们就可以直接发布信息，在没有网络的地方，只要有手机就可以及时更新微博内容。一些重大突发事件或引起全球关注的大事件，如果你当时在场，可以利用各种手段在微博上发布，其实时性、现场感和快捷性，甚至超过所有媒体。如果你有 200 万关注者，你所发布的信息可能会在瞬间传播给 200 万甚至更多的人。

（二）背对脸的交流方式

与博客面对面的交互方式不同，微博是背对脸的交流，就好比你在电脑前打游戏，路过的人从背后看着你怎么玩，而你并不需要主动和背后的人交流。微博可以一点对多点，也可以点对点。当网民关注一个自己感兴趣的人时，登录微博的频率就会大大增加。移动终端提供的便利性和多媒体化，使得微博用户的黏性颇强。

（三）信息碎片化

微博中有一项功能“热门排行”，罗列了当下最流行、最热门的话题。众多博友同时关注一个话题，并各自将所见所闻发布出来。同一个新闻事件，不同的新闻报道者也许会从不同的角度进行报道，每一个亲历者、围观者通过微博发布出来的信息角度也不同，这就使得每个用户发布的微博版新闻都不同。

微博版新闻的这一特点类似于“滚动消息”，用户将新闻现场的内容转变成文字或图片，不间断地上传至微博，但是这些信息都是碎片化信息，并不全面。受众想了解完整的新闻事件，需要浏览大量相关的微博。

（四）传者多样化

从微博发布者的角度来看，发布者具有明显的分化。传统新闻一般是由专业的记者采写后，交由编辑审核、组稿，最后通过纸媒、电视或网站发布出来的。微博版新闻不同于传统新闻，其传播者可分为三种：一是新闻媒体，图 6–1 为《南方都市报》通过微博发布的新闻；二是以私人身份出现的新闻媒体记者、编辑；三是除新闻媒体工作人员之外的人士。

图 6–1 《南方都市报》微博账号的新闻报道

例如，《南方都市报》在广州亚运会期间发布的微博版新闻，以"南都"的名义发出，并在新闻结尾处注明"南都全媒体记者 ×××"。

同样是微博版新闻，有些记者则常常以其个人名义直接发布。例如，《江南都市报》工作人员傅爱华 2010 年 11 月 26 日发布如下微博版新闻。

【昨日博友报料】新建县五中学生家长反映学校先让学生看电影然后交钱，不管看没看都要交钱以及家长每月手机账户被扣 10 元信息费作为学校下达通知给家长的费用，这引起了许多学生以及家长的关注。昨日，有家长致电记者称，新建五中这种乱收费的行为已经存在多年。本报今日继续追踪，详情阅报。

非新闻人也可以成为微博版新闻的发布者，如南昌大学新闻学系教师 2022 年 3 月 30 日曾转发如 6–2 所示内容。

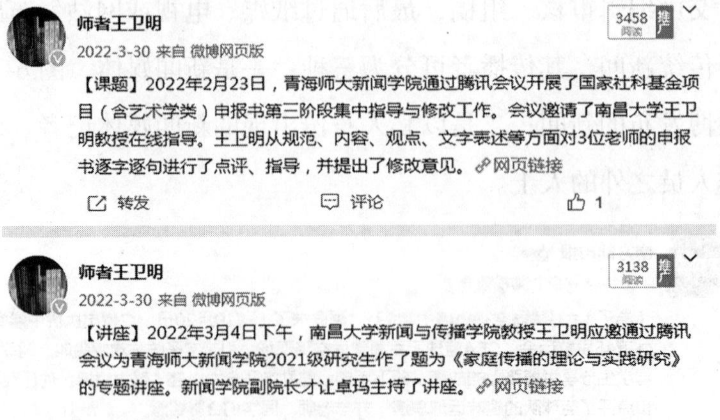

图6-2 南昌大学新闻系教师王卫明的微博账号内容

微博的公开性，使得微博版新闻的发布者既可以是媒体，也可以是媒体内外的个人，前提是其所发布的新闻事实必须准确，微博版新闻的发布者或转载者要注意鉴别信息真伪，避免陷入“失实新闻出现反转”的尴尬境地。

二、微博版校园新闻的分类

微博平台的校园新闻，从发布新闻的主体来看，既有传统媒体、各级教育部门和学校，也有各类其他团体、组织或个人；从发布的内容来看，既有动态新闻，也有对舆情的引导，充分体现了微博版校园新闻的丰富性、多样性。

（一）传统媒体的微博版校园新闻

微博传播速度快、传播碎片化、互动性强，为传统媒体的发展带来了全新的机遇和挑战。随着新浪微博 2009 年正式上线公测，包括报纸、杂志、网络、电视在内的不少媒体在微博上落户，开通账号，在微博上发布自家媒体记者采写的新闻，利用微博与受众进行沟通交流。

2023 年，微博用户总数达到了 10 亿，相比于 2022 年的 9 亿，增长了 10%。2023 年，微博的日活跃用户数达到了 3 亿，相比于 2022 年的 2.8 亿，增长了 7%。2023 年微博用户的年龄分布呈现出较明显的特点。在年轻人群体中，18~24 岁的用户占比最大，达到了 30%；25~34 岁的用户占比为 25%；35~44 岁的用户占比为 20%。可以看出，年轻人依然是微博的主要用户群体，但中年用户的比例也在逐渐增加，微博逐渐深入影响到不同年龄段的用户群体。调查数据显示，2023 年，超过 90% 的微博用户每周发布至少一条微博。这表明微博用户积极参与社交内容的创作和分享，为平台提供了丰富的内容资源。同时，微博用户对于阅读的需求也比较强烈。超过 70% 的微博用户表示会阅读文章，其中新闻、科技和生活方式类的文章受到较多用户的关注。这表明微博用户对于获取信息和知识有着较强烈的愿望，微博在满足用户阅读需求方面具备一定的优势。

传统媒体的微博，已经成为校园新闻稿件的投稿去处和发布平台（如图 6–3 所示）。

图 6–3《齐鲁晚报》的微博账号内容

根据《微博 2020 年用户发展报告》显示，微博用户群体继续呈现年轻化趋势，其中“90 后”和“00 后”占比接近 80%。面对如此庞大的受众群体，媒体微博的内容无疑会倾向于校园新闻。据不完全统计，《人民日报》官方微博每天都会推送 1~2 篇校园新闻，有时甚至达到 3 篇。以 2023 年 5 月 7 日为例，《人民日报》官方微博全天共发布 28 篇推文，包括时政、科技、外交、社会、娱乐等领域的新闻以及养生、夜读等内容，其中校园新闻就有 3 篇，占全天发布推文的 10.7%。现罗列如下。

◎【最纯真的友谊！#小学生转学前同学轮番上前祝福#】5 月 7 日，江苏南通，一名小学男生准备转学，同学们轮番上前送祝福，从最开始大家还是笑呵呵地告别，到最后哭得稀里哗啦。网友：转过学的都懂！

◎【感动！#泸州地震瞬间幼师逆行抱出孩子#】5月6日13时01分，四川泸州发生3.7级地震的瞬间，一幼儿园的幼师们立刻逆向飞奔，带正在午睡的孩子们撤离。据幼儿园的梁院长透露，很多老师是曾经历汶川地震的90后和00后。网友：#经历汶川地震的孩子长大保护别人了#。

◎【狠狠被戳到了！#大一VS大四毕业季文案#】从2019级到2023届，毕业季如期而至。四年如一瞬，相似的话语，再次说出已是别样心情。“很高兴认识大家”“帮我食堂带个饭，最后一次”……#毕业季哪句话里有你的青春？#虽有不舍，但愿各自努力，期待顶峰相见。祝福所有毕业生！

从以上列举的案例可以看出，《人民日报》官方微博关注的校园新闻，涉及范围广泛，既有幼儿园、小学校园新闻，也有大学校园新闻。

将校园或者学生作为报道重点绝不是孤例。《人民日报》官方微博2023年5月17日发布的30条推文中，将报道视角对准校园和学生的就有两条（如图6-4、6-5所示）。

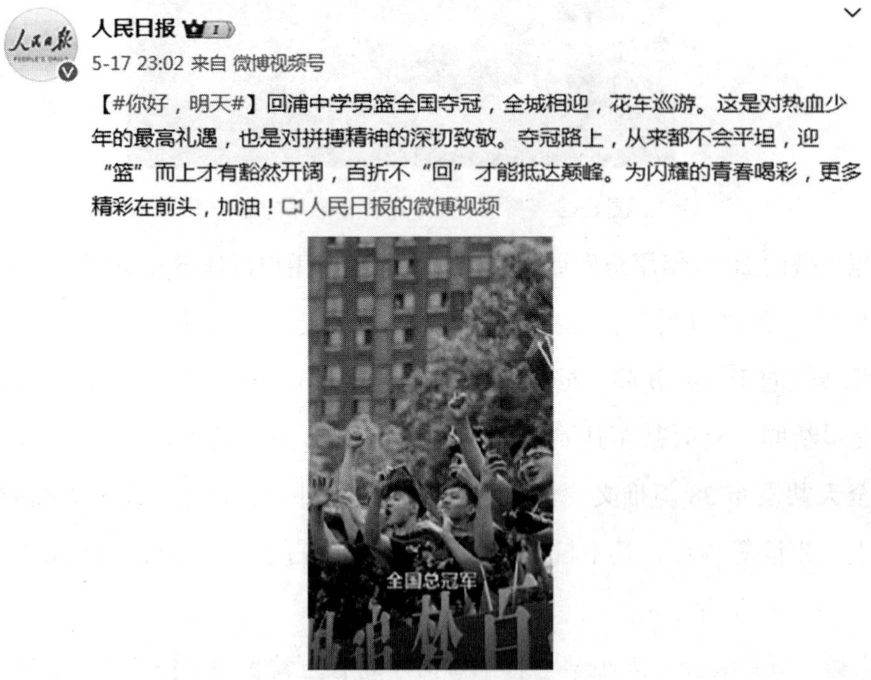

图6-4 《人民日报》微博账号内容

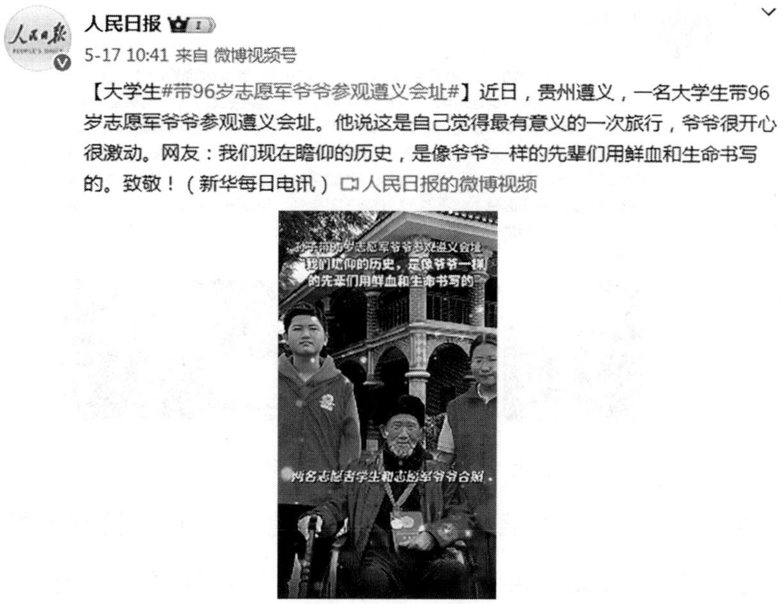

图 6-5　《人民日报》微博账号内容

（二）各级教育部门和学校的微博版校园新闻

1. 各级教育部门的微博版校园新闻

2013 年 12 月 1 日，教育部新闻办公室在新浪网开通官方微博“微言教育”，着力将其打造成教育部新闻资讯的发布平台、服务网友的互动平台。截至 2024 年 4 月 12 日，“微言教育”的粉丝量达 815.2 万。

“微言教育”每日更新，主要设置有《教育头条》《教育部新闻发布会》《千方百计促就业》《我为毕业生带岗》《安全公开课》《微言“双减”》《星火联播》《教育小贴士》《经典一刻》《青春正是读书时》《这就是老师》等栏目。除了教育政策的发布，教育部官方微博主要报道全国各地各级各类学校的动态、师生事迹。

例如 2023 年 5 月 18 日，“微言教育”推送了题为《95 岁老人跟医生“吵架”，老人赢了，网友却哭了……》的博文，报道的是卜陈学校 95 岁退休教师叶连平在备课时突然眩晕，被“骗”到医院后，却急得跟医生“吵架”的事。通过细节描写、图片和链接内容的呈现，报道者将一位受人尊敬的退休教师的形象展现在网友面前（如图 6–6 所示）。

微言教育
5-18 16:15 来自 微博网页版
#这就是老师#【95岁老人跟医生“吵架”，老人赢了，网友却哭了……】“周五”“周四”“你跟我讨价还价啊”“孩子们的课，一节也不能落下！”病房里这位跟医生“吵架”的老人正是95岁的卜陈学校退休教师叶连平。今年4月13日叶老师在备课时突发眩晕，年事已高的他，重重地倒在了教室的课桌上。看着他头部的淤血大家要立即送他去医院，但叶老师却执拗地坚持要上完周末的课。当大家好不容易把他“骗”到了医院，“不得不”住院的叶老师，却急得跟医生“吵架”。致敬叶老师！具体详情戳→95岁老人跟医生“吵架”，老人赢了，网友却哭了……
收起

图 6-6 “微言教育”微博账号内容

2023 年 9 月 18 日，“微言教育”推送了题为《96 岁教师连续 12 年为农村孩子发奖学金》的博文，再次报道了卜陈学校退休教师叶连平（如图 6-7 所示）。

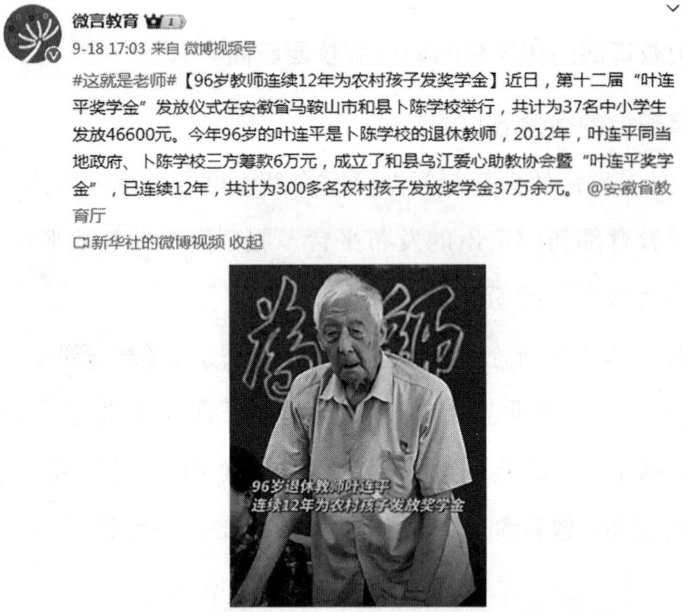

微言教育
9-18 17:03 来自 微博视频号
#这就是老师#【96岁教师连续12年为农村孩子发奖学金】近日，第十二届“叶连平奖学金”发放仪式在安徽省马鞍山市和县卜陈学校举行，共计为37名中小学生发放46600元。今年96岁的叶连平是卜陈学校的退休教师，2012年，叶连平同当地政府、卜陈学校三方筹款6万元，成立了和县乌江爱心助教协会暨“叶连平奖学金”，已连续12年，共计为300多名农村孩子发放奖学金37万余元。@安徽省教育厅
新华社的微博视频 收起

图 6-7“微言教育”微博账号内容

再如，2023 年 5 月 9 日，“微言教育”《星火联播》栏目发布了题为《泸县地震某小学教科书式撤离》的推文，报道了 2023 年 5 月 6 日四川泸县发生 3.7 级地震的瞬间，泸县一小学全班同学“教科书式”避险撤离的新闻，受到广大网友的热切关注，截至 2023 年 5 月 6 日 18 点 06 分，短短 13 秒的视频观看量达 125 万次。

全国各省（自治区、直辖市）和新疆生产建设兵团的各级各类教育管理部门也开通微博，所设栏目与“微言教育”大同小异，根据各地特色有所删减或增加，主要用于发布或转发各类通知、人才招聘信息和动态新闻。有的教育管理部门的微博会根据受众的接受与喜爱程度，对转发新闻进行二次加工。与“微言教育”一样，安徽省教育厅微博账号也转发了新华社关于95岁退休教师被“骗”进医院急着出院的报道，同时配发视频，截至2023年5月19日14点，短短1分05秒的视频获得246万人次观看，收到了不错的传播效果。

2. 各级各类学校的微博版校园新闻

中国的学校，就教育层次而言，主要分为幼儿园、小学、中学、大学4种类型；就管理体制和办学形式而言，大体可分为公办学校、民办学校、民办公助学校等类型。为适应社交媒体快速发展的趋势，各级各类学校也开通微博进行宣传，发布新闻是学校微博的重要功能之一。学校微博打破了学校与社会之间的界限，拉近了学校与公众的距离，满足了公众对于学校的好奇心，成为公众走近学校、了解学校、获取信息最便捷的渠道。以高校为例，学校微博的价值主要体现在以下10个方面。①打造高校媒体。学校微博是官方新闻重要的发布平台。②凸显学校文化。用微博内容展示学校特色。③构建招生平台。与考生互动，为其答疑解惑。④危机公关利器。传达新闻真相，准确沟通。⑤加强师生沟通。及时了解在校学生动态。⑥展示教学实力。打造名师微博，展示科研成果。⑦增进高校交流。第一时间了解兄弟院校情况。⑧联络校友资源。加强校友凝聚力，增进情谊。⑨拉动招聘、就业。帮助学校招聘、学生求职。⑩吸引媒体目光。获得全国媒体的关注与报道。

值得一提的是，部分学校还将校园风光与动态结合起来，如复旦大学官方微博推出《旦生活》栏目，该栏目涵盖内容丰富，有生活指南、学术讲座、学生会活动、典型人物报道等。每年的国际生物多样性日，复旦大学官方微博都会推出特辑，不仅报道复旦大学为保护生物多样性而努力的团队故事，而且进行校园风光推介，取得了良好效果。

微博成为师生及关心学校发展的社会人士及时了解学校的重要窗口，报道学校动态是学校微博的重要内容，很多学校开设新闻栏目报道学校教学、科研、学生工作、党建、团学工作等方面的新闻。例如，复旦大学官方微博设立《复旦·资讯》栏目，华中科技大学官方微博开设《华科大新闻》栏目，南昌大学官方微博设有《南大新闻》栏目。

（三）微博个人用户发布的校园新闻

2024 年 3 月 22 日，中国互联网络信息中心在北京发布的第 53 次《中国互联网络发展状况统计报告》显示，截至 2023 年 12 月，我国网民规模达 10.92 亿，互联网普及率达 77.5%。

微博已成为人们记录生活、参与讨论的重要方式。

从影响力来看，微博个人用户可分为大 V 和普通用户。大 V，指的是在微博上十分活跃且有着大群粉丝的公众人物。通常粉丝数量在 50 万以上的微博用户被称为“网络大 V”。“V”是指已通过认证的，英语为 Verified，其账户会在名字后面显示一个“V”字符，表示已通过微博身份认证。大 V 多是有一定知名度的人，在新浪和腾讯微博中，粉丝数量在 10 万以上的大 V 超过 1.9 万个，粉丝数量在百万以上的大 V 超过 3300 个，粉丝数量在千万以上的大 V 超过 200 个。大 V 的影响力不容小觑，他们是带动新浪和腾讯微博用户活跃的基础用户。这些大 V 在关于校园热点事件的舆论中拥有很大的话语权，他们对某一事件的态度能引导舆论走向。

成千上万的普通用户通过微博发布校园新闻，有的甚至成为媒体重要的信源。尽管个人微博所发布的校园新闻质量良莠不齐，且呈现出碎片化，甚至情绪化的特点，但这些零散的微博版校园新闻，与传统媒体、各级教育部门和学校的微博版校园新闻共同构建了校园新闻的壮丽奇观。

值得注意的是，同一校园新闻，被某一渠道发布后，视新闻价值不同，又被其他渠道转发，由此就形成了多渠道的报道格局。例如，2023 年厦门理工学院大一女生荣获世界小姐中国赛区总冠军的消息，首先由《厦门日报》在其官方微博发布，接着厦门理工学院官方微博转发，随后众多传统媒体的官方微博和个人微博转载。

◎再传喜讯！我校2022级表演专业学生刘婉婷荣获世界小姐中国赛区总冠军和总决赛人气亚军。明年，将代表中国参加第72届世界小姐全球总决赛！

◎【#厦门理工学院大一学生获世界小姐中国区总决赛总冠军#】@厦门理工学院 刚刚发布消息，近日，第72届世界小姐中国区总决赛在云南大理落下帷幕，就读于厦门理工学院2022级的表演专业学生刘婉婷荣获总冠军和总决赛人气亚军。明年，她将代表中国参加第72届世界小姐全球总决赛。（本报记者 佘峥 通讯员 曾妙龄 蔡莎莎）

三、微博版校园新闻的写作基本原则和报道策略

（一）微博版校园新闻的写作基本原则

微博版新闻与一般新闻一样，都要遵循新闻规律。通常来说，微博版校园新闻在采写时，需遵循以下几项基本原则。

1. 必须遵循新闻传播规律

微博版校园新闻作为新闻体裁的一种新形式，在本质上也具有一般新闻的特点，因此，在采、写、制作微博版校园新闻时，应该遵循一般新闻的采写基本原则。一般新闻具备的指导性、群众性和战斗性，微博版校园新闻应该而且必须具有，且应充分吻合微博的特点。

中国庞大的网民数量使得网络新闻在一定程度上的指导性远远大于传统媒体，随着拥有微博账号的用户越来越多，微博版新闻的影响力正在慢慢超过普通的网络新闻。

“突出新闻点”“顾及宣传需要”“呼应受众需求”“多用引语”“重视细节描写”“讲究故事性和可读性”“注意舆论导向和社会效益”……这些新闻生产的基本规律，同样适用于微博版校园新闻。

2. 坚持并确保新闻的真实性

2010年，因部门编辑以《中国新闻周刊》名义发布了一条关于“金庸去世”（后来证实为假消息）的微博，《中国新闻周刊》副总编辑、新媒体总编辑刘新宇宣布辞职，并获得批准，这很可能是中国第一个因微博版新闻报道出错而辞职的新媒体

总编辑。可见，在信息繁杂的网络中，如何保证所发布的微博版新闻的真实性，其意义与影响力不容小觑。

真实是新闻的生命。作为新闻的一种，微博版新闻也必须符合新闻的真实性要求。新闻的真实性指的是新闻报道中的每一个具体事实都必须合乎客观实际，即表现在新闻报道中的时间、地点、人物、事情、原因和经过都经得起核实。

新闻的真实性不仅要求构成新闻的基本要素、新闻中所引用的材料，包括引语、数据和事例准确，使用的背景材料真实、全面、客观；还要求所采写的新闻符合实际，不能以点代面、以偏概全。

网络社区的虚拟性使得“博友”无法正确判断彼此的身份。现实生活中的个人名字可以改，但指纹、DNA（脱氧核糖核酸）特征无法更改，而一个网络社区的成员可以拥有多个网络账号，并且可以随时更改。网络的虚拟性、网民的匿名性使得人们无从判断网络上信息的真实性。虽然在一些突发性事件上，博友被人们称为“市民记者”，但新闻报道是一项专业活动，无限逼近事实真相是报道者的义务。

3. 内容简洁，符合微博的字数要求

从新闻字数来看，微博版新闻的篇幅十分短小，最多 140 字，少则几十字，甚至几个字。众所周知，消息是最言简意赅、短小精悍的新闻文体。然而，微博版新闻由于受到字数限制，比一般的消息要简短。因此，微博版新闻有点类似一句话新闻、图片新闻。与传统意义上的新闻相比，微博版新闻可以没有标题，没有消息头（当然，微博的发布者已经标明了新闻的采写单位），直接进入新闻主体，关键词则用中括号标明。

例如，2023 年 5 月 21 日 18：46，头条新闻在官方微博发布了这样一条新闻。

【#清华理工科女生获 2 项选美冠军#】在第 72 届世界小姐选美大赛上，来自浙江的清华大学女孩洪昊昀获得中国区最强人气冠军和东部赛区冠军。2017 年，洪昊昀被录取到清华大学机械实验班，是全班 20 人中唯一的女生。2021 年她成功保研，2023 年她将继续在清华大学人工智能（机器学习）领域攻读博士学位。参加选美比赛以来洪昊昀受到过不少质疑，她回应：我要打破人们对理工科女生的偏见。#清华大学女生获选美冠军#

这条不到 200 个字的微博版新闻，不仅新闻六要素都已具备，而且交代了人物的相关背景，回应了网友的疑问。

（二）微博版校园新闻的报道策略

现今，微博版校园新闻成为人们了解学校的重要窗口，然而，有的微博版校园新闻能达到一石激起千层浪的效果，有的却无人问津。个中缘由，除了新闻所涉及事件的真实性、时新性、重要性、显著性、接近性、趣味性等有差异以外，还关涉到新闻的报道策略。

1. 共情传播

哲学家休谟（Hume）认为，共情是一种能力。共情的形成需要传播的支撑。重庆大学新闻学院教授刘海明等人将共情传播界定为“个体在面对群体的情绪情景时参与信息接收、感染和表达以及传递、分享的过程”。河南大学新闻与传播学院教授赵建国进一步提出，“共情传播就是共同或相似情绪、情感的形成过程以及传递、扩散过程”。通览那些获得高度关注的微博版校园新闻，我们会发现，通过校园新闻信息的共享、传播，调动“博友”多感官参与，由此形成基于情感共振的“想象的共同体”，报道才能得到广泛传播。

（1）语言上的共情

考察微博版校园新闻，必须明确微博平台的语言逻辑技巧。

以下是南昌大学在 2023 年 5 月 24 日发布的一条微博。

#点赞 NCUers#【玛丽女王学院 20 名学子上岸名校直博研究生】

夏日已至，香樟成荫。毕业的季节是收获的季节，令人高兴，值得庆贺。9 月，20 名玛院学子将以博士生的全新身份踏入下一个医学殿堂，以奋斗为底气，怀揣热爱，无畏追梦，披荆斩棘，行歌万里，实现光芒万丈的理想，去往必将抵达的地方。接下来，让我们一起领略这 20 名准博士生的优秀学子风采吧！

作为热门社交平台之一的新浪微博，在年轻人中备受青睐。可以看到，该平台用户通常使用双“#”组织和发布话题，组织者可以选择成为话题主持人，以便组织用户之间的对话。当某个话题的阅读量、讨论量和原创量达到一定规模时，自然登上微博热搜榜，这有助于快速原创或者转发内容。

在文本表达中，数字符号的出现能够给人以直观的感受。“一群身着蓝白相间校服的学生，正在表演‘千人打歌’”“6名小学生的建议，被政府采纳”“这所高校，3000斤枇杷任性摘”等，小小的数字背后，隐藏着丰富的情感色彩与价值观念。图片符号同样抢眼，各类微博版校园新闻巧用时兴的图片组合方式，制作多组“新闻图片九宫格”，报道形式得到多样体现，也更便于人们记忆、储存和跨平台传播。以下是“微言教育”《星火联播》栏目的一篇报道。

【高校绘125米奥运健儿图激励学生】近日，@陕西青年职业学院 室内艺术设计专业面向全院征集作品，打造学校运动场125米白墙。学生共交出300余幅作品，定稿后学院20余名学子绘制24天。设计初衷来自石智勇、朱雪莹、陈雨菲等奥运健儿在赛场上的拼搏形象，学子们加以聚光灯照耀的设计语言，将奥运健儿的奋斗精神传递给每位同学。希望学生们能用自己所学知识点亮、美化校园，学好自己的专业技能，踏上自己的新征程。

通过一系列数字，博文将陕西青年职业学院艰辛设计、绘制奥运健儿在赛场上的拼搏形象的行为表现得具体可感，使人印象深刻。此外，该微博中使用“@”提及相关人物，促使网友直接访问该校的微博账号，提升了人们对该校的关注度，延伸了新闻本身的指向。

当然，微博版校园新闻报道者还善于运用视频，增加了符号表现类型。例如，题为《#男童被困电梯20分钟冷静自救#》的博文链接了男童自救的视频，截至2023年5月25日19点30分23秒，观看量达197万人次。

此外，网络流行语、表情包的运用能使人产生亲近感，有助于增强网友的认同感。首先体现在微博的栏目命名上，如清华大学官方微博开设《清小答》《小清在看》等栏目，南昌大学官方微博以“小南”自称，复旦大学开设《ddl》栏目，既是复旦大学的昵称“旦旦”，又是deadline的英文缩写，是大学里的流行词，一般指某任务截止的最后期限，尤指大学里各种待完成的任务，如“早～今天有哪些ddl要完成呀？快来和OO分享吧！”

同音词的使用也可以使微博语言别具匠心，如郑州大学超话推出《郑是学习时》栏目，栏目名称“郑”既是“正”的同音字，又取“郑州大学”中的字，让人过目不忘。

（2）情感上的共情

微博版校园新闻要取得良好的传播效果，还应与网友实现情感上的交流。

微博版校园新闻的文字与标点符号十分考究，注重与网友的情感交流。在新闻标题中，报道多使用“短语 + 感叹号”的形式，如《鸣锣开赛！来看南京版“速度与激情”》《暖！老师做50份书法手札赠毕业生》《当“燃”不让，直击复旦校运会！》等。在新闻主体部分，感叹号的使用也很频繁，这有益于增强网友的情感认同。报道也会适当采用疑问句。例如，《每天一定要睡足8小时吗？专家：因人而异》一文，采用设问的修辞，增强了报道的互动性。又如，《南方人物周刊》2023年5月21日发布博文《为什么大学同学毕业出路分化那么大？》，讲述主人公郑雅君18岁时进入百年名校复旦大学，从中度过了失魂落魄、格格不入、倾尽全力的4年。她决心通过研究解决自己的困惑：社会出身对个人的影响如何延续到大学阶段？她在学习中确认，寒门学子在大学所经历的周折和迷茫，并非奇异的个例，而是结构性现象，是低阶层局限的见识和大学里被默认的文化之间的鸿沟所致。该篇博文引发了网友对报道内容的思考。

在《户口迁移、档案转递、报到入职怎么办理？6图带你了解》这一报道末尾出现的疑问句“具体可享哪些便利？”，不仅提醒毕业生关注毕业后户口迁移、档案转递、报到入职的问题，还实现了与网友的互动交流。

微博版校园新闻，还注重报道对象的设定，引起特定人群的情感认同，如安徽省教育厅2023年5月25日发布的微博内容如下。

【最新攻略！#拍毕业照主打一个脑洞大开#】今年初夏，大学校园开启毕业照打卡模式。这个毕业季，“放肆”拍照，主打的都是脑洞大开。网友直呼：被这届毕业生卷到了。2023#最新毕业照拍照创意攻略#定格青春，不留遗憾。转给毕业生！

“网友直呼：被这届毕业生卷到了”“转给毕业生”等语句，使网友产生了亲近感和被尊重感。

以下被高频转载的微博版新闻，由于事件本身充满温情，报道获得数万人次点赞。

【暖心！#武大为2020届毕业生补办毕业典礼#❤】@武汉大学：“亲爱的2020届毕业生，母校知道，你终有遗憾，遗憾未能回到最爱的家，未能见到可爱的老师同学，未能够被豪华导师团现场拨穗。现在，武汉大学向2020届毕业生，发出自愿参加毕业典礼的邀请，青春不散场，你的遗憾，母校来补。”近日，武汉大学的这封邀请信感动了无数网友，网友称：被惦记的感觉，真好！

微博已经推出生成式人工智能创作助手，可以帮助创作者提高内容质量和创作效率，微博版新闻报道者可以适当加以利用。

第三节　微信公众号上的校园新闻

2011年1月21日，腾讯公司推出免费应用程序微信。2012年8月17日，微信公众平台上线。截至2021年1月，微信公众号数量已经达到3.6亿个。截至2022年6月30日，微信月活跃用户数量达12.99亿。

目前，许多高校、教育管理部门、共青团组织都有自己的官方微信公众号，微信公众号已成为重要的新闻报道平台之一，微信版校园新闻在中国已成为极为常见的新闻作品。

一、微信版校园新闻的采写方向

和其他平台的新闻报道一样，微信新闻传播也具有时效性和信息量要求：主题要集中，题文应相符，内容要尽量避免同质化和雷同化，要避免广告化、产品说明书化，要有新闻稿的模样，文笔表达不能存在逻辑错误、政治错误、法律适用错误、语法错误（使用存在语法错误的网络流行语句，不算错误）。微信新闻传播，应该尽量追求原创（包括原创的采访、表达、编辑、包装，以及文字、图片、漫画、动画），要对采访给予更多重视，多做本地化采访和独家性编辑（如可以将网友评论截图添加至正文当中）。采写不同于传统媒介平台的新闻报道内容，采写符合媒体公众号定位的新闻，就是微信新闻制作的方向。美国媒介理论家保罗·莱文森在《软利器》一书中提出了“弥补性媒介”这一概念，即微信作为传统媒介和传统人际传播工具的弥补性媒介，能够被传统媒介所利用以弥补自身的不足，这也是未来媒介应用微信进行新闻传播活动的重要原因。可见，传统纸媒仍然可以利用微信独特的多媒体功能突破自身局限性，扩大自身影响力，增强新闻传播效果。

二、微信版校园新闻的总体文风

微信版校园新闻的总体文风明显不同于传统媒体制作的新闻的文风。微信版校园新闻的文风，可以称之为“朋友圈风格”或“微信风味”。

微信版校园新闻就像朋友间的聊天，不能过于一本正经，要与传统报道区分开来，讲究风趣、俏皮、口语化，标题喜欢“卖关子”，正文则要求信息明显，配图要有创意。报道者没有“本报记者”之类的说法，而代之以个人化的自称（如“小财”“岛君”“头条哥”“江报君”）。作者署名也不必用真名，如“杜小杜”“司徒无忌”之类的网名都是可以使用的。

微信版校园新闻行文多使用新媒体语态，即“网言网语”、流行句式。例如，“您是哪逗”，“哭晕在厕所”，“duang”，“你造吗”，“亮瞎你的双眼”，“悄悄滴”，“小伙伴们都惊呆了”，等等。众所周知，传统纸媒一般是以新闻信息的简单、准确传递和对新闻事件的深度报道为主，更讲究新闻的事实性，其语态多比较正式、严谨，有很强理论性的专业术语，报道具有很强的思想性和指导性。与之不同的是，微信作为新媒体的一种形式，其语言多是用“网言网语”，像家常聊天一样传播新闻内容，即用通俗易懂且为受众所熟知的网络语言和聊天方式来传播信息。同时，新媒体语态也表现为平等对话。这样更贴近百姓生活，更符合社会主义核心价值观的要求和时代发展潮流。与传统意义上的纸质媒体相比，微信版新闻的标题、内容、语言及结尾都具有明显特色，标题更为通俗，内容更具解读性和贴近性，语言风趣、幽默，更具可读性，结尾简洁。微信版校园新闻一般采用夹叙夹议式结构：既有观点，又有叙述，在给受众提供信息的同时，也通过观点的论述带给受众以情感的启迪和理性的指导。当然，微信版校园新闻毕竟不是微信评论，不能写成评论，而应述多于评。

三、微信版校园新闻的文本类型和标题制作

微信版校园新闻可使用文字、图片、音频、视频、动画、漫画等多种文本类型。目前，微信版校园新闻中普遍缺少视频链接和编者按语，这样不利于微信版校园新闻的有效传播。如果采用视频等多媒体手段，则可以在满足受众获取文字、图片等信息需求的同时，最大限度地满足其获取动态视频信息的需要。总之，只有为受众

创造更大的便利，微信版校园新闻才会更有吸引力和影响力。

微信版校园新闻的标题，常常是一句话，没有肩题、副标题，内容多做悬疑式处理。悬疑式标题易引发受众关注和阅读，因此，媒体在微信上发布新闻时一般会用悬疑式标题，字数一般控制在两行以内。在微信版校园新闻的结尾处一般也会做悬疑处理。比如，“如果对此新闻您想了解更多答案，请在下方输入相关内容”，这样可以方便受众找到相关答案，及时关注微信版校园新闻。此外，由于所发微信版校园新闻的公众号及内容不同，标题也会不拘一格。

四、微信版校园新闻的版式处理

微信版校园新闻讲究图文并茂，常用红色字体把关键字、关键句标出，用蓝色字体将小标题标出，全文可能有两种以上的字体颜色。这样不但可以使受众在短时间内迅速掌握整篇新闻的重点信息，方便受众阅读，而且可以增强微信版校园新闻美感，一举两得。如果微信版校园新闻的各个段落字数过多，会使人感到冗长乏味，不便于吸引受众阅读并接收重要信息。因此，微信版校园新闻制作应遵循短段落、多分段的原则，每段内容最多不超过两百字，最少用一句话作总结，段落多且短，层次感、可读性强。

第四节　短视频平台的校园新闻

2024 年 3 月 22 日，中国互联网络信息中心发布的第 53 次《中国互联网络发展状况统计报告》显示，截至 2023 年 12 月，我国互联网普及率已达到 77.5%。短视频平台已经成为非常重要的校园新闻报道渠道，每天都有大量报道校园新闻的短视频作品在网上发布，受到了广大手机用户的欢迎，图 6–8 所示为抖音短视频平台上的校园新闻。

融媒体时代，多元传播主体参与新闻采制，新媒介为其进行技术赋能，民间话语体系及多元引流方式的融入也使得新闻的传播内容与传播方式与时俱进。因此，融媒体新闻的传播策略呈现出以下新特点。

图 6-8 抖音短视频新闻

一、内容生产体系的构建

随着媒介技术的发展，传播话语权已不再集中于主流媒体，全民参与传播成为常态。官方话语与民间话语融合，共同构建了融媒体新闻的传播内容。

1. “UGC+PGC+OGC”的协作生产

在这种话语融合构建的过程中，多种媒介平台既各自独立存在，又共融共生。自媒体平台为人民群众自主传播新闻提供了便捷的渠道，培育了一些专业的自媒体博主。主流媒体与自媒体共同进行大众传播，并成为彼此的信息源。在整个新闻生产过程中，用户生产内容（User-Generated Content，UGC）、专业生产内容（Professionally-Generated Content，PGC）与职业生产内容（Occupationally-Generated Content，OGC）共同采制新闻，推动融媒体新闻的生产。在单条融媒体新闻中，新闻素材不仅来源于主流媒体和官方媒体，还可能来自自媒体。

2. “碎、短、快、互、趣、朋”的话语融入

当民间话语体系进入这种多媒共融的新闻采制环节时，融媒体新闻的语言风格也呈现出新的特点。互联网带来的海量信息快速培养了网络受众的碎片化阅读习惯。

融媒体新闻相应地变得更加短小精悍，产生了微博版新闻、短视频新闻等形式。同时，新闻的实时传播促使人们更加积极主动地参与舆情事件的讨论。对此，新闻媒体需要快速发布新闻与网民互动，满足网民对新闻事件的知情权，同时应增强新闻语言的趣味性，以提高传播效果，及时正确引导舆论。如短视频作品《手把手！李冰冰教“洋记者”包饺子过大年》中有这些趣的语言。

大年三十，最开心的事儿就是吃饭！不过，你们都和家人团圆了，在中国的“洋记者”怎么办？中国演员李冰冰，闪耀好莱坞，更有一颗热情的心！英文说得溜，饺子包得贼好，她不请客谁请？和面，擀皮，调馅儿，开包！看着安艾唯的饺子皮，冰冰笑而不语……清蒸鱼——年年有余，年糕——一年更比一年好，鸟巢虾——国家富强……安艾唯应接不暇，过个年嘎讲究！

这种民间话语自带的亲和力，使受众产生了与朋友对话的感觉。[①]

二、多元引流方式的嵌入

互联网的发展带来了超文本写作。所谓超文本，一方面是指信息以多媒体形式存在，另一方面是指通过超链接可以使信息之间产生联系。[②]互联网发展初期，新闻的超文本写作主要表现为视频的嵌入、网页的链接等，实现多媒体的互联。如今，5G（第五代移动通信技术）技术助力移动互联网实现万物互联，使区块链、大数据等迅速发展，为全媒体深度融合形成的新闻提供了技术保障。因此，融媒体新闻能够被嵌入多种引流方式，使传播效果更上一层楼。

1. 情感转向

如今，媒介符号越来越丰富。人们能够通过媒介制作多种类型的文本，直接传达个人情感。因此，在制作融媒体新闻时，新闻报道者会在传统新闻文本写作特点的基础上，突出情感传播效果。例如，新闻报道者在文本间穿插 GIF（图形交换格式）动图表情包，使新闻报道者、新闻人物的个人情感在新闻文本中得到立体化、生动化呈现；在短视频、H5 中加入煽情音乐，使新闻文本在音乐烘托中得到叙事升级，引发受众的情感共鸣。

① 资料来源：https://sdxw.iqilu.com/share/YS0yMS00NTY4MDc3.html。
② 刘明华，徐泓，张征．新闻写作教程 [M]. 北京：中国人民大学出版社，2002：549.

2. 弹幕崛起

弹幕是 B 站区别于其他视频网站、吸引众多用户的原因。弹幕是指一种在播放视频时网友能够发表即时评论，并将评论显示在视频上方的播放方式。以 B 站为代表的“弹幕视频”以迅猛之势影响着人们的娱乐生活。短视频新闻、新闻漫画等也可以被弹幕式地观看。[①] 如 B 站《人民日报》官方账号发布了一条《重庆发现 1 例境外输入猴痘病例，已进行隔离治疗》的短视频新闻，许多受众通过弹幕发表了“退、退、退”“你别过来啊”等即时评论，促进了用户与文本以及用户彼此之间的交流。

3. 热点依傍

社交媒体的出现使人们可以随时随地突破时空限制获取消息并发表评论，受众的活跃推动了网络舆情的复杂多变。舆情热点事件及话题因关注度较高能够汇聚流量。在此情形下，热点依傍成为融媒体新闻吸引受众的新方式。例如，融媒体新闻报道者会为新闻附上如“# 我国火星探测一批科学研究成果发布 #”“# 英雄回家 #”等热点话题标签，使其能够获取相关话题的流量推荐，参与该话题的网络议程设置，吸引关注相关热点的受众阅读。[②]

4. 二维码链接

二维码作为一种能够便捷地承载交互信息的技术，其因交互便捷、信息量大等特点常被用作信息传递、用户引导等事务。[③] 新闻报道者可在新闻文本中添加二维码，链接相关内容，对新闻进行扩容补充，还可利用二维码链接媒体账号引导受众关注，获取忠实用户。因此，二维码可以使多媒体新闻通过“一码”融合，实现媒介与媒介、媒介与用户的交互。

三、新技术的运用

随着科技的不断进步，媒介形式也在不断更新。为建立更加高效的融媒体新闻采

① 陈响园，陈好菁，王晓奕．“弹幕视频”的去传统美学及其现实逻辑 [J]. 现代传播（中国传媒大学学报），2017，39(3)：143-147.

② 麦库姆斯．议程设置：大众传媒与舆论 [M].2 版．郭镇之，徐培喜，译．北京：北京大学出版社，2018：78-79.

③ 郑晓瑾．基于二维码技术的报刊多媒体交互系统的设计探究 [J]. 新闻研究导刊，2022，13(7)：94-96.

制流程，形成更具沉浸式的传播效果，一些媒体已搭上了人工智能、VR（虚拟现实）/AR（增强现实）等新兴媒介技术的快车，以便抢先抓住未来媒介生态中的受众。

1. 人工智能助推自动化采制

2017 年 8 月 8 日，机器人在 25 秒内自动编写了新闻《四川阿坝州九寨沟县发生 7.0 级地震》，并配上相关图片。如今，人工智能技术逐步渗透到媒体的选题策划、信息采集、信息加工等内容生产的各个环节，新闻报道者可以利用数据分析策划选题，并基于物联网传感器在海量信息中智能采集和加工新闻素材，最后利用智能技术进行传播优化，生成融媒体新闻。此外，人工智能促使虚拟新闻报道者的产生。虚拟新闻报道者可以通过与个体用户的个性化交互实现个性化采访，并将采访内容制成新闻，进行新闻播报。[①]

2. “VR+AR”实现沉浸式传播

如果说人工智能优化了新闻的采制流程，那么 VR/AR 技术则增强了新闻的传播效果，实现了新闻的沉浸式传播。正如加拿大传播学者麦克卢汉所说，媒介是人的延伸。不同的传播媒介也就是人的不同器官向外部世界的延伸。一则用 VR 呈现的新闻使新闻现场得以全景式呈现，延伸了受众的视觉、听觉、触觉等感官。AR 技术又实现了虚拟的全景空间与现实世界的交互，使受众获得全方位感官的延伸，从而沉浸式感知新闻现场。

3. 元宇宙构建虚实共生的媒介生态

当这些新兴媒介技术聚合之后，元宇宙世界便有了雏形。元宇宙是指人类运用数字技术构建的、由现实世界映射的或超越现实世界且可与现实世界交互的虚拟世界，以及具备新型社会体系的数字生活空间。“元宇宙”本身并不是新技术，而是集成了一大批现有技术，包括 5G、云计算、人工智能、虚拟现实、区块链、数字货币、物联网、人机交互等。未来，人们或许会在元宇宙中化作虚拟的自己，阅读虚拟新闻报道者采制的新闻，甚至直达新闻现场。这时，融媒体新闻将会在虚实共生的媒介生态中呈现出新的传播方式。

---

① 彭兰 . 移动化、社交化、智能化：传统媒体转型的三大路径 [J]. 新闻界 ,2018(1):35-41.

第七章　校园新闻报道的新技术

第一节　无人机航拍方法

用无人机进行实时拍摄和录制，能够呈现相机无法实现的画面，提供全新的视角，给人以震撼之感和视觉冲击。

通过校园航拍，学校的美丽环境、教学设施、文化氛围和历史传承得以被全方位记录和展示，由此，社会对学校文化的认知和理解得到增强，学校形象与特色获得了全面宣传和推广；对于新闻事件，无人机也能够实现更加完整与全面的拍摄。

一、无人机航拍的安全保障与禁区

（一）航拍需遵守法律法规

在使用无人机进行航拍时，需要遵守相关的法律法规，如《无人驾驶航空器飞行管理暂行条例》《中华人民共和国民用航空法》和《中华人民共和国民用航空器适航管理条例》等。严禁违反法律法规进行航拍，拍摄过程中无人机不得越过限制高度，不得进入禁飞区域。

限飞区中无人机将被限制飞行高度，我国把无人机限高定在 120 米。操作空机质量大于 4 千克、起飞全重大于 7 千克无人机的人员必须持有中国民用航空局飞行标准公司签发的民用无人驾驶航空器操控员执照。

禁飞区中无人机无法起飞，禁飞区域包括机场、军事禁飞区、国家重要机关所在地等。在涉及国家安全的公共场所飞行须向有关部门报备，因此，在准备航拍前，新闻报道者最好查询之后再行拍摄。

（二）隐私保护与他人权益

在航拍过程中，新闻报道者要尊重他人的权益，根据航拍的需求和飞行区域的限制规定，选择合适的飞行高度进行拍摄，避免侵犯他人隐私。不要拍摄私人住宅及敏感区域，尽可能避免拍摄到无关人员的面部。此外，须经过相关部门的批准，才能进行有关隐私的调查和拍摄。

（三）通知报备与设备管理，保障校园安全

在进行航拍时，需要提前通知校园内的相关部门和人员，以便获得相关许可和批准。同时采取安全措施，确保无人机的安全稳定，避免设备损坏和人员伤害。此外，还需要对无人机进行规范管理，如设备检修、定期更新、数据备份等。

二、无人机航拍的操作技巧

下面以大疆 Mini 2 无人机为例，介绍无人机航拍的操作技巧。

（一）准备工作

打开无人机包装盒，我们能看到相应的配件，包括无人机、遥控器、电池、充电器、数据线，注意给电池充够电。检查无人机、遥控器、电池等设备是否完好无损，如图 7–1、图 7–2 所示。

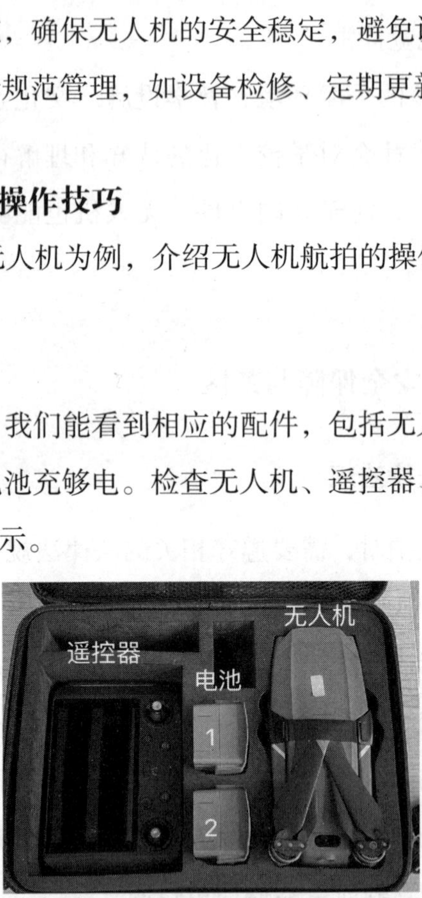

图 7–1　大疆 Mini 2 无人机

（二）开机

拿出无人机，将翅叶旋转开，前部的翅叶水平方向打开，后部的翅叶旋转打开。注意力度不要太大，如图 7–3 所示。

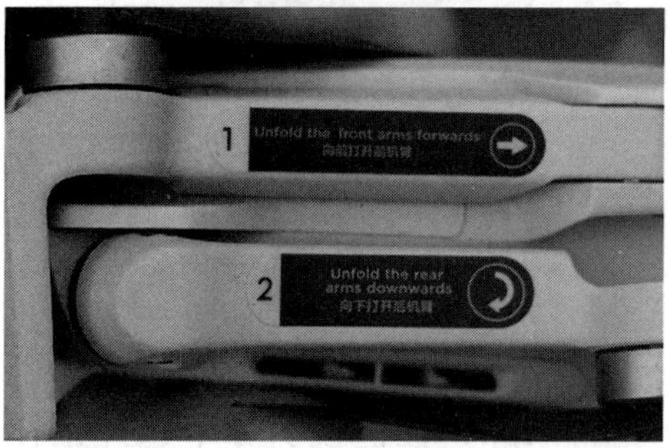

图 7–2　大疆 Mini2 无人机细节

图 7–3　大疆 Mini2 无人机展开全景

将无人机翻转过来，找到开机按钮，快速按一下松开后再长按，如果无人机响起音乐、灯光闪烁，证明无人机已经开机，取下镜头保护盖（如图 7–4 所示），随后将无人机翻转至飞行一面，放在平坦、空旷、无障碍物的地面上。

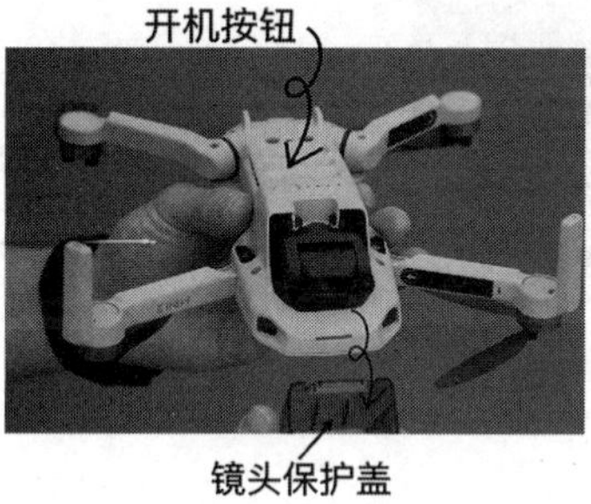

图 7–4 无人机操作细节图

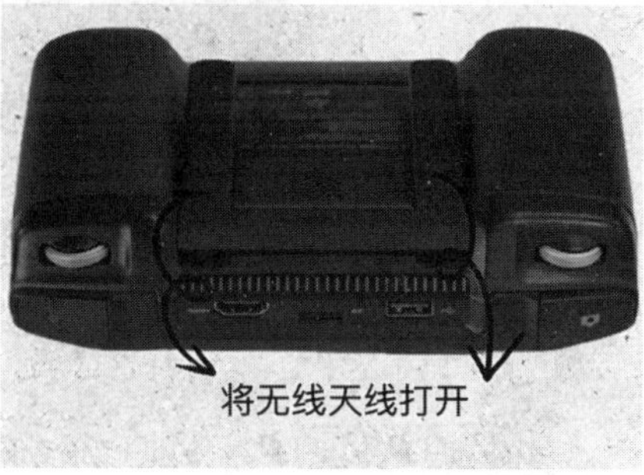

图 7–5 无人机遥控器

拿出无人机遥控器，首先打开无线天线（如图 7–5 所示），然后找到开机键，快速按一下松开后再长按开机键，此操作同无人机开机方法。按开机键后，遥控器会闪灯，这就证明遥控器已经打开（如图 7–6、图 7–7 所示）。

找出与自己手机适配的数据线，一端插入遥控器，另一端连接到自己的手机上，随后打开遥控器顶端或底端（不同型号的无人机位置不同），卡入手机（遥控器有显示屏的忽略此步骤）。

图 7-6 无人机遥控器闪灯被打开

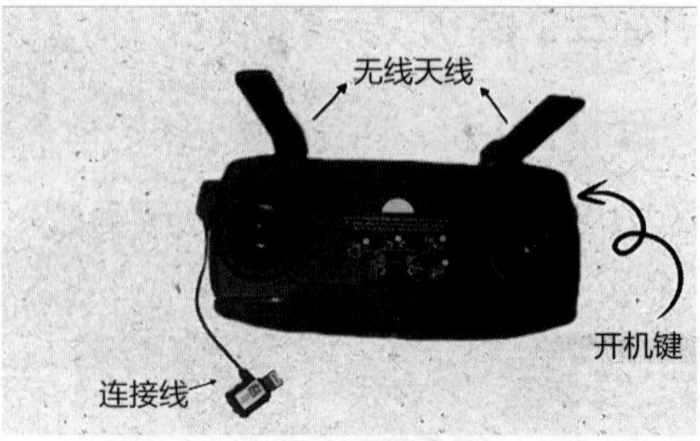

图 7-7 无人机遥控器细节图

（三）连接

在手机上下载“DJI Fly”大疆无人机 App，打开 App，在连接引导中选择正在使用的无人机的型号进行适配，完成遥控器与无人机的连接。

手机与无人机连接好后，可根据页面提示进行相应的操作，如图 7–8 所示。

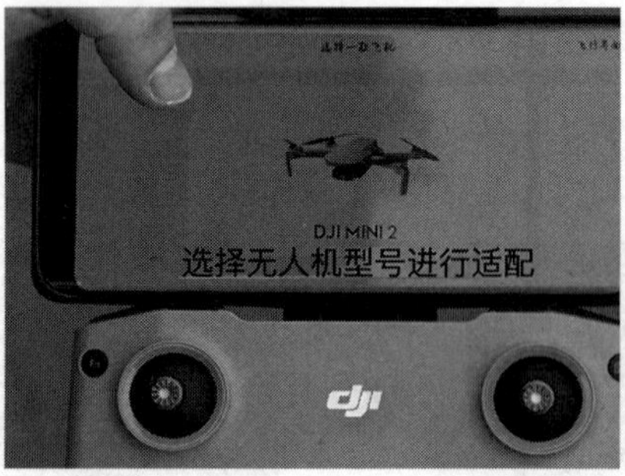

图 7-8 手机与无人机连接

（四）起飞

启动后，将无人机放置在水平地面上且机尾朝向自己，如图 7–9 所示。为安全起见，飞行高度较低时，机头应避免朝向人。

等待飞行状态显示可以起飞，如画面的左上角处红色“无 GPS”变为绿色（如图 7–10 所示），即可准备起飞。图 7–11 所示为无人机拍摄画面。

无人机起飞方式有两种：一种是“自动起飞”。按下遥控器或屏幕上的起飞按钮后自动起飞。二是“内八起飞”。将两侧摇杆向内侧斜 45° 推到底，使无人机进入飞行状态，桨叶运转后松开；而后，左手摇杆向上轻推，使无人机垂直升空，松开摇杆可悬停。

图 7-9 无人机起飞预备

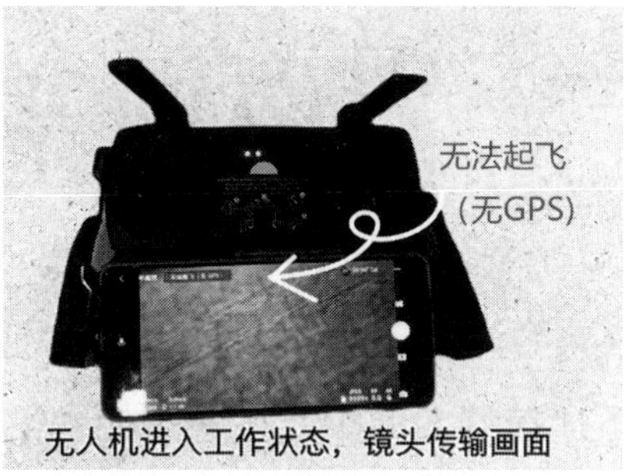

图 7-10 无人机镜头传输画面

图 7-11 无人机拍摄画面

（五）飞行

1. 无人机飞行操控

大疆无人机的出厂设置通常是，左手控制无人机升降（上下升降，左右旋转），右手控制无人机水平方向平移（前后左右平移），具体操控方法见表 7-1。

表 7-1　无人机飞行操控方法

方向	上	下	左	右
左手摇杆（升降和旋转）	上升	下降	逆时针（向左）旋转	顺时针（向右）旋转
右手摇杆（前后左右平移）	前移	后移	左移	右移

2. 飞行参数调整

通过遥控器与显示屏调整无人机的飞行参数，如高度、速度、方向等。

大疆无人机有以下 5 种速度模式。

（1）P 模式：定位模式。飞行器使用 GPS（全球定位系统）模块或视觉定位系统可实现精确悬停，飞行器稳定性较强，速度较慢，控制手感较为平缓。

（2）A 模式：姿态模式。飞行器不使用 GPS 模块与视觉定位系统定位，仅提供姿态增稳，若 GPS 卫星信号良好可实现返航。

（3）F 模式：功能模式。在此模式下，飞行器可以使用热点跟随、兴趣点环绕、航点飞行、航向锁定、返航点锁定等功能。

（4）S 模式：运动模式。飞行器的速度最快，控制手感也最为灵敏，需要操控员有较高的操作技巧（此模式下自动避障功能关闭，慎用）。

（5）T 模式（仅大疆 Mavic 2 无人机有）：三脚架模式。三脚架模式是在 P 模式的基础上限制了飞行速度，从而达到稳定的飞行效果。

通常每台无人机遥控器上有由慢到快的三种模式，需要选择合适的飞行速度进行拍摄，避免出现晃动或模糊的影像。

（六）拍摄

在无人机飞行过程中，需要拍照时，可按下遥控器上的拍照按钮拍摄；需要录制视频时，按下遥控器上的录像按钮开始录制，再次按下该按钮停止录制。

如果需要调整拍摄参数，可以通过 DJI GO App 进行调整。在 DJI GO App 中，可以设置相机参数、拍摄模式、ISO（感光度）值、白平衡、快门速度等参数，以达到更好的拍摄效果（如图 7-10、图 7-11 所示）。

可以通过遥控器左后方的波轮控制镜头俯仰，也可以长按屏幕图传界面并上下拖动，以控制云台俯仰。

（七）降落

图 7-12　操控无人机

无人机飞至离操控员较近的安全位置且周围无障碍物后，操控者可将左侧摇杆慢慢下拉到底，无人机垂直降落到达地面，桨叶停止后可松开摇杆，如图 7–12 所示。

（八）拍摄内容的存取

在手机连接上无人机时，可点击相册查看拍摄内容并保存至手机，如图 7–13 所示。

在无人机关机时，可将 SD 卡（数码存储卡）从机尾取出（轻轻按一下即可弹出），使用读卡器读取拍摄内容或通过数据线连接电脑，然后将拍摄内容保存下来，如图 7–14 所示。

图 7–13　查看和保存无人机拍摄内容

图 7–14 使用读卡器读取拍摄内容

飞行结束，等待无人机停稳后，要关闭无人机和遥控器的电源。及时备份和整理拍摄的照片或视频，确保数据的安全和完整性。

三、飞行技巧

“刷锅”、渐远、渐近等是无人机操作的几种常见方式，具体如下。

无人机“刷锅”：航拍术语，指用无人机环绕某个主体（一般是人、车、建筑物等）进行拍摄，360° 突出主体，目前市面上的大多数无人机都有智能飞行功能，可以一键环绕，但是“刷锅”仍然是练习无人机操作手感的常用方式。

其操作要领为：在视野开阔的位置找到适合环绕的主体（如旗杆、雕塑等），左摇杆和右摇杆同时向内侧轻推，在调整好一定的力度后，无人机会顺时针环绕主体飞行拍摄，如图 7-15 所示。

图 7-15 无人机环绕拍摄操控

渐远：无人机机头朝向拍摄主体，左手摇杆上推，右手摇杆下推。渐近操作则相反。

四、注意事项

（1）进行活动拍摄之前要确认时段天气状况，无人机通常不宜在雨天、大风天、能见度低或极端的天气下飞行。

（2）大疆无人机的电池使用时间取决于多种因素，包括飞行器型号、电池容量、飞行器负载、天气条件等。常见的大疆无人机电池使用时间为 30 分钟左右，实际有效拍摄时长更短，因此，操控员通常会携带不止一块电池，并且在飞行前确保电池电量充足。

（3）保持安全距离。在进行航拍时，需要无人机与人员和建筑物保持安全距离，避免出现飞行事故和人员财产损失。

（4）保持视线通畅。在飞行过程中，须保持对无人机和遥控器的视线通畅，以便及时调整飞行方向和高度。

（5）在可以人工操作的情况下不建议使用电量即将耗尽的自动返航功能，首先无人机定位有误差，其次自动返航功能使无人机在飞至设置的高度后再返航，容易耗尽电量。

第二节　数据新闻生产

数据新闻，作为一种新闻类型，经历了从早期在新闻中简单地引用统计数据和统计图表，到成为一个单独的新闻类型的发展阶段。数据新闻与传统新闻的区别主要体现在 4 个方面：一是新闻素材获取方式的差异。传统的新闻素材大多可以通过采访和梳理文本获得，但数据新闻的素材严重依赖于各类社会调查、权威机构的统计数据和学术研究成果。二是新闻素材处理方式的差异。传统的新闻素材处理方式主要是语言组织，但数据新闻的素材处理依赖于社会网络分析、数理统计分析和可视化技术。三是新闻叙事方式的差异。传统新闻的叙事方式以文本叙事为主，数据新闻则更强调可视化的叙事方式。四是新闻生产方式的差异。传统的新闻生产方式偏重于独立制作，但数据新闻更强调团队制作方式。

随着信息传播技术的发展，人们对数据内涵的认知不断拓展，数据一词不再仅指数值，还包括文本内容和关系。

数据新闻中的数值，主要是说明某一社会问题或现象的描述性统计数值（如图 7–16 所示），常见的有均值、中位数、标准差等统计指标，另外还有各种交叉分析内容。至于相关统计和因果统计，因其涉及严格的学术推理，一般不建议新闻从业人员自行进行此类统计分析，而是采纳学界公认的学术期刊上公开发表的相关学术研究成果。

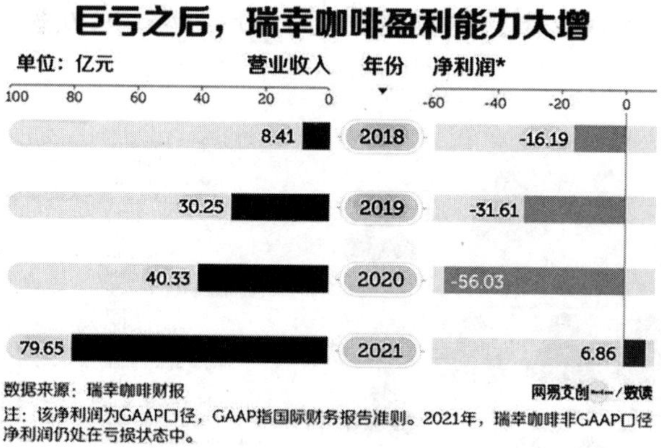

图 7–16 瑞幸咖啡财报数据

数据新闻制作者，主要是通过文本挖掘技术统计关键词句的出现频率，并根据各关键词句出现频率的大小，制作文字云，如图 7-17、图 7-18 所示。

图 7-17 认同型文字云示例

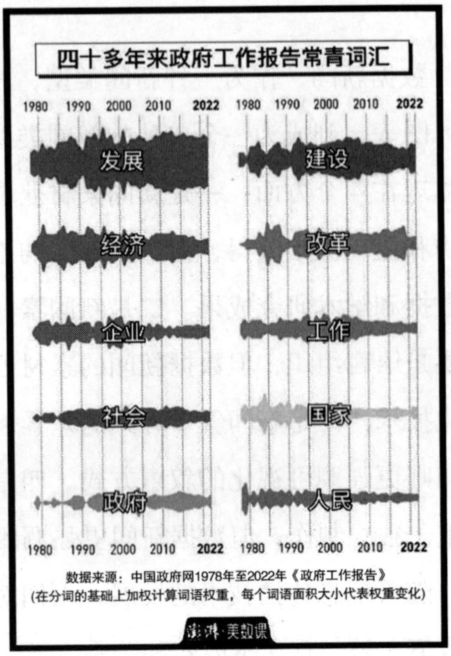

图 7-18 关键词文字云示例

数据新闻中关系的呈现方式，主要有三种：第一种是通过可视化的方式将某一事件中不同人物之间的关系，通过社会关系网络图（如图 7-19 所示）进行可视化呈现，以达到一目了然的效果。第二种是将某一事件以时间为单位进行拆解，将完整事件归类到各个时间段进行呈现的事件发展时间线（如图 7-20 所示）。第三种是通过内容分析将相同属性的事件合并，制作成分类体系图（如图 7-21 所示）。

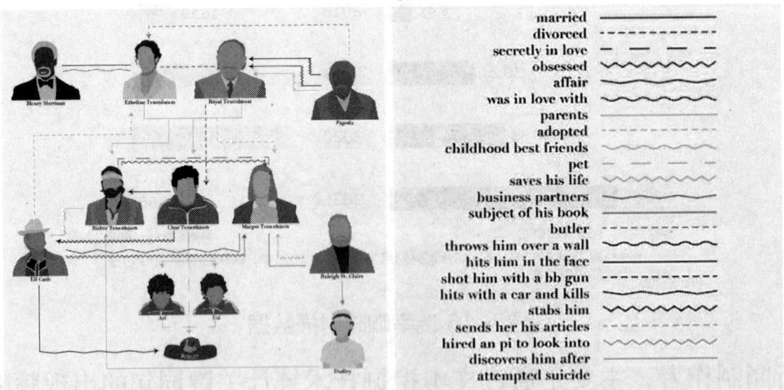

图 7-19 社会关系网络图

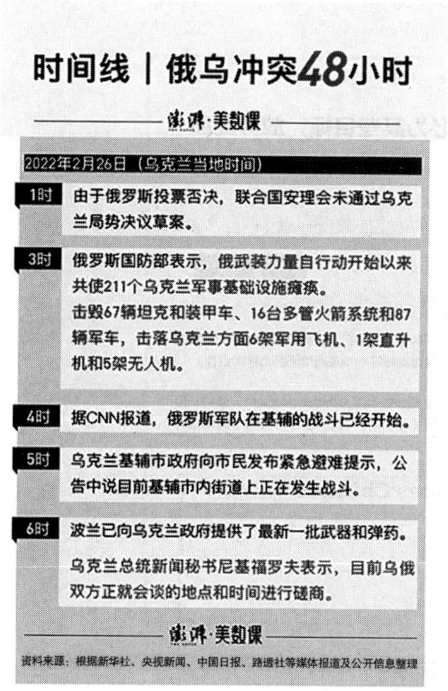

图 7-20 事件发展时间线

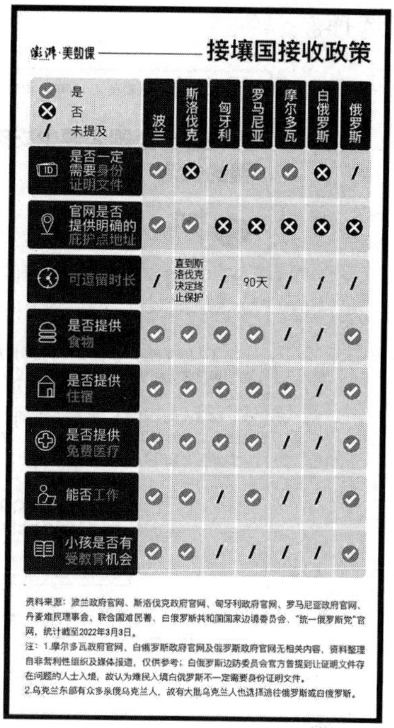

图 7-21 分类体系图

数据新闻的生产流程与传统新闻的生产流程，既有联系又有较为明显的区别。具体来说，数据新闻的生产主要包括 6 个步骤，如图 7-22 所示。

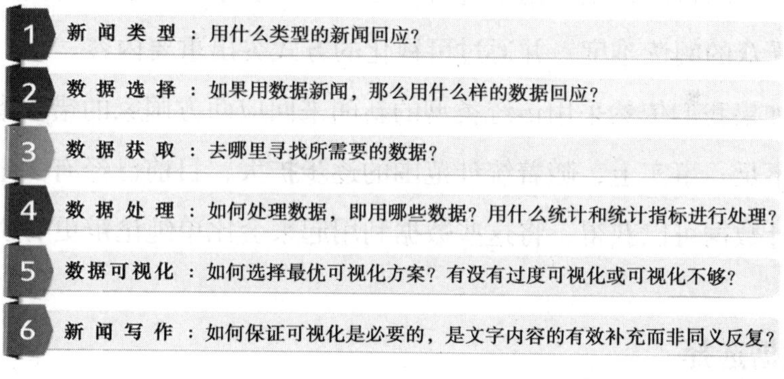

图 7-22 数据新闻生产流程

接下来，我们通过一个具体的案例来简要说明数据新闻生产的基本流程。

一、新闻类型

从图 7-23 所示的数据新闻案例中，我们可以看到，美国一直指责我国是导致全球气候变化的最大推手，西方国家甚至炒作要求中国人少吃肉来减少碳排放。当看到这个新闻事件时，我们首先要思考用数据新闻来回应西方国家的错误指控是不是最佳选择。

观察者　首页　风闻　财经　国际　军事　产经　科技　汽车　视频　|　观察员

为减排，美国人要少吃肉？克里：不必为某些目标，放弃高质量的生活

刘程辉
日清、日慎、日勤

分享到：　93　259

2021-07-23 14:11:55　字号：A- A A+　来源：观察者网

【文/观察者网 刘程辉】“中国是世界气候变化最大的推手。”本周二（20日），美国总统气候问题特使克里再度就气候问题表态，他敦促中国为推动减排作出更大努力，并再次呼吁中美在减排问题上保持合作。

在气候变化问题上，西方对中国的“热情”不是什么新鲜事，譬如炒作中国人少吃肉协助减排。值得一提的是，在报道克里发表的最新言论时，英国广播公司（BBC）提到了他今年5月发表的一番言论，而他坚决“维护”了美国人吃肉的权利。

Climate change: US pushes China to make faster carbon cuts

By Matt McGrath
Environment correspondent

2 days ago

BBC：美国敦促中国加快减排

图 7-23　数据新闻案例

因为在进行数据新闻生产前，我们首先要明确该稿件的写作采用数据新闻形式是不是最佳选择，即是否必须采用数据可视化技术。许多新闻稿件虽然涉及统计数据和统计图表的引用，但传统的新闻类型便足以应对，不一定要采用数据可视化技术。数据可视化的目的，主要是通过可视化技术使复杂的内容变得简洁明了、通俗易懂，降低受众的阅读难度，并通过可视化的方式突出重要内容。

显然，如果我们依然采用传统类型的新闻来回应西方国家的错误指控，回击的力度会明显不足。事实上，随着统计范围的逐步扩大，目前已经有大量关于全球气候变化的统计数据可以获得，将这些数据利用起来会比单纯论辩更有说服力。

二、数据选择

既然我们选择通过数据新闻来回应西方国家的错误指控，那接下来要思考的问题就是，用什么数据来回应西方国家的错误指控？因为用来反映全球气候变化的统计指标有很多，如可再生能源产量、可再生能源消费量、二氧化碳排放量等十几个统计指标（如图 7–24 所示），我们要从中选择一个最具说服力的统计指标。如果熟悉气候变化相关知识的话，应该知道二氧化碳排放量是引起全球气候变化的最主要推手，因此，我们应该选择二氧化碳排放量的统计值来反击西方国家的错误指控。

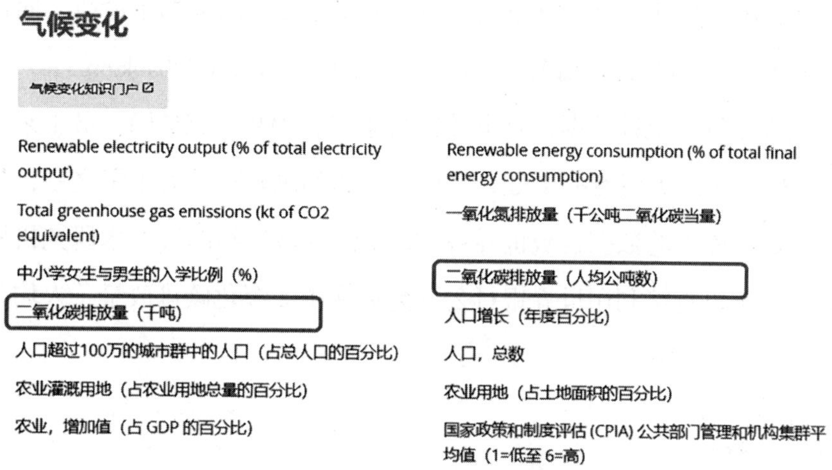

图 7-24 全球气候变化统计指标

但是，二氧化碳排放量的统计指标主要有“千吨”和“人均公吨数”两个类型（如图 7–25 所示），因此我们还要从这两个中选出一个最有说服力的统计指标。通常情况下，在进行不同国别间的统计指标比较时，比较人均差异是最佳的数据分析路径，因此，这里选择“二氧化碳排放量（人均公吨数）”作为数据新闻引用的数据是最优选择。

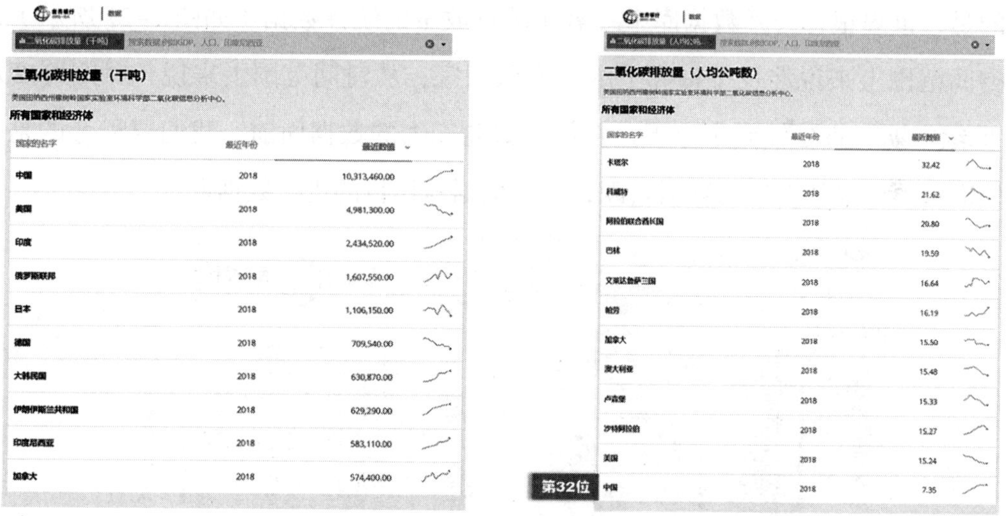

图 7-25 二氧化碳排放量统计值

三、数据获取

在确定了数据新闻要引用的数据后，接下来就要拿到相应数据。在数据的选择上，要注重权威性，不能随便拿个数据就用。数据质量是数据新闻的生命线。通过检索我们发现世界银行公开数据库（如图 7–26 所示，https://data.worldbank.org.cn）里有世界各国二氧化碳排放量的统计数据，且世界银行集团有 189 个成员国，员工来自 170 多个国家，在 130 多个地方设有办事处，是极其重要的国际非政府组织之一，具有极高的权威性，其数据库中的数据也被世界各国政府、非政府组织和学术研究机构广泛采信。因此，我们可以直接利用世界银行公开数据库中二氧化碳排放量（人均公吨数）的统计数据。

图 7–26 世界银行公开数据库

四、数据处理

在拿到所需数据后，接下来我们要考虑的便是怎样进行数据处理。首先可以看到的是，世界银行公开数据库中二氧化碳排放量的统计数据（如图 7–27 所示），从空间范围上来说涉及了世界上绝大多数国家；从时间范围上来说，时间跨度从 20 世纪中期一直延续到了今天。在体量如此庞大的数据面前，我们要思考的是，我们准备写一篇什么样的数据新闻，然后根据写作目的进行数据取舍。

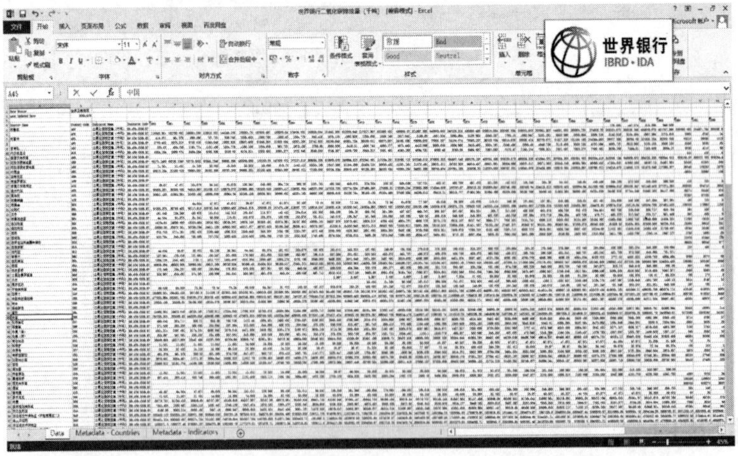

图 7–27 世界银行公开数据库中的二氧化碳排放量统计数据

为了方便说明，这里仅选择中国和美国两国的二氧化碳排放量（人均公吨数）的统计数据进行比较。需要注意的是，不要只选择某一个时间节点的统计数据（如图 7–28 所示），这里还要选择一个时间段内的统计数据（如图 7–29 所示），因为某一个时间节点的统计数据存在偶然性，不具备稳定性。

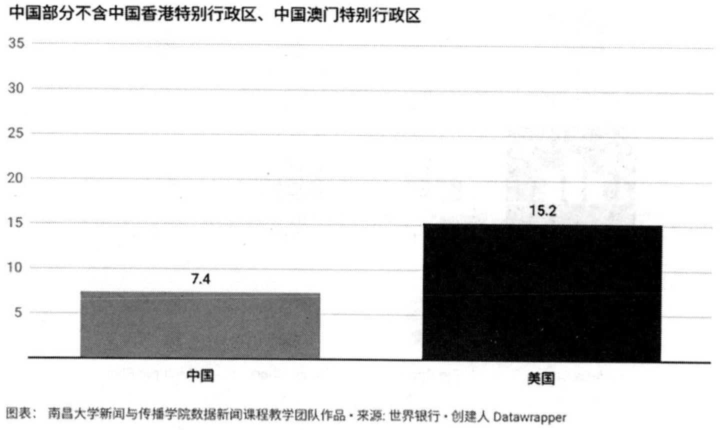

图 7–28　2018 年中美人均二氧化碳排放量情况

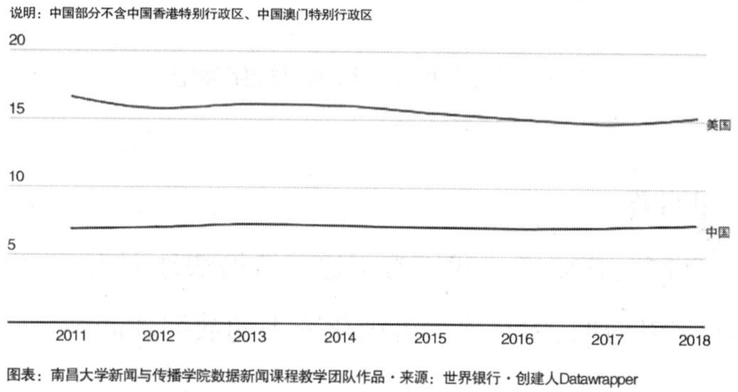

图 7–29 中美人均二氧化碳排放量对比图（2011—2018 年）

五、数据可视化

从目前业界的数据新闻生产实践情况来看，主要有 20 种基础数据可视化类型，如图 7–30 所示。我们需要根据数据新闻生产目的进行取舍，选择最能实现预期传播效果的基础数据可视化类型。很多时候新闻报道者需要自己反复尝试不同的数据可视化类型，从中选择一个最优方案。本案例选择的是折线图。

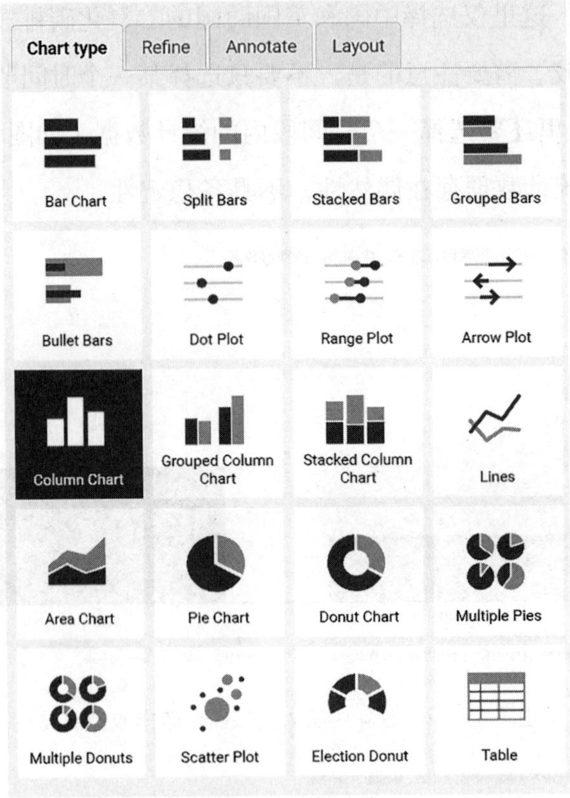

图 7-30 20 种基础数据可视化类型

六、数据新闻写作

最后进入数据新闻写作阶段。我们希望通过微博快速回击美国对我国的错误指控，所以写一则140字以内的、配有数据可视化图表的数据新闻即可，如图7-31所示。

截止到2018年，世界范围内，卡塔尔人均二氧化碳排放量最高，刚果（金）排放量最低。其中美国的人均二氧化碳排放量为15.24公吨，中国为7.35公吨（如图1所示）。

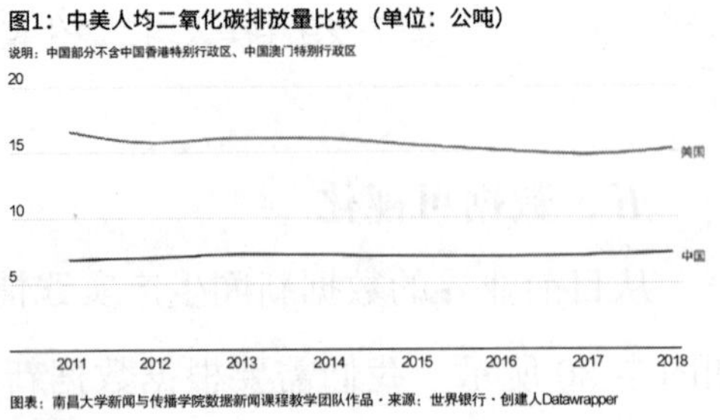

图 7-31 数据新闻案例

第三节　人工智能在新闻报道中的运用

随着科技的迅猛发展，人工智能技术在各个领域都展现出了巨大的潜力和应用前景。校园新闻作为新闻传播学的重要组成部分，同样可以借助人工智能技术实现更高效、准确和全面的报道。

一、选题策划应用

1. 关键词挖掘和分析

利用自然语言处理技术，对大量的校园新闻数据进行文本分析，提取关键词和热点话题，可以帮助新闻报道者了解当前校园中受关注的话题和问题，从而选择相关的选题。人工智能可以自动识别和整理出现频率高的关键词，以及与之相关的事件和情况，为选题策划提供参考。例如，新闻报道者通过“词云生成器”微信小程序分析学生在社交媒体上的讨论及新闻报道中的关键词，可以发现校园中引发广泛关注的话题，如校园安全、学术竞赛、学生活动等，新闻报道者可以从中选择相关性高的选题。

2. 舆情监测和分析

利用人工智能技术进行舆情监测，新闻报道者可以了解校园内各种事件的舆论趋势和公众反应。通过社交媒体数据和情感分析等技术，人工智能可以帮助新闻报道者了解学生和教职员工的意见、关注点及热点话题，根据舆情的变化确定是否选择该话题进行报道。例如，可以通过舆情监测技术跟踪社交媒体、论坛以及其他在线平台上的讨论和反馈。通过情感分析和话题趋势分析，人工智能帮助新闻报道者了解学生和教职员工对不同话题的态度及情感倾向。基于这些数据，新闻报道者可以决定是否选择某个话题进行深入报道。

3. 学生参与度分析

通过人工智能技术分析学生的网络行为和参与度，新闻报道者可以了解到学生对不同话题的兴趣和参与度。例如，新闻报道者通过浏览学校微博超话以及热门话题自动生成的讨论趋势，可以分析学生在社交媒体上的点赞、评论和分享行为，以及他们浏览校园新闻的习惯和偏好。这些数据可以为新闻报道者策划选题提供参考，新闻报道者可以选择对学生更有吸引力且参与度高的话题进行报道。

二、信息采集应用

1. 自动化新闻采集

人工智能可以使用网络爬虫技术自动化收集校园相关信息。新闻报道者可以定期从校园网站、学生论坛、社交媒体等平台上抓取新闻文章、公告、活动信息等。这样可以节省新闻报道者的人力成本，快速获取大量新闻素材。例如，下载“优采云采集器”数据采集工具，由于其智能化操作界面，新闻报道者只需简单设置相关参数，点击“开始”按钮，即可自动完成大规模数据的抓取与存储，无须复杂的编程知识。

2. 智能摘要生成

人工智能技术可以使用自然语言处理和文本摘要算法，从大量文章中自动生成摘要。通过分析文章的主题、关键句子和段落，人工智能可以提取出文章的核心要点，并生成简洁的摘要。这样新闻报道者可以更快速地浏览和筛选文章，从而选择感兴趣的话题进行深入报道。例如，下载“会读”App，关注“会读”公众号并添加“会读收藏助手”，新闻报道者转发给“会读收藏助手”文章内容，小助手会自动生成内容摘要并实时推送，目前支持大部分主流媒体文章内容。

3. 事件检测和提醒

人工智能可以通过机器学习算法监测和识别校园中的重要事件。通过分析新闻、社交媒体和其他在线平台上的大数据，人工智能可以检测到重要的校园事件和话题，如校园活动、学术讲座、运动比赛等。例如，在使用“舆情秘书”网站时，新闻报道者可以设置提醒系统，及时接收关键事件的通知，以便及时采集相关信息并进行报道。

4. 多媒体内容采集

人工智能技术可以自动识别和提取多媒体内容，辅助新闻报道者对图片、语音和文字等信息进行合理转换，为新闻报道者减轻负担，使其将更多精力投入到更深层次的创作和思考当中。例如，“讯飞听见 M1”语音转写助手，可以通过录音准确识别各种语音信息，并将其转化为文字形式。这极大地方便了新闻报道者将采访音频转化为文字稿件。“讯飞听见 M1”不仅具备语音识别功能，还可以进行图像识别。

三、内容生成应用

1. 自动生成新闻

人工智能可以使用自然语言生成（NLG）技术，根据事实和数据生成新闻内容。通过分析结构化数据和相关信息，人工智能可以自动生成涵盖不同方面的新闻，包括校园活动、学术成果、学生表现等。这项技术提供了一种快速且高效地生成大量标准化新闻稿件的方式。例如，ChatGPT或者“文心一言”App，在生成文章的展示区，它们会根据用户输入的文字内容分析大量的数据和文本信息，生成具有可读性和连贯性的新闻，并在该区域展示。这种智能新闻写作工具可以极大地提高新闻报道的速度和效率，减轻新闻报道者的工作负担。

2. 润色和语法纠错

人工智能可以使用自然语言处理技术来进行文本润色和语法纠错。通过分析新闻稿件的语法、用词和逻辑，人工智能可以检测和修复错误，提高文本的质量和可读性。这有助于新闻报道者改进他们的文章，发布更准确和专业的校园新闻。例如，秘塔写作猫就是一款基于 AI（人工智能技术）的中英文纠错工具，拥有网页版、Chrome 扩展、小程序、Word 插件，可以帮助新闻报道者快速发现文章中的各种错别字、错误标点、语法及搭配等问题。除了纠正字词错误、标点误用以外，秘塔写作猫还支持句子改写，只要用鼠标选中句子，就会看到一个“改”字的小图标，点击后就会出现改写建议。需要注意的是，改写建议并不代表原句存在错误，只是秘塔写作猫通过 AI 计算之后提供的建议，AI 可能会提供更好的措辞和逻辑，但也可能会让句子的意思发生改变，因此要根据实际需求选择。

3. 多媒体内容生成

人工智能可以生成图像、视频和音频等多媒体内容，以丰富校园新闻报道。通过图像识别、视频剪辑和语音合成等技术，人工智能可以自动生成与新闻报道相关的多媒体素材，并将其整合到文章中。这项技术提供了更具吸引力和更加多样化的校园新闻报道形式。例如，“万兴播爆”App 集 AIGC（生成式人工智能）、数字虚拟人和短视频制作技术于一体，支持“真老外”数字人定制、个人专属孪生数字人定制、全新形象“外籍模特”数字人定制三种 AI 创作服务模式，提供真人形象拍摄、声音复刻、算法训练、文本驱动的全路径数字人定制功能，是跨境全场景数字人服务的 AI 视频创意软件。其操作手法也很简单，用户只需复制粘贴文本并选择心仪的数字人形象，便可自动生成视频，大大降低了时间成本。

第八章　校园通讯员的采写与投稿

第一节　部分校园通讯员的经验之谈

校园通讯员沈林的经历与心得

关于如何写新闻，在网络或者书本上有很多讲义，我不想在这里照本宣科，我就结合自己曾经做学生新闻报道者的经历，将新闻写作经验和体会写出来与大家一起分享。

2006 年 10 月初，刚刚步入大学一年级的我开始接触校园新闻，那时我花了 7 天的时间写了一篇新闻稿。在我满心欢喜地交给指导老师看的时候，得到的评价却是，“你的散文写得很好，可这并不是新闻稿”。一语惊醒梦中人！这个时候，我才发现，新闻稿不是随随便便就可以写出来的，它不需要华丽的辞藻，不需要生动的语句……除了上课，我课余时间基本上都用来学写新闻稿件。曾几何时，因向同学借电脑写稿子而不是看电影，我被人嘲笑愚蠢；曾几何时，为了新闻，我失去了种种……黎明前的黑暗显得那么漫长，我依然没有一篇稿件能发表出来。我不相信：我把大一的时间都给了新闻，但它什么也没有给我。

2007 年 9 月，我从江西理工大学西校区回到校本部学习，同时进入了学校团委宣传部和学院的学生会新闻中心。因自己的写作功底相比其他人来说确实不怎么样，交际能力也相对较差，为了得到别人的认可，我必须以最快的速度和最短的时间进入状态。2007 年底，我决定为了写新闻去买台电脑，当很多人用电脑玩游戏或者聊天的时候，我常常是坐在电脑前翻看着一条又一条校园新闻。对此，同学们并不理解："他买台电脑居然只是看新闻！"这样的言语，并没有让我放弃当初的选择，反而更加坚定了我对新闻写作的追求。课间闲暇时间，我依旧上网看新闻稿件，琢磨着老师、学长们为什么这么写；同样一个素材，为什么他们写的稿子能在校外的媒体发表而我的却不能，这些问题困扰了我很久。

那是一段比较灰暗的日子，我觉得自己做得不如别人，有很多不足之处，同样一件事情，别人能挖掘出新闻价值，我却不能。没有成功不可怕，但看不到成功的希望令我难以接受，我想起了那句诗"姑苏城外寒山寺，夜半钟声到客船"，报纸那么大的版面上，就是容不下我小小的一篇新闻，但写作还要继续。

为了在第一时间写出优质的稿件，在一个具体活动前，我要参阅相关的背景资料，了解学校为什么要举办这样的活动；活动进行时，我要去活动现场记录活动开展情况；活动结束后，我还要在别人享受活动后的喜悦或者休息的时候，坐在电脑前敲打键盘赶写稿子。然而，我写的稿子并没有因我付出的种种努力而得到刊用，我不停地写，不停地投稿，但稿子不停地被拒，甚至邮箱一度被封杀……"难道我真的不行吗？"这样的自问叫我心寒。然而，我依旧没有放弃，因为我认准了新闻工作，于是我继续在这条路上坚持着。正视不足，自我激励，无论多难的日子，只要怀揣着信念与梦想，心就不会冷。

大学二年级上学期结束后的那个寒假，是我新闻写作路上的一个重要转折点。因为种种原因，我选择了不回家过年，假期里整天琢磨、研究校园新闻该如何写。

一是仿照老师、学长的校园新闻稿，进行"临摹写作"。先读他们的稿子，然后看着标题，在脑海里进行构思，再对比原稿，看是否有出入。待结构相差不大后，我试着进行"同题写作"，再将两篇稿子进行对比。

二是研究同时期其他高校发表了哪些新闻，与本校进行对比。我每天起床后第一件事便是开电脑。用电脑的第一件事就是，打开百度，输入"大学生、校园、寒假"等关键字，搜索校园里近期发生的事情，看别人是怎么把事情写成能发表的新闻的。

三是经常与老师、学长、同学等沟通信息，扩大自己的信息量，同时把自己的稿子交给他们看，请他们提出修改意见。

经过一个寒假实质性的磨炼，2008 年，我迎来了新闻写作的春天。从此，我对新闻写作更加有激情了，常常因忙于新闻采访、新闻写作而废寝忘食，但我对新闻的这种热情连周围最亲近的朋友也无法理解。周围人的不理解、质疑没有动摇我要继续走下去的信念，选择了，就要风雨兼程地走下去。取而代之的是一篇篇新闻稿件的见报。渐渐地，质疑变成了肯定，不理解变成了赞扬，我的努力也终于得到了大众的认可。

到大学三年级时，我在校园新闻写作方面已经驾轻就熟了，我也成为江西理工大学学生新闻报道者队伍的领头人物。到大学三年级结束时，我在新华社、《中国青年报》、《中国教育报》、《江西日报》等多家知名媒体发表新闻稿件400多篇，人民网、新浪网等网络媒体发布或转载我的新闻稿件数量更是多达5000多篇。我先后获得了“江西省首届校媒之星”（全省仅1名）、“江西理工大学十佳学生记者”、“江西省职业教育宣传先进个人”等数十项荣誉称号，撰写的作品获得了“江西省优秀教育新闻二等奖”等近10个奖项。2010年7月，因为在大学期间较为显著的新闻写作业绩，我以一名工科本科毕业生的身份，被江西环境工程职业学院党委宣传部破格录用。

大学期间的校园新闻写作经历，让我收获了很多经验。要想成为一名优秀的学生新闻报道者，我认为应做好以下两个方面。

一方面，学生新闻报道者要善于发现新闻。

有人说：“学校的活动每年都是千篇一律的，心理健康教育啊，环保节能倡议啊，没什么好写的。”其实，学校在不断发展中有很多故事和新闻，大学生的日常学习、生活中的新闻和故事更多。有句话说：“生活中不是缺少美，而是缺少发现美的眼睛。”新闻写作也是一样，我们身边有很多素材，只要认真去挖掘，就会有写不完的新闻。

其实，要写好一篇新闻稿件，选择一个什么角度去采写，是决定新闻能否成功发表的重要环节。记得我2008年写过一篇稿子，反映的是我校各学院、班级都在搞一些活动，围绕爱情的，如班会、辩论赛等。我了解了一下，发现别的学校也有类似的活动，后来，我换了一个角度叫《江西理工大学设“情感导师”帮助学生树立正确爱情观》，后来发了新华社通稿，《人民日报》《中国青年报》等20多家报社、500多家网站进行了转载，社会影响较好。

另一方面，写好校园新闻要勤练基本功。

除了手勤以外，还要嘴勤——采访，这包括选择合适的采访对象、合适的采访时间和采访内容等，当然还包括采访时要注意自己的语言和形象；脑勤——策划新闻，要正确判断一件事情的新闻价值，因为某个学院的新闻对学校来说不一定是新闻，我们学校的大事对校外媒体来说也不一定是新闻，怎样在平常的生活中挖掘出不平常的事，这也需要长期的积累和对新闻保持敏感性，应尽可能做到人无我有，人有我新。

再者，题目是文章的一半，好新闻一定要有一个好的新闻标题，标题要浓缩事实、凝练概括，一般来说不要超过16个字，并至少出现一个动词，最好无形容词。另外，在新闻写作中，要注意逻辑结构，多分段，多用短句，尽量不要主观议论，不用口语和书面化程度极高的词语。最后，写完稿件后，至少要通读3遍，以免出现病句、错字等。当然，在投外宣稿的时候，还要注意各媒体的口味，切忌一稿多投；把稿件投给记者或者编辑，效果也是不同的。

娇艳的花儿，人们只惊羡于它现时明艳，然而，当初它的芽儿，浸透了奋斗的泪泉，洒遍了牺牲的血雨。

一分辛勤一分收获，也就是在这“只管耕耘不问收获”“只看重奋斗的过程不在意事情的结果”的拼搏进取中，我水到渠成地收获了奋斗的硕果，品尝到了成功的喜悦。

校园新闻报道者程慧萍的经历与心得

谈起做新闻报道者的经历，可能要从我小时候说起，在我读小学的时候，我就已经成为校园里面的一名新闻报道者了，那时候的我并不懂什么是真正的新闻报道者，每当看到电视机里的新闻报道者们，只是感觉他们特别酷，可以去不同的地方，看到不同的事物并且分享给大家。于是一颗小小的种子就此在我心里埋下——成为一名新闻报道者。

长大后，家人都建议我报考英语专业，因为在那时学习英语是很热门的，他们认为学好英语以后会很“吃香”，但是我依旧凭借着自己的热爱选择了新闻专业，并在后来的工作中如愿成了一名校园新闻报道者。在校园这一方天地里，我不断摸索，结合着之前在各大媒体的实习、实践经历，我更进一步地明白了新闻报道者的真正意义。在我心里，新闻报道者就是用自己的眼睛去发现事物，用自己的耳朵去倾听事物，用自己的心去感受事物，用自己的脑袋去思考事物，并将它们转化成文字和图片，为读者展现最新鲜的事件动向和最真挚的故事。

一、良好的沟通能力是做好新闻采访的必备技能

作为一名校园新闻报道者，和各种各样的人打交道是必不可少的，我们需要懂得和人沟通、善于与人交谈，这样我们才能收获到更多需要的新闻线索及新闻素材。然而，在我看来，做好沟通工作不仅是为完成一项新闻工作而做的，更能实现观点的输出、思想的碰撞，因此沟通对我来说是一件非常快乐的事情。

还记得我采访过学校的一些领导、优秀教师、优秀校友等，在和他们的交谈过程中，我不喜欢局限于预先设计好的采访提纲，而更喜欢在原先采访问题的基础上进行发散性提问，让采访这件事情本身变得不那么枯燥，就好像是两个老熟人之间的聊天一样，当然这需要在采访前做足准备工作，做到足够了解对方。

我印象最深刻的采访就是对我校（南昌大学）生命科学学院杨柏云教授的访谈，在采访的过程中，我们还聊到了一些除采访问题之外的关于社会服务、职业成长方面的问题，这给了我很大的感触。采访结束后，杨教授还耐心地给我介绍兰花品种，讲述一些他与兰花之间的不一样的故事。一同前去采访的同事这样评价道："慧萍和杨教授两个人总是笑呵呵的，看起来特别投缘。"再见面，我们也总能相互热情地打招呼，我总是热情地向他招手"杨教授好！"他也总是亲切地喊我"小程"，并表示如果还有需要采访随时联系。我想这恰恰是采访任务外的意外收获。

不仅如此，在沟通过程中拥有共情的能力也十分重要。无论采访者与被采访者之间的身份、地位、财富、年龄等有多大的现实差距，但至少在采访的那一刻，大家是平等的，是处在一个平等对话的语境中，而这样也利于产生共鸣。但需要提到的是，在采访的过程中，共情并不意味着一味地感受对方的感受，甚而失去了理智的判断，我们在共情的过程中也要确保新闻的真实性，因为真实是新闻的生命。

二、用好脚力、眼力、脑力、笔力是对新闻工作者的考验

2018 年 8 月，习近平总书记在全国宣传思想工作会议上强调，要不断增强脚力、眼力、脑力、笔力，努力打造一支政治过硬、本领高强、求实创新、能打胜仗的宣

传思想工作队伍。这“四力”也是我从事新闻工作一直奋斗的方向，希望能够以此为标杆提升自己的职业素养，做出优质的新闻报道。

想必大家对这“四力”也有一定的了解，它要求我们在新闻报道的过程中贴近实际、贴近生活，保持新闻敏感、善于发现新闻线索，善于思考、找准新闻价值，多写多练，锤炼对文字的驾驭能力。在这“四力”中，我对“眼力”兴趣颇浓，因为我认为其他三力都可以通过努力得到提高，而唯独“眼力”略带有一些感性色彩，就像每个人眼里的美都是不一样的。

在我们的校园里，每天都会发生很多不一样的事情，但是如何去捕捉这些平凡小事的“不平凡”，从中找到新闻线索，却是很值得思考的学问。“阿姨，今天又来打扫卫生啦！你们平时是几点就起床工作？”“大叔，今天又是你值夜班啊？”“师傅，你维修了这么多地方，应该是学校的活地图了吧？”我经常留意身边打扫卫生的保洁阿姨、看门护校的保安大叔、保障学校设施正常工作的维修师傅，也喜欢和他们攀谈。他们在自己的工作岗位上勤勤恳恳，但在这个方面的新闻触角比较少，他们闪光的一面也不容易被发现。然而，往往是在小人物身上我们更能受到大感动。

如今，校园里的常规新闻线索大多是学校通知的重大会议、走访调研活动，学校宣传员提供的工作成果和获奖等材料，学生新闻报道者汇总上报的近期小发现……除此之外，网络平台也是发现新闻线索的一个很好的途径。互联网时代，人人都可以成为信息的传递者，校园内每一位师生都有发现新闻的眼。但网络同时是一把“双刃剑”，虚假信息的出现，也会让人深陷舆论的旋涡或者造成沉默的螺旋现象，这就需要我们新闻报道者拥有辨别真假的能力。如果网络被正确使用，那么对于新闻线索的收集则有很大的帮助。当“眼力”增强后，加之其他三力，“四力”共聚之时，校园新闻宣传建设工作必将取得长足的进步。

三、保持不断学习的态度是新闻工作的续航电池

都说“活到老，学到老”，而作为新闻报道者，我认为热爱是前提，能力是基础，保持不断学习的态度是关键。众所周知，做新闻宣传工作是很辛苦的，白加黑也是常有的事情，因此新闻报道者需要有自己的情怀和热爱才能坚持下去，去探索

未知、新鲜的事物。

那么为什么保持不断学习的态度是关键呢？因为如果拥有新闻采写的基本技能，完成新闻的基本写作工作是没有问题的，但若要持续性输出有深度、有内涵的新闻却不是易事，它离不开岁月的积累，要想不断产出优质文章就需要不断地学习，丰富自己的阅历，提高自己的认知水平。

我时常喜欢在空闲时坐下来静静地读一读书，而读书的类型并不局限于新闻传播方面的书籍，它可以是人物自传，也可以是散文、小说等，但不管是哪种类型的书，都能在一定程度上开阔自己的眼界，扩宽自己认知的广度，让自己在日后的新闻采写过程中加入更多的思考。《朗读者》《鲁豫有约》也是我在放松时的必看节目，每每观看总能从中感受到文字给人的力量以及对话产生的魅力。此外，我还会时常浏览各大主流媒体教育方面的新闻报道以及其他高校官方网站发布的最新报道，学习他们是怎么运用词汇，陈述事实，表达情感的。

与此同时，我想说时代在进步，社会在发展，当传统媒体遇上互联网走向融媒体时代，这并不意味着传统的媒体不再优秀，而是意味着像我们这样的新闻报道者要适应时代的发展，立足脚下，放眼未来，学习再学习，实践再实践，不断进步，利用新时代的工具让新闻传播越走越远，开出新时代的新闻之花。

梦想与热爱永不停步！也许我的分享没有华丽的辞藻，但是我将继续用心、用情、用爱做好校园新闻宣传工作，做一个优秀的新闻人。

学院宣传员王珅的经历与心得

坐在南昌大学物理与材料学院团委办公室，想想自己与宣传（或文字）的缘分，我想大抵应该要追溯到自己在攻读硕士研究生期间的经历。我把我与校园宣传的经历分为以下两个阶段：读研期间（2015—2018 年）、工作期间（2018 年至今）。在如何写新闻方面，我认为我肯定是一个“门外汉”。我不想去谈一些高大上的理论，我想结合我的两段工作经历，将这些年来的新闻写作经验和体会与大家分享。

苏联心理学家维果茨基说：“人的每个发展阶段的所有心理机能的实现不是无系统的，不是自动的，也不是偶然的，而是按一定体系，由一定志向、爱好和兴趣引导的。”

2015 年至 2018 年，文科出身的我于南昌大学攻读硕士研究生学位，在课业相对较少的研究生生涯里，我分别担任了学校学生资助中心的助理和学生党支部的宣传委员，当时自己很大一部分时间都用在了跟文字和新闻打交道上。正是这段经历让我养成了看文字、写文字的习惯，最终它成功为我的成长赋能，让我于2018年毕业后以笔试第一名的成绩顺利留校工作至今，且连续多年获评学校优秀宣传员。说实话，作为一个农村出身的大学生，在自己的求学经历中，我真正意义上与书籍（文字）的交集是甚少的。曾经不知有多少次，自己的语文考试成绩被高中语文老师当着班级同学的面宣判为不及格，我难掩失落。现在回想起来，一方面是心有余悸，另一方面则觉得略显滑稽。一言以概之，通过以上个人经历我只想分享一个体会：文字能力与语文考试成绩可能不是强有力的正相关关系，如果你此生注定无法绕开文字，那么首先你要爱上它，然后才是运用它，去感受文字的力量，把它培养成为自己的核心竞争力（特别想说给所有的文科生）。所以反观自己读研期间的经历，我虽没能像很多同学那样，继续享受“象牙塔”里的美好时光，但这段经历确实让我真正地确立了自己发展的方向，也切实助力了我今后的求职和任职。写到这里，我不禁想起了读本科时，时任江西师范大学政法学院党委副书记肖接增老师苦口婆心地叮嘱同学们的话：“同学们，青年学生需做到能说、会写、善思考，这个才是你们的核心竞争力。”可以说，对于这句话，我应该会要花费一生去思考和揣摩其中的深意，这也是我现在带学生队伍常常挂在嘴边的一句话。实际上，能说、会写、善思考三者并不是割裂的，而是统一成一个整体的存在。一定程度上，会写是能说甚至是善思考的基础和前提。

2004年12月9日，习近平总书记在浙江省委办公厅综合一处党支部组织生活会上指出：“改进文风、提高文稿起草质量归纳起来是六个字：求短、求实、求新。”

新闻采写是文字运用的一种形式，二者之间定然是相通的。3年的学生助理和宣传委员写稿生涯，见证了我从“迷茫人”到“明白人”的转变。曾记得在撰写某次支部大会接收预备党员的新闻稿时，我将大会的8项议程洋洋洒洒地写了将近2000字，生怕遗漏了任何一个环节、漏记了任何一句话。当时的辅导员毛英老师是这样点评的：“你写得很认真，但你写的不是新闻稿，是流水账，某些部分用词有夸大和杜撰之嫌，写新闻稿要学会断舍离。”曾记得在撰写某次学校资助工作宣传稿时，当时要表达的核心要点是学校的资助政策覆盖面广、类别全、帮扶精准。

我花了一整晚熬出稿后，最终依旧难逃“立意不清，主次不清，层次不清”的评语。如今闲来无事去回读自己学生时代稚嫩的文字，我不禁全身起鸡皮疙瘩，感到羞愧难当。让我记忆犹新的写稿经历还有一次，当时领导要求我写关于学校资助中心为少数民族学生暖心筹备古尔邦节的活动稿件，我拿着领导的发言稿和一些背景材料写完新闻稿交给领导后，满怀希望地期待能够在学校新闻网上见到我的“大作”，最终等到的却是一篇面目全非、大砍特砍的新闻稿。没有人是天生的写手，我后来才明白，写一篇新闻稿的基本要求应该是“求短、求实、求新”，“求新”是更高层次的要求，新手应该从基本的“求短、求实”做起。

2018 年毕业后，我留校担任辅导员，同时担任学院宣传员。在将近 6 年的带宣传队伍和做宣传工作的经历中，我深刻地明白作为一位与青年学生走得近的青年教师，要学会用“青年语言”和青年对话。换言之，作为校园新闻报道者，要先搞清楚我们的文字所面对的对象是谁。毛主席在《反对党八股》一文中谈道：“共产党员如果真想做宣传，就要看对象，就要想一想自己的文章、演说、谈话、写字是给什么人看、给什么人听的，否则就等于下决心不要人看，不要人听。”说的就是这个道理。《反对党八股》应该是所有文字工作者首先且必须搞明白的一个纲领性文献，需要以之作为“武功秘籍”并终生坚守之。不难发现，一些单位上的文字高手，常常是一些有理工科专业背景的人，这是为何？是因为很多理工科背景的文字高手都具备了两个核心素质：一是逻辑严密，条理清晰；二是文风质朴，很接地气。习近平总书记是用人民群众熟知的“大白话”讲“大道理”的继承者、示范者、开拓者。党的十八大以来，习近平总书记在不同场合使用“鞋子论”“钉子论”“补钙论”等脍炙人口的话语，真正地让马克思主义和习近平新时代中国特色社会主义思想“飞入寻常百姓家”。对于校园新媒体工作者而言，特别是对于刚刚开始学习宣传的学生而言，如何将“反对党八股”这一思想真谛内化于心、外化于行，可以说直接决定了他文字工作生涯中的造诣。

2015 年 1 月，中共中央办公厅、国务院办公厅印发的《关于进一步加强和改进新形势下高校宣传思想工作的意见》指出，“意识形态工作是党和国家一项极端重要的工作，高校作为意识形态工作前沿阵地，肩负着学习研究宣传马克思主义，培育和弘扬社会主义核心价值观，为实现中华民族伟大复兴的中国梦提供人才保障和智力支持的重要任务。”

当前，高校意识形态工作面临西方思潮、国内外形势变化、网络空间冲击等多重挑战。大学生宣传思想文化工作事关青年一代的信念构筑，事关高校人才培养质量和水平，事关文化软实力的提升，更关系到党和国家的意识形态安全，是一项必要的、重要的、紧迫的工作。在参加工作以后，不论是自身作为宣传员还是在带学生宣传队伍过程中，我都时常将“弘扬主旋律，传播正能量”挂在嘴边，无非就是强调“高校的文字要回归到思想政治工作本身”这一观点。作为校园新闻报道者，文字的终极打开方式应该是“思想引领”，这是必须要明确且必须要坚守的要求。最后，结合我几年的工作经历，与广大从事校园新闻工作的学生和老师分享我的制作校园新闻之“道”。

一是调查研究做前提。俗话说：“巧妇难为无米之炊。”宣传“新兵”常常会产生这样的困惑：承担的采写任务往往五花八门，甚至需要采写一些学术性、专业性很强的活动，似乎让人难以入手。但其实不然，一个优秀的新闻报道者，往往需要花费大量的时间在调研上。所谓的调研，我认为可以分为两种形式：一种是“临阵磨枪式”调研，即在接到某个宣传报道任务时，要提前就事件、任务、背景等进行一个详细了解，让自己能够迅速“入场”；二是“闲庭信步式”调研，即需要保持良好的阅读习惯，比如要有经常性阅读全国高校思想政治工作网、共产党员网、党建网、新华网、人民网等权威主流媒体文章的习惯，浏览与高校相关的内容，让自己置身在规范的话语语境中，从而能够为我所用。

二是谋篇布局做规划。我们常常说，好的新闻宣传报道是真正做好了既四平八稳又眼前一亮的平衡哲学的。初学者受初高中应试教育的影响，喜欢用新词、修辞等去堆砌，其实这与新闻报道的“求实、求准”要求是相悖的。相反，规规矩矩的新闻报道是有“套路”可循的，就是在按照常规“套路”表述它的基础上用一些亮眼、写实、生动的表达。“套路”其实就是谋篇布局。

三是精雕细琢出精品。“大手笔”常常会语重心长地跟“菜鸟”说：“好文章都是改出来的。”讲故事、造概念、优雅措辞，组合方式不同，表达的意义也不同。在担任学院宣传员后，我经常要做的一件事情就是修改学生的新闻稿。我自己目前写的一些文字稿，领导也常常亲自提笔修改。这些都充分说明了，文字要经得起看，那都是要改很多遍的。其实，修改自己的文字也是一种非常好的自我成长方法，修改得越多，进步也就越大。

四是总结提升做加法。“欲穷千里目，更上一层楼。”我们常常说，要学会定期总结，这个道理同样非常适合用在新闻写作上。新闻宣传工作是繁重的，我们不能被繁重的工作挤占了我们定期总结的时间，因为每一次总结，都是一种重获新生。

广大从事校园新闻工作的同学们，作为你们的老学长，我非常负责任地告诉大家：你在宣传文字上所付出的努力，一定会在你日后的人生中十倍、百倍、千倍地回报你。啥也不说了，继续写吧！

第二节　校园通讯员的投稿技巧

校园通讯员采制新闻作品，在大众媒体上刊登自己的新闻稿件，既是对自己工作的肯定，也是锻炼提高写作能力的重要途径。

如何向大众媒体投稿？如何才能提高上稿率？这是很多通讯员希望了解的问题。

一、深入研究投稿对象

“知彼知己，百战不殆。”投稿也应如此。了解媒体的用稿倾向、稿件规范，有针对性地写稿或投稿，更容易发稿。

比如，全国性媒体与地方媒体，报道的范围不一样；综合性媒体与专业性媒体，取材不一样；日报与周刊，新闻时效不一样。有些媒体喜欢用民生新闻，有些媒体喜欢用情感新闻，媒体的办报思路与用稿倾向不一样。在投稿之前，校园通讯员最好先通读半个月以上该媒体的相关新闻版面。

另外，在确定向某栏目、专栏投稿时，除了要注意以上问题以外，还要揣摩栏目编辑、专栏编辑的文风特点、选稿喜好，写文风贴近的稿件，上稿概率会大大增加。还要注意的是，编辑会定期或者不定期地开展一些征稿活动，按其要求，结合身边的新闻素材去投稿，也较容易发稿。

以《中国教育报》为例，其有很多专版，如高等教育、职业教育、基础教育等，相关版面负责人都会有意识地设立QQ群，邀请各相关学校的师生加入，编辑常会在群里向各宣传员布置选题、约稿，通讯员也可以同编辑沟通。

二、建立多种投稿渠道

1. 主动搜寻投稿地址、信箱、热线

一般而言，报纸上会有收稿平台、信箱，或者有编辑的电话号码，甚至有编辑的QQ，不一定要发稿时才联系，平常多交往，肯定有收获。

另外，投稿人既可以通过百度等搜索引擎搜索投稿地址或邮箱，也可登录有关媒体的网站，阅读其电子版，找到投稿地址或邮箱。

2. 和大众媒体专业跑线记者建立“提供初稿、联合署名”的合作关系

如果能成为这些媒体的编外通讯员、自由撰稿人，投稿和发表都会容易很多。现在大众媒体一般都有跑教育线的记者，可以多与他们联系，通过他们了解媒体的近期采访意图，同时把学校的一些亮点介绍给他们。

3. 若向中央媒体投新闻稿件，应尽可能地通过该媒体驻本地记者站投稿

4. 善于“一稿多投”

新闻稿件不像学术论文，不能一稿多投。一个新闻事件，可以想办法在多家媒体上发布，但投之前一定要根据每家媒体的不同特点，对新闻稿件进行有针对性的修改。修改内容包括：不同媒体对同一新闻事件报道的角度可能不一样；不同媒体能够发表的篇幅不一样；报纸、电视与网站，报道同一事件，使用的方式也不一样。

值得一提的是，除传统媒体外，目前一些大的新闻网站也接受投稿。新闻网站的优势在于采用较快，容易上稿，对于初学者来说是个好选择。

5. 投稿要准确

向媒体投稿的作者，应尽可能在邮件中注明稿件名称、具体投到哪一版、哪位编辑收。稿件可用纯文本格式和Word格式，图片可用JPG和GIF格式。另外，要详细写明自己的姓名、联系方式，方便编辑补充采访、反馈意见，以及将来刊登后寄发样刊与稿费。

如果发往电子邮箱，很多工作邮件会有自动回复，如果没有，或者是邮寄投稿，最好向对方打个电话或者发送手机短信确认一遍。毕竟新闻稿件时效性强，过了时间一般就刊登不了了。

三、加强投稿前的审核

1. 树立审核意识，确保报道准确

某学院一位学生宣传员在报道学院聘请一位院士担任院长时，误把院长写成兼职院长，稿件写好后直接送到校外媒体刊出，引起了该院士与学校的不满。还有某校宣传员，没有参加学校赴美某校的一次文化交流活动，只是听了几位同学的介绍，就洋洋洒洒地写了 2000 余字的稿件在某网站上发表，结果其中出现很多夸大其词的内容，引发美国该校的反感，造成不良影响。

加强对校园新闻稿件的审核非常重要。审核内容包括新闻的真实性，表述的准确性，某些内容发表的时机是否合适，等等。宣传员一定要遵守对新闻稿件审核的纪律，否则很容易出现好心办坏事的情况。

学校一般都有各级宣传部门。如果宣传员采写的是学院或者学校重大活动的新闻，原则上送到校外媒体发表之前，要请学校或者学院层面宣传部门的负责人审核一遍，主要是对政治性、报道的时机进行把关。另外，活动、会议的主办方也是信息的审核者，可以请他们对报道的人、事等信息的准确性进行核对。

2. 尊敬采访对象

新闻稿件中，如果使用了大量被采访人的言论，或者报道内容涉及被采访人的利益，报道发出去之前，最好也要请被采访人过目，征得对方的同意或者修改后再送出去。

3. 掌握投稿的时机

当写好一篇新闻稿件后，迅速地将之投出去并变成铅字，是每一位通讯员最希望看到的事情。但是，有些活动是选择事件发生后报道、事件发生前报道、事件发生时报道，还是事件发生并产生效果后再进行报道，哪一种效果会更好一些呢？这就涉及对投稿时机的把握。有时，稿件发得早，不如发得巧。

另外，校园新闻也有不少的常规报道时机。例如，每年的四月、五月报道就业典型，六月、七月报道毕业生，暑期报道社会实践活动，八月、九月报道新生开学、军训与教师节新闻。另外，还有一些节日，如五四青年节，六一儿童节等，这些时候都是相关题材新闻的投稿时机。如果报道时机不相宜，稿件的发表难度会加大。

四、投稿应注意的其他细节

1. 要勇于投稿，不要因为没把握就不投稿，也不要因为稿件没发就心灰意冷。要多总结经验，为什么这篇稿件没发？原因在哪儿？下一步该如何调整？

2. 新闻稿件应图文并茂，文字稿加相关图片、现场视频，方便在多媒体上同步推出。

3. 注意留存样报、样刊、电视节目视频、广播节目音频。

4. 对各类投稿途径进行收集并定期更新。对较熟悉的媒体朋友，逢重要节日，去个电话，发个贺卡，互相问候一下。

5. 多向通讯员同行或者媒体朋友请教，找出发不出稿的原因，以便提高写稿水平，提高发稿概率。

第三节　校园新闻报道的投稿邮箱

校园新闻报道的投稿邮箱[①]

一、新闻类投稿邮箱

1.《人民日报》

《人民日报》：rmrb@peopledaily.com.cn；国内要闻 rmrb2b@peopledaily.com.cn；读者来信：caibian3@peopledaily.com.cn；人与自然：whr@peopledaily.com.cn；理论：lilunbu@peopledaily.com.cn；国际副刊：gjbfkz@peopledaily.com.cn；体育：rmrbty@sina.

① 由于编辑变动、报纸改版等原因，这里搜集的投稿邮箱可能被弃用。

com.cn，rmrbty@peopledaily.com.cn；民主与法治：fz1@peopledaily.com.cn；经济周刊：jjzk@mail.peopledaily.com.cn；科技视野：rmrbkj@yahoo.com.cn；财经纵横：cmzjjb@sina.com。

2.《光明日报》

理论·实践：gmrbsj@gmw.cn；理论·学术：llxs@gmw.cn；国学：liangshu1960@163.com；文艺部：wyb@gmw.cn；经济部：gmjjb@gmw.cn；光明调查：gmdcbg@vip.sina.com。

3.《中国教育报》

新闻线索：xinwen@edumail.com.cn；基层新闻：zgjybjcxw@163.com；读书周刊：1365664999@qq.com；职教周刊：zjzk@edumail.com；理论周刊·教育科学：jykexue@126.com；家教周刊：jiatingjiaoyu@edumail.com.cn；环球周刊：dongedu@qq.com；学前周刊：jybxqzk@163.com；学前周刊·成长：jybxqcz@163.com；学前周刊·保教：jybxqbj@163.com；体育：jybtiyu2015@sina.com；新闻·视觉：syms@edumail.com.cn。

4.《中国青年报》

思想者：sixiang@cyd.net.cn；国际：guojibu@cyd.net.cn；青年创业者：chuangye@cyd.net.cn；职业教育：zhiyejiaoyu@cyd.net.cn；经济：jingji@cyd.net.cn；特别报道：zqbtebiebaodao@gmail.com；青年话题：myear@vip.sina.com；教育·科学：jiaoyu@cyd.net.cn；共青视点：gongqing66@126.com；综合新闻：zqbzbs@sina.cn；文化周刊：wenhua@cyd.net.cn；阅读周刊：yueduzhoukan@sina.com；青春校园：jiaoyu@cyd.net.cn；体育：tiyu@cyd.net.cn。

5.《科技日报》

国际新闻：kjrbgjb@vip.sina.com；综合新闻·要闻：zbs@stdaily.com；科技人物：jiangjing@stdaily.com；创新论坛：guoketiancai@126.com。

6.《中国教师报》

新闻：zgjsbxw@vip.163.com；班主任周刊：zgjsbbzr@163.com；现代课堂周刊：zgjsbxdkt@vip.163.vom；教育家周刊：zgjsbjyj@vip.163.com。

7.《人民代表报》：rmdbbfk@163.com。

8.《语文报》：ywbsqcyd@163.com。

9.《羊城晚报》(校园达人版)《大学时光》栏目：ycwbqc@sina.com(投稿须注明“校园达人”投稿字样)。

10.《扬子晚报》“成长周刊”：czzk@yangtse.com。

11.《繁星》栏目：2479502403@qq.com。

二、评论类投稿邮箱

1.《人民日报》

人民论坛：plun@peopledaily.com.cn；时代热评：zhbm@people.com.cn；述评与论苑：fz1@peopledaily.com.cn；热点与对话：fz4@peopledaily.com.cn；言论广角：rmlt@people.com.cn；华南时评：pdeye@peopledaily.com.cn；今日谈 jrt@peopledaily.com.cn；议政与建言：yzyjy@peopledaily.com.cn；读者来信：caibian3@peopledaily.com.cn。

2.《环球时报》国际评论：taolun@peopledaily.com.cn。

3.《人民日报》（海外版）：hwbjjb@sina.com。

4.《光明日报》

评论部：gmpinglun@gmail.com；文学评论：gmrbwx@yahoo.cn；艺术评论：wyb@gmw.cn；美术评论：gmrbmspl@gmw.cn；论苑：lunyuan3@126.com。

5.《中国教育报》中教评论：jybpinglun@vip.163.com。

6.《南方周末》读者来信：Nfzmreaders@163.com。

7.《中国青年报》

青春热线：cydqcrx@163.com；新闻热线：cyd@cyd.net.cn；青年调查：qingdiao@cyd.net.cn；青年话题：myear@yahoo.com.cn。

三、新媒体平台的投稿邮箱

1. 南方网：opinion@southcn.com。

2. 东北网：dbwp@dbw.cn。

3. 国际在线：guankui@vip.163.com。

4. 新华网：commmentsxhw@126.com。

5. 新华网国际频道评论：guoji@xinhuanet.com。

6. 新华网台湾频道：politics@xinhuanet.com。

7. 金鹰网：jinhezhihe28@163.com。

8. 千龙网：review@staff.qianlong.com。

9. 央视网 – 网评天下：cctvpinglun@sohu.com/cctvpl@126.com。

10. 中国青年网：comments2005@126.com。

11. 辽宁新闻网：liaoningwangping@126.com。

12. 新民网：pinglun@xinmin.cn。

13. 人民网 – 文化：wenhua@peopledaily.com.cn。

14. 星传媒（另类娱乐评论）：xcmzk@163.com。

15. 网易时评：eyes@corp.netease.com。

16. 人民网《观点频道》：opinion@peopledaily.com.cn。

17. 新华网《观点》：comments@xinhuanet.com。

18. 安徽时评：ahsping@126.com。

19. 微信公众号“今豫网言”：jywywx@126.com。

20. 微信公众号“浙江宣传”：zjxcbjb@163.com。

21. 红网・红辣椒评论：hlj@rednet.cn。

22. 荆楚网・东湖评论：donghupinglun@163.com。

23. 微信公众号“江西宣传”：jxswxcb@qq.com。

24. 大江网（中国江西网）・大江时评：jxpinglun@163.com。

25. “江西新闻”App・红土评论：jxrbxw@163.com。

26. 江西教育网・赣教时评：gjsp@jxedu.gov.cn。

27. “中国网”微信公众号：3178310465@qq.com。

28. 微信公众号“真实故事计划”：tougao@zhenshigushijihua.com。

29. 微信公众号“人间 theLivings”：thelivings@vip.163.com。

30. 微信公众号“知音真实故事”：zhenshigushizx@126.com。

31. 微信公众号“每日人物”：meirirenwu_tg@126.com。

32. 微信公众号“萌芽”（《萌芽》杂志官方公众号）：mengya@mengya.com。

33. 中国青年网，可下载“中青校园”App 进行投稿，也可登录 PC 端：https://

app.cycnet.com.cn/sxx/public/login。

34. 中国大学生在线：https://dxs.moe.gov.cn/zx/xyh/tgsm/。

35. 微信公众号“慈利教育”：clxjyjbgs2018@163.com。

36. 电子刊平台《现代青年》，投稿须下载“筑梦大道”App，注册登录后即可投稿。

37. 微信公众号“我们是有故事的人”：wmsygsdr@163.com。

38. 微信公众号“三明治”：tellus@China30s.com。

39. 微信公众号“单读”：anonymous@owspace.com。

40. 微信公众号“正午故事”：feature@jiemian.com。

41. 微信公众号“谷雨计划”：jiamuzili@tencent.com/guyustory@qq.com。

42. 微信公众号“万村写作计划”：lovegczy@163.com, 电话：0755–88914014（工作时间）。

43. 微信公众号“重庆瞭望”：cqliaowang@vip.163.com。

第九章　校园新闻英文采访的常用语句

随着对外开放的不断深入，中国新闻报道者（包括校园新闻报道者）采访外国人的机会越来越多，采访外国人的需要也比以往更为迫切，大多数新闻报道者都可能遇到采访外国人的情形，这时，使用英语这一国际通用语言进行采访，便成为许多新闻报道者希望掌握或需要掌握的本领。

目前，国内的新闻教育（包括“英语新闻”和“英美报刊选读”课程在内），缺乏对英语采访知识的介绍，在网上也难以检索到直接可用的资料。因此，相当数量的新闻报道者（即使英语口语特别好）在采访外国人的过程中颇为尴尬，不知道该如何用英文来表达采访意图，由此丧失了采访良机。

一次采访包括采访前、采访中、采访后三个阶段，每个阶段都有其不同的常用句型，以下是我们总结的在各个阶段常使用的句型。

第一节　采访前的常用语句

1. 对采访对象的称呼、问候，可以这样说：

Mr. × ×（姓）　　Good afternoon

Miss × ×（姓）　　Good morning!

Premier × ×（姓）　　Good evening!

或者，干脆直接说：

Hi, Mr. × ×（姓）.

Hello, President × ×（姓）.

甚至不说对方姓氏，而直接以“Hi”或“Hello”向对方打招呼。

例句：Good morning, Mr. Clinton.

2. 自我介绍（向采访对象表明身份）

（1）I' m the journalist from+ 某媒体 .

例句：I'm the journalist from *Jiefang Daily*（解放日报）/ *Chuncheng Evening News*（《春城晚报》）/ *Southern Metropolis Daily*（《南方都市报》）/ *Tianfu Morning News*（《天府早报》）。

（2）Please let me introduce myself. I' m a reporter . My name is …

例句：Please let me introduce myself. I'm a reporter and my name is Li Shuangshuang.

或者，如果是名气较大的新闻单位，可以直接说：I' m+ 姓名，+ 媒体名称

例一：I' m Bob Woodward，*Washington Post*.

例二：I' m Zhang Quanling，CCTV.

3. 说明来意或采访意图

（1）Our interview is mainly about …

（2）Our interview will focus on …

（3）I hope we can have a indepth interview about …

以上三种句型，都可以表达采访者的来意，在介词 about 或 on 后面直接加上自己所要了解的问题（表示话题的名词或名词性短语）。

例句：Our interview will focus on current financial crisis.

4. 提出采访要求，可以说：

（1）Can I contact with you at your convenience ?

（2）Can I / May I / Could I interview + 某人 ?

例句：May I interview you ?

（3）Would you mind …

例句：Would you mind giving an exclusive interview with me ?

（4）I wonder if I could interview+ 某人 +about+ 某事。

例句：I wonder if I could interview the Prime Minister about government policy.

5. 说明采访对方所需的时间

（1）I shall only take + 数字 +minutes of your time.

例句：I shall only take 3 minutes of your time.

（2）My interview should only last + 数字 +minutes.

例句：My interview should only last 5 minutes.

（3）Would you mind I taking your + 数字 + minutes？

例句：Would you mind I taking your 5 minutes？

（4）I wonder if I could …

例句：I wonder if I could talk with you only 5 minutes？

（5）Will you take + 数字 +minutes for me？

例句：Will you take 5 minutes for me？

6. 约定时间

对于一些话题，如果采访对象无法立即给予新闻报道者肯定的答复，新闻报道者可以争取与采访对象另约一个具体的时间与地点继续采访，可以使用以下句型：

（1）If you have time, we will interview on + 某时间 + at + 某地点 . Do you agree with our plan？

例句：If you have time, we will interview on Monday this week at our station. Do you agree with our plan？

（2）如果对方同意，则新闻报道者可以说：Ok, we will meet on that day.

对于一些明星、企业家之类的名人，新闻报道者较难与他们取得直接联系，必须通过其秘书或代理人进行预约，这时可以这样说：

（1）Hello, I'm a journalist from + 某媒体 , I want to interview + 某人 + about + 某事 .When does he have time？ Can you help me to reserve it？ Thank you!

例句：Hello, I'm a journalist from *People's Daily*（《人民日报》）, I want to interview Professor John about current financial crisis. When dose he have time？ Can you help me to reserve it？ Thank you!

（2）Hello, I'm a reporter at + 某媒体 , 某人 + recommended that I get in touch with + 某人 + about + 某事。

例句：Hello, I' m a reporter at Jiangxi TV（江西电视台）, Doctor Miller recommended that I get in touch with Professor Anderson about current financial crisis.

第二节 采访过程中的常用语句

经过对英文采访真实案例的分析及翻译，我们归纳出英文采访过程中的常用句型和语句，供各位新闻报道者参考、仿用。

（一）采访初始

电视台的演播室采访或电话连线采访，开始时可以这样说：

Good to have you with us, Sir/Ms.

新闻报道者采访外国人时，如果觉得用英语对话有难度，可以首先询问采访对象是否懂中文，如果采访对象懂中文那采访自然更顺利。新闻报道者可以这样说：

（1）Can you speak Chinese？

（2）Can we talk with each other in Chinese？

（二）采访新闻诸要素

采访的基本内容包括5个“W”和一个“H”（What, When, Why, Where, Who, How），对这几个关键问题，常见的提问句型有以下几种。

关于Who，可以这样问：

（1）Who is involved in …

例句：Who is involved in it

（2）Who benefited from …

（3）Who suffered from …

（4）Who made …

关于What，可以这样问：

（1）What is the current status of …

（2）What' s your opinion of …

（3）what kinds of ··· can you share？

（4）What is similar to ···

（5）What time do you usually ···

（6）What is different from ···

（7）What are the causes of ···

（8）What happened before ···

（9）What happened after ···

（10）What are the consequences of ···

（11）What were the physical surroundings？

（12）What parts make up ··· How are they related to each other？

例句：What had happened

关于 When，可以这样问：

When did ··· occur？

例句：When did this accident occur？

关于 How，可以这样问：

（1）How long did ··· take？

（2）How would you describe ···

（3）How have you faced ···

（4）How would ··· have been different if the circumstances were different？

例句：How many people were injured now and what is the current status of the wounded？

关于 Why，可以这样问：

（1）Why did ··· exist or occur？

（2）Why did ······do？

（3）Why do you ···

例句：Why did it happen？

关于 Where，可以这样问：

where comes ···

例句：Where comes it？

（三）开放式提问和封闭式提问

采访中常用的开放式提问，可以用到的句型有以下几种。

（1）What do you think / imagine …

例句：What do you think of/ imagine the economic situation？

（2）Could you give us some comment on …

例句：Could you give us some comment on the environmental issues/your new partner？

（3）Can we talk a bit about …

例句：Can we talk a bit about the state station？

（4）Can you give us a simple introduction of …

例句：Can you give us a simple introduction of your company？

（5）Can you give us a few sentences to summarize … for us？

例句：Can you give us a few sentences to summarize your opinions for us？

（6）Could you give us an brief introduction …

例句：Could you give us an brief introduction to this word？

闭合式提问，能够引导采访对象回答一些他们没有提到的问题，或者是采访对象不愿意说的话题，这方面的常用句型包括以下几个。

（1）Do you agree with it？

（2）Are you + 形容词?

例句：Are you angry？

（3）Do you + 动词或动词词组?

例句：Do you love her？

（4）Like + 名词？

例句：Like McDonald' s？

（5）Are you planning to …

例句：Do you agree with the proposition that consumer spending is patriotic？

当采访对象说话跑题太远时，新闻报道者要及时礼貌地打断，这时新闻报道者可以说：

（1）Could / Can / May I interrupt？

（2）Excuse me.

（3）Pardon me.

（4）I beg your pardon/Beg your pardon.

（5）I' m sorry.

新闻报道者所提的问题往往不只有一个，新闻报道者必须懂得使用恰当的语句进行话题转换，这方面的常用句型包括以下几个。

（1）Well, let' s move on to the next point.

（2）We will now come to the second problem.

（3）Turning to the next question, I' ll talk about …

（4）So much for … I would now like to shift to discussion …

（5）Now, let' s move away from … and switch over to the next section of …

（6）Next, I would like to turn to …

（7）The next point I' d like to talk about is …

（8）Please draw some light on …

（9）My second question is,…

（10）The other question is …

英国《金融时报》记者 2009 年 2 月 1 日采访温家宝总理时，是这样转换问题的：

（1）Before I turn to … I have one small question regarding …

（2）What specific measures are you taking to assure social stability as … And within that question, one last question on …

为了保证采访的顺利进行，新闻报道者应该不时发声（以表明自己在听对方回答），或表达自己的意见，与采访对象互动交流，激起采访对象的交流兴趣，以获取更多的信息。这时新闻报道者可以说：

（1）I got it.

（2）Yeah.

（3）I think this one will do.

（4）So do I.

（5）Neither do I.

（6）Yes, I doubt it.

（7）Yes , I think so.

（8）I disagree.

（9）I' m afraid I can' t agree.

由于语言不通，新闻报道者可能没有把握是否听懂了采访对象所说的话，这时需要确认一下，新闻报道者可以说：

（1）… Am I right ?

（2）… Is this right ?

（3）I' m not sure I' m getting this. Are you saying …

例句：I' m not sure I' m getting this. Are you saying you have planned to reduce the property price ?

（4）I don' t know exactly what you mean. Do you mean that …

例句：I don' t know exactly what you mean. Do you mean that you have planned to reduce the property price ?

（5）I' m not sure I understand. Do you mean to …

例句：I' m not sure I understand. Do you mean to reduce the property price ?

（6）Are you suggesting that …

例句： Are you suggesting that you have planned to reduce the property price ?

（7）I didn' t quite catch that. Do you mean to …

例句：I didn' t quite catch that. Do you mean to reduce the property price ?

或者，新闻报道者没有听清楚采访对象的话语，当需要对方复述时，新闻报道者可以说：

（1）I didn' t get the last part / word .

（2）What did you say ?

（3）Pardon, I couldn' t hear what you said .

（4）I beg your pardon, I didn' t catch what you said.

（5）Could you go over that again ?

（6）I' m not sure what you' re getting at.

（7）Would you mind repeating that？

（8）Could / Would you repeat that please？

（9）Could / Would you say that again please？

新闻报道者用英文表述完后，询问采访对象“是否明白”时，可以说：

（1）Are you following me？

（2）Are you with me？

（3）Did you get that？

（4）Do you understand so far？

（5）Does that make sense to you？

（6）Is that clear？

（7）Okay so far？

（8）Did you catch that？

第三节　采访完成后的常用语句

一般而言，新闻报道者在采访完毕后，应该以一个明显的结束语告知采访对象采访结束。从礼貌上说，也应该在结束后向对方表示感谢。新闻报道者采访有始有终，也能够给采访对象留下一个好印象，有利于对其再次采访。

常用的结束语有以下几种。

（1）That's all. Thank you.

（2）That's all for my work.Thank you.

（3）Thank you for your meeting.

新闻报道者还可以说：

（4）It's an honour to …

例句一：It's an honour to have the opportunity to talk to you today.

例句二：It's a great honour to be here and especially to interview you today.

（5）I'm very glad/ delighted to …

例句一：I'm very glad to talk to you today.

例句二：I am very delighted to have the opportunity to meet you.

（6）I am privileged to be here with you.（能与您在一起交谈，我感到很荣幸 / 幸运。）

例句：I am privileged to be here with you this afternoon.

（7）It' s my honour talking to you!

（8）Thank you very much for agreeing to talk to + 某媒体。It' s been very enlightening.

电视台的演播室采访或电话连线采访，结束时可以这样说：

（9）Thank you for joining us.

（10）We really appreciate your joining us,and we appreciate your distinct insights into all of this. Thank you!

采访结束后，如果新闻报道者希望与采访对象合影留念，可以说：May I have a photo with you？

如果新闻报道者希望留下采访对象的联系方式，可以说：If it' s convenient,will you please leave me your card or some ways to keep in touch with you？

以上总结的，只是英文采访中的常用句型，并不是英文采访中的全部句型。真正的英文采访，需要新闻报道者现场随机应变，灵活使用各种句型。有时新闻报道者的话语只说出了关键词，并不是完整的句子，不符合英语语法，但只要采访对象能够明白新闻报道者的意思，也是可以的。例如：Hello! What you mean？（What 后缺漏了 do 或 did）。

当今中国逐步与世界接轨，新闻报道者在新闻报道过程中有时需要用英语和外籍采访对象交流。如果新闻报道者能够掌握基本的英语采访技能，在采访外籍人士时，便能游刃有余，有利于顺利而深入地展开采访。

主要参考文献

1. 本书编写组．习近平新闻思想讲义 [M]. 北京：人民出版社 ,2018.

2. 习近平．高举中国特色社会主义伟大旗帜 为全面建设社会主义现代化国家而团结奋斗——在中国共产党第二十次全国代表大会上的报告(2022 年 10 月 16 日)[N]. 人民日报 ,2022-10-26(1-5).

3. 本书编写组．马克思主义新闻观十二讲 [M]. 北京：高等教育出版社 ,2019.

4. 王卫明 , 胡丹 , 黄晓军．新闻作品赏析：第二版 [M]. 武汉：华中科技大学出版社 ,2022.

5. 王卫明 , 倪洪江．通讯员新闻采写一本通(第二版)[M]. 北京: 人民日报出版社 ,2018.

6. 王卫明 , 万莉 , 蔡军剑．新闻标题制作一点通 [M]. 北京：人民日报出版社 ,2020.

7. 王卫明．高级新闻采编实务 [M]. 合肥：合肥工业大学出版社 ,2017.

8. 王卫明 , 陈佳丽 , 余玉．互联网时代的健康传播 [M]. 北京：中国传媒大学出版社 ,2022.

9. 王卫明．慈善传播：历史、理论与实务 [M]. 北京：社会科学文献出版社 ,2014.

10. 和曼 , 白树亮 , 才让卓玛，等．国际传播 [M]. 北京：中国轻工业出版社 ,2023.

11. 王卫明．中外新闻事业史：第三版 [M]. 北京：北京师范大学出版社 ,2021.

12. 王卫明．新闻传播学论文写作 : 理论、方法与案例 [M]. 武汉：华中科技大学出版集团 ,2020.

13. 蔡军剑 , 张晋升．准记者培训教程：南方周末采编精英演讲录 [M]. 广州：南方日报出版社 ,2007.

14. 杜骏飞 , 时统宇．深度报道写作 [M]. 北京：中国广播电视出版社 ,2008.

15. 唐泽，吴乐珺．解构深度：中外电视调查性报道研究 [M]. 长沙：湖南人民出版社，2007.
16. 欧阳明．深度报道写作原理 [M]. 武汉：武汉大学出版社，2006.
17. 张志安．潜入深海：深度报道 30 年幕后轨迹 [M]. 广州：南方日报出版社，2010.
18. 人民日报编辑部．人民日报版面备要 [M]. 北京：人民日报出版社，1997.
19. 蓝鸿文．新闻采访学教程 [M]. 北京：中国人民大学出版社，2000.
20. 刘明华，徐强，张征．新闻写作教程 [M]. 北京：中国人民大学出版社，2002.
21. 余音．特稿采写宝典 [M]. 北京：新华出版社，2008.
22. 梁文道．常识 [M]. 桂林：广西师范大学出版社，2009.
23. 林达．历史深处的忧虑 [M]. 上海：三联书店出版社，2006.
24. 传媒茶话会．不可不知的采编小技巧 [M]. 北京：人民日报出版社，2023.
25. 传媒茶话会．不能不说的避雷小建议 [M]. 北京：人民日报出版社，2023.
26. 传媒茶话会．不容错过的爆款小经验 [M]. 北京：人民日报出版社，2023.
27. 莱特尔，哈里斯，约翰逊．全能记者必备 [M]. 北京：中国人民大学出版社，2010.
28. 施瓦茨．如何成为顶级记者：美联社新闻报道手册 [M]. 北京：中央编译出版社，2003.
29. 亚当斯，希克斯．新闻采访：第一线采访手边书 [M]. 上海：上海三联书店，2004.
30. 布雷迪．采访技巧 [M]. 北京：中国新闻出版社，1985.
31. 布隆代尔．《华尔街日报》是如何讲故事的 [M]. 北京：华夏出版社，2006.
32. 布鲁克斯．新闻报道与写作 [M]. 北京：新华出版社，2007.
33. 芬克．冲击力：新闻评论写作教程 [M]. 北京：新华出版社，2002.
34. 张宸．当代西方新闻报道规范——采编标准及案例精解 [M]. 上海：复旦大学出版社，2008.
35. 盖恩斯．调查性报道 [M]. 北京：中国人民大学出版社，2005.
36. 孙振虎．手机摄影教程 [M]. 北京：中国传媒大学出版社，2021.
37. 李希光，孙静惟，王晶．新闻采访与写作教程 [M]. 北京：清华大学出版社，2011.
38. 斯蒂芬斯．新闻与揭丑：Ⅰ——美国黑幕揭发报道经典作品集 [M]. 海口：海南出版社，2000.

39. 斯蒂芬斯．新闻与揭丑：Ⅱ——美国黑幕揭发报道先驱林肯·斯蒂芬斯自述 [M]. 海口：海南出版社 ,2000.

40. 美国纽约摄影学院．美国纽约摄影学院教材：上、下册 [M]. 北京：中国摄影出版社 ,2010.

41. 2024 年《中国日报》（香港报）大学新闻奖网址：us.Chinadailyasia.com.

附录一　校园新闻报道例文 ①

喜事、荣誉类校园新闻的例文

《清华女篮夺得大学生篮球联赛冠军》

作者：王亮。《人民日报》，2022 年 7 月 28 日第 16 版。

《江西工业贸易职业技术学院连续 3 年获“江西省平安校园”称号》

作者：范晶。《江南都市报》，2022 年 5 月 16 日 A03 版。

《中非共和国班吉大学孔子学院举行揭牌仪式》

作者：罗毓、李阳、史第文。《人民日报》，2023 年 4 月 20 日第 2 版。

《中央宣传部授予陆军工程大学“星火”理论宣讲服务政治教员群体“时代楷模”称号》

作者：朱桁冈、肖力铭、云利孝。《人民日报》，2022 年 11 月 23 日第 4 版。

① 二维码扫码可看文章，文章发布平台不一定是原发布平台。

《我校师生在2023年全国高等院校健身气功锦标赛中喜获佳绩》

通讯员：罗欢。来源：江中新闻网，2023年8月28日。

喜事、荣誉类校园新闻的其他例文

1.《香港中文大学60周年校庆活动启动》

记者：陈然。《人民日报》（海外版），2023年2月14日第4版。

2.《南京大学庆祝建校120周年》

记者：何聪、姚雪青。《人民日报》，2022年5月22日第4版。

3.《北京语言大学迎来建校60周年》

记者：赵晓霞。《人民日报》（海外版），2022年9月22日第9版。

4.《世界技能大赛特别赛画上句号，中国代表团蝉联金牌榜第一——看！金牌工匠这样炼成》

记者：吴凯、窦皓、王者、杨颜菲、王欣悦、洪秋婷、姜晓丹。《人民日报》，2022年11月29日。

5.《江西机电职院学子在第15届全国3D大赛年度总决赛中喜获佳绩》

江西机电职业技术学院，江西教育网，2022年12月26日。

6.《淄博职业学院在山东省高校创新创业类精品微课比赛中喜获佳绩》

作者：姜健。鲁网，2023年3月16日 。

7.《省高校国际及港澳台侨学生才艺展演，莆田学院留学生获奖》

作者：李学博、庞城江。《莆田晚报》，2020年1月2日。

科研类校园新闻的例文

《云南大学专家团队成功创制多年生稻》

记者：王长山、杨静。《人民日报》（海外版），2022年11月10日第9版。

《千年“热烦恼”变身绿色“热资源”》

作者：叶正芳、阳锡叶。《中国教育报》，2023 年 5 月 17 日第 3 版。

《南京高职生发明新型添加剂助柴油车摆脱尾气困扰》

作者：左智越、李超。《中国青年报》2020 年 12 月 26 日。

《广东省外语艺术职业学院：非遗与潮玩的文化“火花”碰撞出独具“匠心”的毕业设计作品展》

作者：广东省外语艺术职业学院。广东省教育厅官网，2022 年 7 月 1 日。

科研类校园新闻的其他例文

1．《北京房山与良乡大学城 5 所高校同频共振 高校科研成果就地转化再提速》

记者：陈强。《北京日报》，2023 年 3 月 27 日。

2．《10 万元！这所高职院校重奖教科研团队和个人》

记者：李志峰。《重庆日报》，2023 年 2 月 22 日。

3．《浙大合成首例人造大黄鱼肉：17 天长成，与自然鱼肉别无二致》

作者：李玉萍。《杭州日报》，2023 年 5 月 16 日。

4．《南京大学闻海虎团队重复实验再次推翻美国室温超导轰动性研究》

作者：孙滔。《中国科学报》，2023 年 3 月 20 日。

5．《冬奥来了丨智能保暖！高校科研团队研发“保暖套装”》

央视新闻客户端，2021 年 11 月 30 日。

6．《探索智能化学，中国科学技术大学江俊团队——人工智能助力前沿探索加速》

记者：喻思南。人民日报客户端安徽频道，2023 年 4 月 11 日。

7．《华中农大科研团队取得动物基因组育种技术突破性进展》

记者：佘利霞。央视新闻客户端，2023 年 3 月 8 日。

趣事类校园新闻的例文

《仪式感拉满 萌娃开学“乐哈哈”》

作者：段萍、章娜、陈阳。《江南都市报》，2023 年 2 月 7 日 A04–05 版。

《这头闯入高校的野猪“落网”了》

作者：陈阳。《江南都市报》，2022 年 11 月 16 日 A04 版。

《这所高职用“拍卖会”回答怎么搞科研》

作者：蒋雨彤、周曦。《中国青年报》，2021 年 11 月 22 日。

趣事类校园新闻的其他例文

1．《我教妈妈讲普通话》

记者：黄孝邦。新华社，2020 年 4 月 17 日。

2．《一场特殊的毕业论文答辩！长三角 12 所高校师生团队将毕业设计“写”在宁海乡村》

记者：陈冲。通讯员：蒋攀、尤才彬、赖颖薇。江南游报融媒体，2022 年 6 月 22 日。

3.《野猪掉进华中科技大学水池，被消防民警合力救起，围观学生喊“去食堂”》

记者：黄巧文。九派新闻，2023 年 3 月 9 日。

4．《网传华东师大俩学生划船到上海交大，被保安发现后主动返回，交大：不确定其身份，但有校规不许划船》

记者：杨冰钰。九派新闻，2023 年 3 月 8 日。

5．《莆田学院：“封闭”校园里 即兴弹唱欢乐多》

作者：蔡家艳。《新福建》，2020 年 9 月 16 日。

讲座类校园新闻的例文

《百万师生云端聆听党的百年奋斗史》

记者：武文娟。《北京青年报》，2021 年 4 月 1 日。

《针对网瘾问题 南昌大学社会实践队在万载举办公益讲座》

作者：黄蓉。大江网 / 大江新闻客户端，2021 年 7 月 8 日。

《大学师生走进乡村举办公益讲座》

作者：李萌。“网易新闻”App，2022 年 6 月 28 日。

《助力孩子健康成长　南昌大学举办“巧妙利用智能手机和互联网资源”公益讲座》

作者：熊怡蕾、陈垚、杨金。中国青年网，2023 年 7 月 9 日。

讲座类校园新闻的其他例文

1.《“我与‘传媒’面对面”讲座首次直播获观众追捧》

作者：记者石德璐、通讯员刘畅。江西新闻 App，2023 年 8 月 28 日。

2.《与法同行“典”亮人生 |〈民法典〉宣讲走进高校课堂，守护你的法治梦》

作者：雨小宣。澎湃新闻，2021 年 11 月 24 日。

3.《贵州大学科技学院开展“4·15 国家安全”主题教育讲座》

记者：张凌。《贵州日报》，2021 年 4 月 15 日。

4.《江西水利职业学院举办“助人自助：携手共创心幸福”专题讲座——“万师润万心”系列活动》

作者：钟丽芳、章晚华。江西省教育网，2023 年 4 月 20 日。

5.《“科学与中国”院士专家巡讲活动走进粤港澳大湾区》

记者：刘梦雅。中国之声频率，2023 年 4 月 30 日。

6.《天津 15 所高校联合开展心理健康讲座 7600 名教师“云”上谈“心”》

记者：姜凝。《天津日报》，2022年3月22日。

7.《举办“就业起跑线”就业创业指导系列讲座 团省委助力高校毕业生更好就业》

记者：郭立。《贵州日报》，2023年5月6日。

8.《高校举办生涯规划讲座为学子指点迷津》

作者：张丽。《山西青年报》，2023年3月1日。

会议类校园新闻的例文

《人民网2022大学校长论坛在吉林长春举行》

记者：谢龙、孙竞、李依环。《人民日报》，2022年12月28日第6版。

《八位院士“同框”助力基础学科人才培养》

作者：何淼。人民网，2021年5月21日。

《“郑德荣式党的创新理论研讲团”成立》

作者：李莹、刘少利、丁川、徐萌。《中国吉林网》，2023年5月11日。

会议类校园新闻的其他例文

1.《浙闽沪职业教育建筑行业产教融合共同体发展会议在温州职业技术学院举行》

记者：金慧霞。中国教育在线，2023年5月16日。

2.《国际消费中心城市建设提速，2035年北京商圈将超百》

作者：马婧。京报网，2023年4月29日。

3.《辽宁省高校工会工作会议召开》

记者：刘大毅。《辽宁日报》，2019年11月6日。

4.《我校组织召开九牛草热敏悬灸治疗过敏性鼻炎多中心临床试验方案研讨会》

通讯员：熊俊。江中新闻网，2023 年 7 月 18 日。

招生类校园新闻的例文

《39 所“强基计划”高校陆续发布招生简章——“强基计划”第四年，有何新变化》

作者：欧媚。《中国教育报》，2023 年 5 月 6 日。

《校长为我戴校徽！莆田学院迎新送大礼》

作者：陈盛钟、阙丽君、朱睿璇、江洁。《福建日报》“新福建”App，2020 年 10 月 10 日。

《人文学院开展第二期“学长学姐带你逛校园”抖音直播活动》

通讯员：高贵森。江中新闻网，2023 年 9 月 3 日。

招生类校园新闻的其他例文

1.《内地高等院校招收香港中学文凭考试学生计划 3 月 1 日起接受报名》

记者：刘丽斌、周伟琪。中央广播电视总台，2023 年 3 月 2 日。

2.《香港恒生大学 2023 年招生政策：内地招生 200 人 文理兼收 英语须 100 分》

香港恒生大学招生办公室，“学习强国”App，2023 年 5 月 12 日。

3.《北京市中职自主招生计划公布 70 所学校计划招 18484 人》

记者：牛伟坤。《北京日报》，2023 年 5 月 5 日。

4.《在京高校陆续发布 2023 年高招计划和政策 一批优势学科新增招生专业》

实习记者：何蕊。北京日报客户端，2023 年 4 月 11 日。

5.《高校开学第一课带新生逛校园》

记者：杨美钦。《莆田晚报》，2020 年 10 月 14 日。

就业类校园新闻的例文

《看职教本科生毕业季的多重选择》

作者：伦艺菲、范晶。《江南都市报》，2020 年 10 月 10 日。

《西湖区启动校招 广撒“英雄帖”揽才》

作者：陈莉、胡云芸、毛旭辉。《江南都市报》，2022 年 6 月 21 日。

《河北省教育厅进一步健全机制优化服务做实指导全力促进毕业生顺利就业》

记者：周洪松。《中国教育报》，2023 年 5 月 22 日第 1 版。

《“澳门大学生秋季就业与实习线上招聘会”成功举办》

记者：富子梅。《人民日报》（海外版），2022 年 12 月 2 日第 4 版。

《引导鼓励高校毕业生到中小企业工作》

记者：刘坤。《光明日报》，2023 年 4 月 15 日 03 版。

就业类校园新闻的其他例文

1．《向 110 所高校发布近 1.4 万个人才需求 镇江集中“云招引”大学生》

记者：钱飞、薛诚、刘玥。《新华日报》，2022 年 3 月 19 日。

2．《专业咬合产业 课堂搬进基地——四川泸州职业技术学院以学用零距离铺平学生就业路》

记者：李晓东、周洪双。通讯员：刘明霞。《光明日报》，2021 年 5 月 14 日。

3．《从“就业小灶”到“帮扶套餐”》

记者：俞海萍。《光明日报》，2022 年 7 月 24 日。

4.《邵阳学院举办湖南共青团促进大学生就业“金桥行动”暨邵阳学院2023届毕业生夏季校园供需见面会》

作者：高策、刘攀、毛辉、黄冠棋。腾讯网，2023年5月22日。

5.《陕西铁路工程职院坚持就业优先导向：“五大行动”助学生高质量就业》

作者：焦胜军。《中国教育报》，2023年5月8日。

6.《常州机电职业技术学院：以“访企拓岗”为径 校企联动促就业》

记者：陈建新、周斌、陈琳。《中国教育报》，2022年9月19日。

7.《西藏职业技术学院打造“三三制”就业创业体系》

记者：采守宽。《中国教育报》，2023年2月22日。

争议类校园新闻的例文

《停招学校借“春招补录”幌子揽生源》

作者：范晶。《江南都市报》，2022年5月30日。

《防范校园欺凌，需要充足而尽心的教育》

作者：靳晓燕。《光明日报》2023年5月16日13版。

争议类校园新闻的其他例文

1.《本科毕业论文抽检“检”出了什么》

记者：杨飒。《光明日报》，2023年4月11日14版。

2.（两会声音）全国人大代表陈玮：青少年心理问题应“治未病”

中国新闻网，2023年2月23日。

3.《幼儿园家长向老师发注意事项引争议》

记者：向一帆。《楚天都市报》，2022年9月20日。

4.《大学生结婚就是不负责？不必给大学生婚恋贴上负面标签》

记者：梁悠悠。红星新闻，2023年5月21日。

5.《西安一大学生因不当言论被退学，此前曾在直播中骚扰女生受处分》

作者：何利权。澎湃新闻，2021年5月9日。

突发类校园新闻的例文

《枪支暴力对美国儿童造成巨大伤害（深度观察）》

记者：李志伟。《人民日报》，2023 年 4 月 17 日第 15 版。

《只因跑步发生碰撞 高职生扎死两同学一审获刑 15 年》

作者：杨凤、临聂辉。《京华时报》，2015 年 5 月 26 日。

《湖南一职校男生宿舍起火，楼内学生及时撤离》

作者：丁鹏。“极目新闻”App，2022 年 3 月 16 日。

突发事件类校园新闻的其他例文

1.《南方职院一学生溺亡：安全管理不能存漏洞》

湖南日报社湘问频道，新湖南，2023 年 5 月 16 日。

2.《云南新兴职业学院学生工厂“社会实践”发病身亡，同学称其刚上完12小时夜班》

封面新闻，2022 年 3 月 20 日。

3.《致 1 名工人死亡 中山职业技术学院学前教育大楼工程高坠事故查明》

作者：陈建涛。《中国基建报》，2023 年 4 月 24 日 。

4.《广东一职校学生宿舍床上身亡，校方通报：警方正在调查》

澎湃新闻，2020 年 11 月 20 日。

团学实践类校园新闻的例文

《“昌万初心”社会实践队感受仙源老区新貌》

作者：李萌。大江新闻 App，2022 年 6 月 27 日。

《河北经贸大学：“阅读 +”让书香润校园》

作者：周洪松、王玉卿、李素媛。《中国教育报》，2023 年 5 月 16 日第 1 版。

《劳模登讲台 思政“活”起来》

作者：赵岩、侯月媛。《中国教育报》，2023 年 5 月 18 日第 3 版。

《探索乡村传播 实践教学创新》

作者：廖满容、解现梅。《莆田晚报》，2020 年 11 月 15 日要闻版。

团学实践类校园新闻的其他例文

1.《“奋斗有我，就在吉林”宣讲团走进高校》

记者：刘少利、李莹。通讯员：许开宇、李娜。《中国教育报》，2023 年 5 月 18 日第 3 版。

2.《打造“乡土味”十足的劳动教育课》

记者：魏海政。通讯员：窦硕强、李金宝。《中国教育报》，2023 年 5 月 6 日第 2 版。

3.《社会实践，让大学生从“旁观者”变为“参与者”》

记者：靳晓燕。《光明日报》，2023 年 5 月 23 日第 14 版。

4.《让“女排精神”看得见、摸得着》

记者：王镜宇、殷刚。《光明日报》，2023 年 4 月 9 日第 4 版。

5.《甘肃陇南师范高等专科学校：到杜甫草堂上课去！》

记者：尹晓军、张学军。中国教育新闻网，2023 年 5 月 19 日。

6.《苏科大将“信仰公开课”搬到了乡村》

作者：陈希。《现代快报》，2020 年 12 月 2 日。

7.《大学生志愿者关爱心智障碍者》

作者：宋彦铭、张雅莹、刘晓清。《莆田侨乡时报》，2020 年 12 月 1 日。

开学类校园新闻的例文

《宁波大红鹰职业技术学院为外省新生配“老乡班主任”》

宁波大红鹰职业技术学院，《浙江日报》，2007 年 9 月 16 日第 1 版。

《网友蹲点拍摄湘潭大学公车送新生 阵容豪华》

作者：陆建銮。《广州日报》，2009 年 9 月 2 日 D8 版。

开学类校园新闻的其他例文

1．《汶川昨举行开学典礼》

特派记者：文远竹。记者杜江摄，《广州日报》，2009 年 9 月 2 日 A8 版。

2．《“女儿每个细胞都需要空调”——一名新生家长向武汉大学校长的哭诉》

《齐鲁晚报》，2009 年 9 月 10 日 A19 版。

3．《江西师大一新生配小车上学》

记者：汪清林。《南昌晚报》，2009 年 8 月 31 日 A6 版。

4．《90 后大学新生“装备”破万元》

记者：黄小路。《信息日报》，2010 年 9 月 10 日 第 4 版。

5．《姐弟是新生 老爸为学长 山西一家两代三口在我省同一大学内就读成为佳话》

记者：何红兵、黄小路。《信息日报》，2010 年 9 月 13 日第 3 版。

6．《15 岁美少女考上暨大学播音》

记者：陈红艳。实习生：林园、王琪。通讯员：彭梅蕾。《新快报》，2010 年 9 月 12 日 A05 版。

7．《“90 后”新生报到被冠名“齐全哥”》

通讯员：周枫、刘兰、汤碧君。记者：查锴。《武汉晚报》，2010 年 9 月 11 日第 10 版。

8．《爸妈养我 18 年，花了 30 多万！南师大新生报到现场算起“特殊账单”》

记者：蔡蕴琦、扬子。大学生记者：杨甜子。《扬子晚报》，2010 年 9 月 12 日 A7 版。

9.《她叫“丰田”？错了，是“封甜”！还有人叫“未来”叫“许愿”》

通讯员：宋时方。记者：高峰。《扬子晚报》，2010 年 9 月 12 日 A7 版。

10.《交委接外来工子女上学》

记者：王亮。通讯员：曹雪。《广州日报》，2009 年 9 月 2 日第 A19 版。

毕业类校园新闻的例文

《7700 学子起立高喊“根叔”》

作者：原丽阳、王国欣。《长江日报》，2010 年 6 月 24 日第 12 版。

毕业类校园新闻其他例文

1.《湖工毕业作品展开幕》

通讯员：胡工。《楚天都市报》，2010 年 5 月 7 日第 17 版。

2.《又到一年毕业时》（图片新闻）

作者：张星康、张力、石鹏。《江南都市报》，2010 年 6 月 2 日。

3.《一大学生刚毕业 月薪就超万元》

作者：沈林、黄小路。《信息日报》，2010 年 10 月 15 日第 4 版。

课堂类校园新闻的例文

《村小只有一名学生》

作者：陈强、罗丽娜、熊健言。《中国青年报》，2020 年 1 月 6 日第 5 版。

《莆田学院：“云教育”又新又多 “云学习”又喜又怕》

作者：张鑫艳、何培榆。搜狐网，2020 年 2 月 29 日。

《莆田学院“妈祖班”开班：培养妈祖文化传播人才》

作者：金晶晶、黄益琼、陈晨。东南网，2020 年 9 月 26 日。

音乐类校园新闻的例文

《民乐奏响前湖畔——“前湖之韵”民乐乐团专场演出》

作者：漆钰伶。南昌大学新闻网，2009 年 2 月 22 日。

《倾听管弦齐鸣，品味前湖之韵——“前湖之韵”管弦乐音乐会专场》

作者：刘振山、薛佳佳。南昌大学新闻网，2008 年 5 月 25 日。

《昆曲如何叩开年轻人的心扉》

作者：苏雁。《光明日报》，2023 年 4 月 7 日第 9 版。

《AI 交响音乐会，中央音乐学院探索音乐人工智能》

中国新闻网，2023 年 6 月 5 日报道。

Kids give their all at Beijing music tryout

作者：Chen Nan。中国日报网，2023 年 8 月 23 日。

Chinese composers give classical concerts in Europe

作者：Chen Nan。中国日报网，2023 年 8 月 14 日。

校园类人物通讯的例文

《来自加拿大的“南昌本土艺术家”》

作者：赵琼、谌昕。《江南都市报》2022 年 10 月 21 日 A06–07 版。

《将生命与科研牢牢“焊接”》

作者：陈欣然。通讯员：刘晓艳。《中国教育报》，2023

年 5 月 16 日第 4 版。

《她是李坤苹，一名“六边形战士”》

作者：林文婧。微信公众号“重庆大学”，2023 年 8 月 14 日。

《不同赛道也能拥有同样精彩 他们在职校找到了热爱与未来》

记者：杨斯涵、黄京。华声在线，2023 年 5 月 31 日。

《山城赤子的温度人生》

作者：王心怡。《今日铜鼓》，2021 年 12 月 27 日。

校园人物通讯的其他例文

1.《“90 后”辅导员赵冰：“冰”心永远系塔山》

作者：王晓刚。电子科技大学新闻网，2021 年 8 月 25 日。

2.《“我始终相信学习的力量”》

作者：任赫。《中国教育报》，2023 年 5 月 22 日第 2 版。

3.《“看着孩子们成长，是最开心的事”（运动人生）》

作者：陶相安。《人民日报》，2023 年 5 月 23 日 第 15 版。

4.《三代“职教人” 传承“机电情”》

作者：赵子硕。新华网，2022 年 8 月 11 日。

5.《拟音师：“雕刻”声音的人》

作者：孙庆玲。《中国青年报》，2021 年 11 月 8 日。

6.《安徽安庆市特殊教育学校教师张晨：用爱“点亮”人生路》

作者：汪艳。通讯员：范龙超。大皖新闻，2023 年 5 月 5 日。

7.《董丽娜，我们都听到你的声音了！》

作者：王焕君。《人民日报》，2023 年 4 月 24 日。

校园工作通讯的例文

《山区教学点的重生之旅》

作者：甘甜。《中国教育报》，2023 年 5 月 8 日。

《迎难而上向地球深部进军》

记者：刘玉。通讯员：刘宇豪。《中国教育报》2023 年 5 月 13 日第 2 版。

《大学如何上好劳动教育这一课》

记者：樊未晨、王豪。《中国青年报》2023 年 10 月 16 日第 8 版。

校园工作通讯的其他例文

1.《触摸乡土肌理 体味文化底蕴——奉化锦屏成校在“人文行走”中践行终身学习》

作者：钟伟。通讯员：陆和杰。《中国教育报》，2022 年 1 月 11 日。

2.《职教精准扶贫的“天津之路”》

作者：胡春艳。《中国青年报》，2020 年 11 月 2 日。

3.《湖州职业技术学院学工部：“音乐 + 思政”助力素质教育落实落细》

作者：杨度玉。光明网，2023 年 5 月 22 日。

4.《大学也低碳》

记者：潘晓凌。实习生：丁婕。《南方周末》，2010 年 4 月 28 日。

事件类校园通讯的例文

《舍身勇救落水儿童 英雄王红旭感动一座城》

作者：卿一学、刘恋、张骏凯、宋念念、罗维。重庆电视台卫星频道《重庆新闻联播》，2021 年 6 月 3 日。

《昔日热门单位也遇冷？2024 届毕业生的第一场双选会》

作者：柯愉乐、蒋敏玉。微信公众号“南方周末”，2023 年 10 月 20 日。

《莆田学院原创妈祖题材音乐剧〈海丝之魂〉演出成功》

作者：王铭樱、董维依、张恬菁。《莆田侨乡时报》人民号，2020 年 12 月 16 日。

校园事件通讯的其他例文

1．《师生互动增添节日欢乐和感情 三八节，高校学生 qq 群下起“红包雨”》

作者：赵露晴。《湄洲日报》，2016 年 3 月 11 日。

2．《莆田学院十亩格桑花盛开，吸引众多师生市民赏花留影》

作者：赵露晴、阮榕。东南网，2016 年 5 月 20 日。

3．《90 后大学生探寻“舌尖上”的妈祖文化》

作者：池颖、李彬。《海峡都市报》，2016 年 6 月 8 日 P6 版。

《课间休息不该“死气沉沉”》

作者：伍里川。《中国青年报》，2023 年 10 月 27 日第 3 版。

《警惕“野生”体育培训伤了孩子》

作者：唐琪。《中国教育报》，2023 年 10 月 26 日第 2 版。

校园新闻评论的例文

呼唤另一种“转移支付”

评论记者 王卫明（刊于 2007 年 3 月 5 日《嘉兴日报》第 1 版）

目前，我市各地中小学校已陆续开学。新学期与以往最大的不同：农村义务教育阶段的学生不用交学杂费了。然而，那些来自农村、不在家乡就读的义务教育阶段的学生，能否像在家乡一样免交学杂费？比方说，一名随父母来嘉兴的江西农村初中生，能否免交与“家乡免除数额”相等的学杂费？

我市去年出台的《嘉兴市本级义务教育免除学杂费实施意见》（下称《意见》）规定，外来学生如申请免除学杂费，须符合以下条件：其父母或其他法定监护人在暂住地已取得暂住证并暂住一年以上、依法缴纳社会保险或与用人单位签订劳动合同（或取得工商执照）等。

嘉兴市华嘉学校生源以外来学生为主，刘重鑫校长前天告诉记者，该校1000多名学生中，只有20名学生根据《意见》获得学杂费减免，且金额只有45元（小学）或70元（初中）。有些家长认为，《意见》规定的申请条件“太高了”，申请的成本甚至超过减免金额，不如干脆放弃申请。

《意见》作出上述规定不无道理：减免外来学生学杂费的资金，流出地财政和中央财政并不掏钱；如果人均减免金额很高，减免人数很多，流入地财政就会难以承受；全由流入地财政支付，对流入地也不公平。以我市为例，到2006年10月，在我市就学的外来人员子女已达8.5万人，其中大部分为义务教育阶段的学生。

刘重鑫曾向有关部门咨询：自己的学生能否像在家乡一样享受“免学杂费”的政策？他得到的答复是“不能”。每个人都有权享受平等的教育机会，离开家乡就不能享受“全免学杂费”，这样的现实显然不能令人满意。那该怎么办呢？

据悉，免除学杂费的资金由中央财政与地方财政在不同地区按不同比例共同负担。对学生流出地而言，中央财政和当地财政已经按照实际学生人数对其拨付公用经费，却把离乡就读的学生给“遗忘”了。

流入地外来学生的学杂费减免，如果中央财政、流出地财政也相应地按实际流出人数掏钱，这样就能有效提高流入地财政支付能力，外来学生就有望免交与“家乡免除数额”相等的学杂费。

在财政领域，有一种旨在实现各地公共服务水平均等化的制度——转移支付，这是一种在政府间实行的财政资金转移制度。为实现对离乡学生的教育公平，中央财政、学生流出地财政有必要按照流出的学生人数，对流入地进行专项“转移支付”，做到学生“流出”到哪里，“转移支付”就跟踪到哪里。

校园新闻评论的其他例文

1．《报道校园血案只会影响犯罪手段》

作者：盛大林。《中国青年报》，2010年5月21日。

2．《为孩子们撑起安全的天空》

作者：陈家兴。《人民日报》，2010年5月5日。

3．《高校篮球更要有“根”》

作者：薛原。《人民日报》，2010年5月14日。

4．《有偿家教不可一禁了之》

作者：王海越。《羊城晚报》，2009年10月21日A2版。

5．《开学典礼，孩子又一次“被长大”》

作者：曹公子。《广州日报》，2009年9月2日A19版。

附录二　校园新闻报道获奖作品（摘选）

三届大学生校园媒体大赛获奖名单（2018—2022 年）

第一届

https://media.nju.edu.cn/75/3a/c21844a423226/page.htm

第二届

https://media.nju.edu.cn/7f/60/c21844a556896/page.htm

第三届

https://media.nju.edu.cn/campus_prize/f4/e4/c47504a586980/page.htm

获中国新闻奖的校园新闻作品名单（节选）

《一条“机器鱼”遨游万米深海》

http://www.news.cn/zgjx/2022-11/01/c_1310667655_2.htm

《微视频 | 体育老师王红旭生命中最后一次百米冲刺》（2021-11-3）

https://h5.cqliving.com/info/detail/60024811.html

《张桂梅为什么感动中国》（文字评论）

http://www.zgjx.cn/2021-10/29/c_1310277609.htm

《重要里程碑！哈工大教授破解“T 细胞”世界之谜》（文字消息）

http://www.zgjx.cn/2020-10/23/c_139458629.htm

《少年志 · 青少年强国学习空间站》（融媒体报道）

https://www.yangtse.com/zt/snz-qsnqgxxkjz

《云端上的足球梦》（纪录片）（2021-7-31）

https://vodpub1.v.news.cn/original/20221004/00f4c2b086e2435fb1d599bf242815f0.mp4

《最潮中国观 看我圳少年》（2021-6-25）

https://v.oeeee.com/s/STOrNbPOPnNb.html

《“燃灯校长”送 1600 多名女孩出深山》（2020-7-10）

http://www.zgjx.cn/2021-10/25/c_1310259452_2.htm

《一名上海支教老师的千里“音”缘》（2020-11-30）

http://www.zgjx.cn/2021-10/28/c_1310270096_2.htm

《“E起学习”大型互动式融媒课堂》（新闻网站专题）（2019-12-5）

http://jsnews.jschina.com.cn/zt2019/xuexi/

《学分不达标 华中科大18名本科生变专科生》（文字消息）

http://www.zgjx.cn/2019-06/23/c_138143425.htm

《一名中国乡村教师的春天故事》（英语广播专题报道）

http://www.xinhuanet.com//zgjx/2016-08/31/c_135647861.htm

《原来你是这样的00后大学生》（2019-5-4）

http://www.zgjx.cn/2020-10/21/c_139454085_2.htm

1.　2.　3.

《一本教材种下爱国爱澳的种子》（2019-12-21）

http://www.zgjx.cn/2020-10/23/c_139459034_3.htm

《点赞重庆高校思政金课》（2019-3-21）

http://www.zgjx.cn/2020-10/23/c_139459104_2.htm

《“玩着玩着”过高中》（2019-8-25）

http://www.zgjx.cn/2020-10/26/c_139468114_2.htm

《我不见外——厦门大学美籍教授潘维廉的中国故事》（2019-2-18）

http://www.zgjx.cn/2020-10/27/c_139469930_2.htm

《“山猫”老师和他的孩子们》（2019-1-15）

http://www.zgjx.cn/2020-10/27/c_139470044_2.htm

《“万里边疆教育行”大型融媒体报道》（2019）

1.《感动！这对夫妻扎根我国最北村小，陪着仅剩下的7名孩子》（微信公众号“中国教育报”）

2.《感动！这所祖国最西端的学校，在守望着什么？》（微信公众号“中国教育报”）

3.《这位退休教师被误认为“收山货的老板”，只因……》（微信公众号“中国教育报”）

4.《热泪盈眶！看边疆孩子升起五星红旗：有国旗的地方，就是祖国！》（微信公众号“中国教育报”）

附录三　新闻月历

1月

[1月1日]元旦

[1月10日]中国人民警察节

[最后一个星期日]世界防治麻风病日

[正月初一]春节

[正月初七]中国人口日

[正月十五]元宵节

2月

[2月2日]世界湿地日

[2月10日]国际气象节

[2月14日]情人节

3月

[3月3日]全国爱耳日

[3月5日]中国青年志愿者服务日

[3月8日]国际妇女节

[3月9日]中国保护母亲河日

[3月12日]中国植树节

[3月14日]国际警察日

[3月15日]国际消费者权益日

[3月16日]手拉手情系贫困小伙伴全国统一行动日

[3 月 17 日] 国际航海日

[3 月 17 日] 中国国医节

[3 月 21 日] 世界森林日（世界林业节）

[3 月 21 日] 世界儿歌日

[3 月 21 日] 世界睡眠日

[3 月 22 日] 世界水日

[3 月 23 日] 世界气象日

[3 月 24 日] 世界防治结核病日

[最后一个星期一] 全国中小学生安全教育日

4 月

[4 月 1 日] 愚人节

[4 月 2 日] 国际儿童图书日

[冬至后 105 日，清明节前一二日] 寒食节

[4 月 5 日前后] 清明节

[4 月 7 日] 世界卫生日

[4 月 11 日] 世界帕金森病日

[4 月 22 日] 世界地球日

[4 月 23 日] 世界图书与版权日

[4 月 25 日] 全国儿童预防接种宣传日

[4 月 26 日] 世界知识产权日

[4 月 30 日] 全国交通安全反思日、国际不打小孩日（国际反体罚日）

[最后一个星期三] 秘书节（国际行政专员日）

5 月

[5 月 1 日] 国际劳动节

[5 月 3 日] 世界新闻自由日

[5 月 4 日] 青年节

[5 月 5 日] 全国碘缺乏病防治日

[5 月 8 日] 世界红十字日

[5 月 8 日] 世界微笑日

[5 月 12 日] 国际护士节

[5 月 15 日] 国际家庭日

[5 月 17 日] 世界电信日

[5 月 18 日] 国际博物馆日

[5 月 20 日] 全国母乳喂养宣传日

[5 月 20 日] 中国学生营养日

[5 月 22 日] 国际生物多样性日

[5 月 25 日] 世界足球日

[5 月 31 日] 世界无烟日

[第一个星期二] 世界哮喘日

[第二个星期日] 母亲节

[第三个星期二] 国际牛奶日

[第三个星期日] 全国助残日

[五月初五] 端午节

6 月

[6 月 1 日] 国际儿童节

[6 月 5 日] 世界环境日

[6 月 6 日] 全国爱眼日

[6 月 8 日] 世界海洋日

[6 月 12 日] 世界无童工日

[6 月 14 日] 世界献血日

[6 月 17 日] 世界防治荒漠化和干旱日

[6 月 20 日] 世界难民日

[6 月 22 日] 中国儿童慈善活动日

[6 月 23 日] 国际奥林匹克日

[6 月 25 日] 全国土地日

[6 月 26 日] 国际禁毒日

[6 月 26 日] 联合国宪章日

[第二个星期六] 文化和自然遗产日

[第三个星期日] 父亲节

7 月

[7 月 1 日] 中共建党节

[7 月 1 日] 香港回归庆祝日

[7 月 2 日] 国际体育记者日

[7 月 7 日] 中国人民抗日战争纪念日

[7 月 11 日] 世界人口日

[7 月 11 日] 中国航海节

[第一个星期六] 国际合作节（国际合作社日）

[七月初七] 七夕节

[七月十五] 中元节

8 月

[8 月 1 日] 建军节

[8 月 13 日] 国际左撇子日

[8 月 15 日] 日本无条件投降日

[8 月 19 日] 中国医师节

[八月十五] 中秋节

9 月

[9 月 3 日] 中国人民抗日战争胜利纪念日

[9 月 8 日] 国际新闻工作者日

[9 月 8 日] 国际扫盲日

[9 月 10 日] 世界预防自杀日

[9 月 10 日] 中国教师节

[9 月 15 日 , 第三个周末] 世界清洁地球日

[9 月 16 日] 国际臭氧层保护日

[9 月 16 日] 中国脑健康日

[9 月 17 日] 世界患者安全日

[9 月 18 日] “九一八”事变纪念日

[9 月 20 日] 全国爱牙日

[9 月 20 日] 全国公民道德宣传日

[9 月 21 日] 世界停火日

[9 月 21 日] 国际和平日举行

[9 月 22 日] 世界无车日

[9 月 27 日] 世界旅游日

[第三个星期六] 全民国防教育日

[第四个星期日] 国际聋人日

[9 月 29 日] 世界心脏日

[九月初九] 重阳节

10 月

[10 月 1 日] 中国国庆节

[10 月 1 日] 国际音乐日

[10 月 1 日] 国际老人日

[10 月 4 日] 世界动物日

[10 月 8 日] 全国高血压日

[10 月 9 日] 世界邮政日

[10 月 10 日] 辛亥革命纪念日

[10 月 10 日] 世界精神卫生日

[第三个周一] 世界镇痛日

[10 月 12 日] 世界 60 亿人口日

[10 月 12 日] 世界关节炎日

[10 月 13 日] 中国少先队建队纪念日

[10 月 13 日] 世界保健日

[10 月 13 日] 国际减轻自然灾害日

[10 月 15 日] 国际盲人节

[10 月 16 日] 世界粮食日

[10 月 17 日] 国际消除贫困日

[10 月 22 日] 世界传统医药日

[10 月 24 日] 联合国日

[10 月 25 日] 抗美援朝纪念日

[10 月 28 日] 世界男性健康日

[10 月 29 日] 世界卒中日

[第一个星期一] 世界人居日

[第二个星期四] 世界视觉日

[农历九月初九] 重阳节（敬老节）

11 月

[11 月 7 日] 十月社会主义革命纪念日

[11 月 8 日] 中国记者节

[11 月 9 日] 中国消防宣传日

[11 月 10 日] 世界青年节

[11 月 11 日] 中国人民解放军空军建军节

[11 月 14 日] 世界防治糖尿病日

[11 月 16 日] 国际容忍日（国际宽容日）

[11 月 21 日] 世界电视日

[11 月 25 日] 国际消除对妇女暴力日、国际消除家庭暴力日

[最后一个星期四] 感恩节

[11 月 11 日所属一周] 国际科学与和平周

12 月

[12 月 1 日] 世界艾滋病日

[12 月 3 日] 国际残疾人日

[12 月 4 日] 全国法制宣传日

[12 月 5 日] 国际义工日（世界志愿者日）

[12 月 7 日] 国际民航日

[12 月 10 日] 世界人权日

[12 月 13 日] 南京大屠杀死难者国家公祭日

[12 月 20 日] 澳门回归庆祝日

[12 月 21 日] 国际篮球日

[十二月初八] 腊八节

[十二月廿三] 过小年

[十二月三十] 除夕

后　记

国内高校通常都有学生记者（数十名甚至一两百名）给校园媒体供稿，他们刚入行时不知如何采写校园新闻，此后的校园新闻作品质量也有提高的空间。各高校和许多中小学，都有从事校园新闻宣传报道的工作人员，其中有些就缺乏新闻理论的系统学习，采写校园新闻时盲目而茫然，希望得到理论指导和技巧指导。新闻学子平时因为不在媒体实习，很难采写校外新闻，校园新闻则适合他们采写，但如何采写，目前并无专门书籍提供特别指导，更无成册的范文供他们采写校园新闻时作为摹本；极少数学生通过采写校园新闻而发表了一些新闻稿，为实习准备好了“敲门砖”。新闻媒体的部分记者、通讯员和小记者俱乐部成员常常采写校园新闻，他们手头没有合适的理论书籍提供业务指导。

2010 年上半年，我在南昌大学开设通识课程“校园新闻采访写作”，298 名学生选修此课。莆田学院教师阮榕也为该校校园记者开设了校园新闻采写指导课程。

在南昌大学新闻与传播学院的课堂上，我首次讲解“找选题的 20 种方法”“新闻稿件的 24 种结构”等知识点；而“新闻采写路线八爪图”是我突如其来的灵感，并及时写在黑板上。后来，这些数字化的总结，被收入《校园新闻实战手册》。

基于以上原因，“力争实现最大限度的实用性，满足采写校园新闻的特殊需要”就成为本书的目标。大概就是因为这一点，初稿打印出来后就有一些师生索要。《校园新闻实战手册》2011 年第一版出版后，读者反馈良好。

中央电视台一位赵姓资深记者订购了 10 册《校园新闻实战手册》，他说：“通过当当网的试读部分，感觉这本书虽说名叫《校园新闻实战手册》，实际对学界和业界的朋友都会有所启发。我之所以多买几本，是因为我现在也经常带新记者，想送给他们。”

新华社资深编辑王刚收到《校园新闻实战手册》后说：“初感耳目一新，实用性极强，定当仔细拜读。”《新快报》的一位张姓编辑这样评价本书：“认真说，真的写得不错，是难得我看得下去的教材。”

时任《中国青年报》江西记者站站长、江西高校传媒联盟秘书长李菁莹说：“这本书对学生记者很有用！” 她说：“这是一本很实用的新闻工具书。如果你是一名校园媒体人，无疑它是本入行宝典。读来受益匪浅，所以不忍心快餐读法。”

上海某高校党委宣传部一位女士打电话给我商议团购25册《校园新闻实战手册》。厦门理工学院学生记者向我订购11本《校园新闻实战手册》，每本我都有赠言和签名，其中一本写的是“为民代言 为国执笔”。

邮购本书的南昌工程学院大学生记者杜同学，发来私信说：“王老师，书已经收到，看了一下，很不错，很实用。”

闽江学院的一位学生问我：“老师，我是学生。想要购买您的《校园新闻实战手册》实体书，请问有什么方法可以快速购买呢？我是在做校园新闻，换届了，想送给我的干事们作为礼物，谢谢您了。”

中国人民大学出版社翟编辑翻看此书后，觉得此书不仅适合校园记者使用，而且适合新记者阅读，认为书名中的“校园”二字，把读者群给窄化了。

福建师范大学学生林智仁这样评价本书：“很喜欢您的书，实用不形式，很接地气。争取在七月份暑假实习之前看完它。”西南交通大学学生胡明川向我反馈：“嗨，今天收到您寄来的书了，看了快一天了，好好的国庆大假第一天就这样被‘废’了哈。谢谢！这本书挺实用的！”

刘流民老师在进行培训授课时特别向听众推荐了本书。一位学生给我QQ留言说：“我虽然不是您的学生，但是很早就知道您，也很喜欢您写的书，您的《校园新闻实战手册》给了我很大的帮助。总之，您的书对各类新闻写作具有很强的指导性。很谢谢您！”

江西农业大学大学生记者团赖舢留言道：“王老师，我是去年在您那购买了两本《校园新闻实战手册》，现在已大三了，按照我们记者团的制度，带了两个大一的小徒弟，想从您那再购买两本，送给两个‘徒儿’。”

郑州大学新闻与传播学院程丹私信我说："昨天收到从淘宝订购的《校园新闻实战手册》，周末一口气读了两章，感觉启发很大。书中语言生动活泼，读来兴趣盎然。作为一名校园记者，感谢您的指点。"

未见过面的网友"传播乡下人"给予了本书好评："南昌大学王卫明教授之力作《校园新闻实战手册》，实用！好用！管用！"

《校园新闻实战手册》确实是管用的。有一年，我安排学生阅读往年诺贝尔奖新闻报道，阅读论文《记者采访防拒十五策》和《校园新闻实战手册》一书中的"英文采访的常用语句"，然后通过电子邮件发出采访信，两位学生竟然分别获得了一位诺贝尔奖得主的回信。

《校园新闻实战手册》原先有电子书，但阅读起来不太方便。南昌大学有吧社区的一位小编点赞道："在当当看了电子版《校园新闻实战手册》，觉得这本书实惠又有营养，期待更多干货。"《校园新闻实战手册》试读网址的网页链接有人留言抱怨说："本来书是很好的，但是不能下载就算了，还要每次都登录当当网才能看，这是什么交易？"订购《校园新闻实战手册》的一位老师留言说："我买过后就下架了，实际上这本书很好，我是校园电视工作者，在京东上买了电子版的，感觉读起来不是很舒服，还是喜欢纸质书籍。这么好的书，怎么没有大量地发行呢？"

《校园新闻实战手册》第一版的印数不多，出版社没有主动加印，电商平台销售很快告罄，导致不少读者买不到书，欲读而不可得，这是我决定出版《校园新闻实战手册（第二版）》的主要原因之一。南昌大学 2013 级的一名女生在图书馆借到此书，看后想自己拥有一本，但当时网上没有卖了。

三峡大学学生记者小陈在电子邮件中写道："王博士，您好，我是湖北省的一名大学生记者，欣闻您主持编撰了《校园新闻实战手册》，学生特来求购几册，市面上已缺货，不知道老师那里是否还有存书，万分敬意！"他说："湖北这边的高校反响都比较好，就是市面上缺货了，大家都买不到。"

我决定出版《校园新闻实战手册（第二版）》的第二个原因：自本书第一版 2011 年出版以来，校园新闻宣传的媒介平台、技术、文风等都有了明显的变化，同时涌现了一大批优秀的校园新闻作品，顺应时代潮流及时更新有关内容，才能更好地满足新时代的校园新闻业务需要。

本书取百家之长，集众人之智。本书由王卫明（南昌大学）、闻晓彤（沈阳城市学院，负责10万字）、陶辉（江西应用科技学院）主编，参与编写者还包括：汤晓芳（南昌大学，负责6万字）、方振武（南昌大学，负责4万字）、张丽（南昌大学）、阮榕（莆田学院）、张兰（南昌工程学院）、倪洪江（杭州师范大学）、喻春龙（江西财经大学）、程慧萍（南昌大学）、王珅（南昌大学）、陈明立（中国中铁建工集团）、付文斌（中国传媒大学）、马晴晴（华南理工大学）、熊颜（南昌大学）、郭坦（山东大学）、黄暾伟（上海戏剧学院）、龙小艳（南昌大学附属小学）、魏莉（南昌市珠市学校教育集团）、沙易卉（南昌大学共青学院）、封雅婷（南昌大学）、詹建英（东华理工大学）、邹璐璐（南昌大学）、罗正欢（中国传媒大学）、黄蓉（电子科技大学）、胡浩翔（南昌大学科学技术学院）、邱钰淇（江西中医药大学）、易以慕（哈尔滨工业大学）、邱艳红（南昌大学）、李童菲（井冈山大学）、胡师瑾（南昌大学）、沈栋琴（杭州乒乓智能技术有限公司）、胡飞军（《证券时报》）、曾福斌（界面新闻）、汪彩虹（国家税务总局上饶市税务局）、程咪（江西省交通投资集团有限责任公司）、刘良昌（江西省建工集团有限责任公司）、温雅婷（九江银行）、周延欣（复星国际有限公司）、甘昕鑫（李锦记集团）、欧阳苗（江西中医药大学）、程俊（宜春市委宣传部）、纪佩吉（南昌大学）、王龙志（真传有道文化传媒有限公司）、袁鹏（中铁建设集团有限公司）、彭淑明（中国铁路通信信号集团）、熊婧婧（武宁县融媒体中心）、李艳艳（中国人民大学）、蔡招娣、付品（深圳葡萄园教育培训有限公司）、朱悦、吴江（中国铁路南宁局）、杜佳琦（武汉光谷融媒体中心）、陶腊红（江西省公安厅）、王熙远（江西中医药大学）、刘畅（山东政法学院）等。

《新闻与写作》杂志发表了本书“新闻评论的五种切入点”这一节内容；《爱写作》杂志发表了本书第三章的部分内容；刘良昌的《浅谈校园就业类新闻的采写》、汪彩虹的《浅谈招生类新闻采写的实战技巧》获第五届“全国新闻学子优秀论文评选”三等奖，这两篇论文均是本书的一节内容。

本书是江西省社会科学基金项目“新形势下网络评论规律及工作机制研究”（编号：23ZXWX05）阶段性研究成果，获得南昌大学本科教材建设项目的全额资助。南昌大学人文学部主任陈信凌教授为本书作序，山东大学博士研究生导师李克教授、南昌大学博士研究生导师郑智斌教授书面推荐出版，诸多前辈的研究成果和上百家媒体的报道为本书提供了难得的范例，在此致谢。

中国剧作家洪深说：“我觉得我对于戏剧，研究了多年，略有心得，我对于后人最大的贡献就是将我研究所得写出来，庶几以后从事戏剧的人，不必像我这样吃苦费力。”实践证明，本书在校园新闻领域也能起到类似的作用。我们深知，本书还不够完美，欢迎读者提出修改意见。

王卫明

2024 年 9 月 6 日

图书在版编目（CIP）数据

校园新闻实战手册 / 王卫明, 闻晓彤, 陶辉主编. -- 2版. -- 北京 : 中国传媒大学出版社, 2024. 10.
ISBN 978-7-5657-3755-8

Ⅰ. G216.3-62

中国国家版本馆CIP数据核字第2024WS3002号

校园新闻实战手册（第二版）

XIAOYUAN XINWEN SHIZHAN SHOUCE (DI-ER BAN)

主　　编　王卫明　闻晓彤　陶辉
策划编辑　裴向敏
责任编辑　裴向敏
封面设计　拓美设计
责任印制　李志鹏

出版发行　中国传媒大学出版社
社　　址　北京市朝阳区定福庄东街1号　　**邮　　编**　100024
电　　话　86-10-65450532　65450528　　**传　　真**　65779405
网　　址　http://cucp.cuc.edu.cn
经　　销　全国新华书店

印　　刷　唐山玺诚印务有限公司
开　　本　787mm × 1092mm　1/16
印　　张　18.75
字　　数　324千字
版　　次　2024年10月第2版
印　　次　2024年10月第1次印刷

书　　号　ISBN 978-7-5657-3755-8 / G · 3755　　**定　　价**　72.00元

本社法律顾问：北京嘉润律师事务所　郭建平